中央高校基本科研业务费专项资金（202

促进能源工业
绿色转型的
经济政策体系研究

沈剑飞◎著

四川大学出版社
SICHUAN UNIVERSITY PRESS

图书在版编目（CIP）数据

促进能源工业绿色转型的经济政策体系研究 / 沈剑
飞著. — 成都：四川大学出版社，2024.5（2024.6 重印）
（卓越学术文库）
ISBN 978-7-5690-6394-3

Ⅰ. ①促… Ⅱ. ①沈… Ⅲ. ①能源工业－绿色经济－
研究－中国 Ⅳ. ① F426.2

中国国家版本馆 CIP 数据核字（2023）第 197635 号

书　　名：促进能源工业绿色转型的经济政策体系研究
　　　　　Cujin Nengyuan Gongye Lüse Zhuanxing de Jingji Zhengce Tixi Yanjiu
著　　者：沈剑飞
丛 书 名：卓越学术文库

丛书策划：蒋姗姗　李波翔
选题策划：蒋姗姗　李波翔
责任编辑：曹雪敏
责任校对：刘一畅
装帧设计：墨创文化
责任印制：王　炜

出版发行：四川大学出版社有限责任公司
　　　　　地址：成都市一环路南一段 24 号（610065）
　　　　　电话：（028）85408311（发行部）、85400276（总编室）
　　　　　电子邮箱：scupress@vip.163.com
　　　　　网址：https://press.scu.edu.cn
印前制作：成都墨之创文化传播有限公司
印刷装订：四川煤田地质制图印务有限责任公司

成品尺寸：170 mm×240 mm
印　　张：13
字　　数：228 千字

版　　次：2024 年 5 月 第 1 版
印　　次：2024 年 6 月 第 2 次印刷
定　　价：78.00 元

本社图书如有印装质量问题，请联系发行部调换

扫码获取数字资源

四川大学出版社
微信公众号

前言

在人类文明的演进过程中，能源就像一个巨大的引擎，推动着全球经济向前发展。能源是经济社会发展的物质基础，能源安全更是国家安全的重要组成部分。然而，近年来严重依赖于煤炭、石油等化石能源的传统发展模式，造成了温室气体的超量排放，致使碳源与碳汇失去自然平衡，也使得化石能源系统在支撑国家能源安全和可持续发展方面显得乏力。因此，面对能源消费、经济发展与环境之间的严重不协调，绿色发展逐渐成为世界各国的共识。发展绿色经济离不开对能源结构的调整，能源发展关系到国家的经济命脉，能源绿色转型水平是决定低碳经济发展程度的关键因素。经济政策作为促进能源结构调整的重要手段，能够将企业环境行为的正外部性或负外部性内部化，通过环境税、财政补偿、市场机制、绿色金融等多重途径提高重污染型传统能源的使用成本，同时增强清洁能源的经济吸引力，在推动能源绿色转型的过程中发挥着无可比拟的重要作用。

本书立足能源变革历史节点，在探讨能源工业绿色转型经济政策体系理论依据的基础上，通过分析能源工业绿色转型的关键驱动因素，深入研究我国能源工业绿色转型经济政策体系，分析总结多个发达国家相关环境经济政策的经验和启示，重点探讨在我国如何构建能源工业绿色转型经济政策体系和协同执法机制，擘画发展新蓝图。全书共五章。第一章概述我国能源工业绿色转型背景，解析我国目前面临的环境问题约束及能源工业绿色转型现状，并探究其关键因素及相应对策；第二章至第四章基于国内外环境经济政策发展历程与演化发展，客观分析我国环境经济政策存在的问题及解决路径，并进一步对环境经济政策影响我国能源工业绿色转型的生成逻辑及促进作用机理进行客观分析，完整勾画促进我国能源工业绿色转型的环境经济政策体系构建蓝图；第五章基于能源工业绿色转型中的协同执法机制构建，详细解读其完善路径及发展方向。

本书强化政策协同与政策评估等支撑能力建设，以期为业内学者提供新的数据和资料，为促进我国能源工业绿色转型提供经济政策层面以及政府角色层面的探索性研究，为我国政府部门今后深入开展能源工业绿色转型的工作、制定能源发展绿色转型的总体思路提供重要参考，从而加快能源工业绿色转型进程，切实推动能源生产和消费革命。

本书得到了中央高校基本科研业务费专项资金（2023FR013）资助。在本书的写作过程中，孙晶琪老师全程参与整体思路设计及框架构造，并具体负责第一、第三章撰写。我的博士研究生丹二丽、郑新园、刘鹏，硕士研究生杨硕、赵逸滢、陈飞宇、张露丹及马海洋等做了大量的资料收集、文字整理工作。同时本书参考了大量国内外专家学者的研究成果，在此一并表示感谢。

由于笔者水平有限，书中难免会有不当之处，敬请各位读者批评指正。

沈剑飞

2024 年 4 月

目录

第一章　我国能源工业绿色转型背景研究

第一节　环境问题约束

从体制改革的视角看，新中国成立以后，我国能源产业发展历程大致可以分为计划经济时期和向社会主义市场经济转型时期[1]。21世纪以来，世界各国为应对全球气候变化问题，在确保能源安全的前提下，结合各国能源资源禀赋，积极探索符合本国自身特点的能源转型路径。在能源工业发展仍面临环境问题约束的情况下，"30·60目标"的提出也对我国能源工业的转型发展提出了迫切要求[2]。

过去几十年间，我国经济的高速发展依赖的是传统、粗放的发展模式和偏重的产业结构，这对我国的生态环境造成了一定的破坏，不仅威胁着人民健康，也制约着经济的进一步发展。因此，我国必须转变经济增长模式，寻求经济、环境、社会三者协调发展的平衡点。在党的十八届五中全会上，习近平总书记指出，改革开放以来，我国经济发展取得历史性的成就，这是值得我们自豪和骄傲的……同时必须看到，我们也积累了大量生态环境问题，成为明显的短板，成为人民群众反映强烈的突出问题。

目前，我国面临着严峻的生态环境问题。传统粗放式的发展方式不仅消耗的成本高，而且具有高污染的特点，环境承载力已贴近极限。随着我国经济的进步以及人民生活水平的高质量发展，群众对于空气、水、日常饮食以及周边环境的要求也越来越高。生态问题不仅演变为引起关注的民生问题，而且演变为亟须解决的社会隐患。同时传统能源工业的发展面临约束，也促使我国能源工业向清洁化、低碳化以及高效化发展。

一、生态环境面临破坏

传统的资源开发和非清洁的能源使用对环境和生态的破坏主要表现在水污染、空气污染、土壤侵蚀、有毒气体排放和温室气体排放方面。特别是煤矿的开采，导致地面塌陷，地下水污染以及植被退化。每年约有$7.0 \times 10^4 hm^2$的土地因采煤而造成损伤，地表的生态环境虽在修复过程中，但其比例不足三成；每年污染的地下水资源约为$7.0 \times 10^9 t$。石油的开采导致地下水位降低，从而对周边地区的水质也产生了很大的影响。此外，化石能源的非清洁利用造成了大气环境的严重污染。目前，我国煤炭发电造成的污染已控制在国家规定的排放标准限值内，污染程度大幅降低，但是在煤炭消耗量的占比中，用于发电的消耗量仅仅在五成左右，民用煤炭仍占47%。民用烧煤排放的污染物不仅量大而且难以集中处理，给我国生态环境带来了严重的破坏，同时也加大了环境治理的难度。

近几十年间，我国能源工业在生产与消费两方面均对生态环境产生了一定程度的负面影响。发展前期，生态环境遭到破坏的诱因多为对小型发电站缺乏有效监管导致的肆意开发以及对生物质能的过度利用，后期转化为化石能源的生产和消费。传统能源的消费在给全国带来大气环境污染问题的同时，其生产过程也对生态环境系统造成了十分严重的破坏。例如，作为煤炭大省的山西源源不绝地为全国各地提供煤炭资源，但煤矿开发时产生的塌陷区域和时刻面临坍塌危险的矿井采空区域约占煤矿占地面积的15%，因此相关区域的土壤和地下水面临着不同程度的环境污染问题。再比如，大庆油田等石化公司在保持原油高产稳产能力的同时，其所处的松辽地区也产生了严重的地下水环境污染[3]。

能源工业对生态环境的损害一方面体现在开发环节，另一方面体现在使用环节。如果想要顺利实现能源的绿色转型，最大限度地降低负面影响，提高能源利用的安全性，就必须对能源进行科学化的阶梯利用，在能源转化层面兼顾有效性与可靠性，在减少生态环境破坏的同时，为人民群众的生活基础增强稳定性。例如，天然气的燃烧效率比柴油高15%以上，比煤的燃烧效率高15%～35%，所以可以通过技术转化，如科学的液化方法，提升天然气的燃烧效率。采用此种方法不仅可以减少能源的开采量，而且有利于提升对环境的保护能力。因此，能源工业绿色合理转型具有必要性及迫切性。

二、温室气体减排面临挑战

人类日常的生产生活活动中所释放的二氧化碳，来源于新能源及可再生能源的比例仅占据很小一部分，而九成以上来源于传统化石能源的消耗。《中国能源大数据报告》指出，我国二氧化碳的主要排放源为煤炭和石油，近年来中国天然能源消费中以上二者约占八成。随着中国经济水平的提高与生产活动扩张速度的加快，二氧化碳排放量也不断提升。国际能源署（IEA）2019年发布的二氧化碳总体排放量相关数据表明，我国的此项数据在2005年为54.07亿吨，在14年间增至98.09亿吨。

在"碳达峰"和"碳中和"的视角下，2019年，中国的碳排放强度为8.4吨/美元[2]。碳中和目标单位要求供电碳排放必须从600g/（kW·h），下降至6倍甚至以下。因此，我国若想实现"双碳"目标，需要在2021—2025年期间抵达煤电装机容量的最高点，并能够在5年后实现迅速下降。在此过程中，我国不仅要提升能源行业的减碳和减排工作质量，还要注意高污染、高耗能产业结构的优化调整。

因此，减少二氧化碳排放量的目标以及解决空气污染这一问题的紧迫性，促使我国在能源工业绿色转型方面采取必要措施。事实表明，能源工业在加快控制碳排放、实现绿色发展方面取得了积极进展。一方面，二氧化碳排放增速明显放缓。2005—2010年二氧化碳排放年均增速约达8%，2011—2015年下降至3%，2016—2019年进一步下降至约1.9%。另一方面，单位GDP的二氧化碳排放强度逐步下降。根据IEA公布的数据进行测算，中国单位GDP的二氧化碳排放强度从2005年的2.9吨/万元逐步下降到2019年的1吨/万元，降幅为65.5%。这些进展在很大程度上受益于能源结构的不断调整。就目前情况来看，可再生能源在短期内大规模替代煤炭资源的可能性较小，因此这种基于化石能源内部品种结构优化的短期策略仍将持续一段时间[4]。

三、新能源与环境容量矛盾

发展新能源是实现"碳中和"的重要手段，但同时也要注意防范在发展过程中可能产生的生态环境风险。面对光伏、风能发电等新能源的迅猛发展，应未雨绸缪，进行相关研究，积极防范能源技术转型过程中可能出现的新问题。

就拿光伏发电来说，我国新增装机容量在9年之中都稳居世界第一位，2021年约为5300万千瓦。同时，我国诸多地区也已大规模发展光伏发电。但经调研发现，如果基于全寿命的角度，光伏发电所产生的排放及污染并非常规意义上认为的完全为"零"，在其制造过程中也存在很多容易被人们忽视的环境风险。例如光伏电池，虽然近年来我国每年的产量在2万吨以上，但是其生产过程（包括硅的冶炼及提纯加工）将会产生10万吨以上的$SiCl_4$以及诸多废气、含氟废水。若这些废弃物不能得到有效处理，将对空气、水、土地资源等造成严重的污染。

除光伏电池的制造过程外，光伏电池板对地表的大量覆盖也会对太阳能的辐射产生局部影响，并引起能量平衡变化。其潜在的生态和气候影响目前还缺乏长期的监测数据和明确的结论，仍需进一步系统深入研究。此外，大量光伏发电组件的循环再利用也是新的难题。光电元器件使用寿命一般在20～30年之间，未来将会产生大量废弃的电池板。这些电池组中不但包含了诸如银、碲、铟等贵金属或者稀有金属，也含有许多可能对环境造成危害的有害物质。但目前在太阳能电池的无害化处理和资源循环利用方面，国内还没有成熟的技术标准及行业规范。因此，面对新能源与环境容量的矛盾，在推进实施"双碳"目标的同时，我国能源工业转型发展要完善新能源的生命周期评估制度，强化基础研究，优化生态空间布局，降低潜在负面效应，确保新能源的健康、有序发展。

总之，在环保意识日益增强的今天，绿色发展与生态文明的建设日益受到世界各国的重视。衡量一个国家综合实力时，已在单一的经济指标中加入绿色竞争能力。21世纪，随着全球气候变化问题的深入，"绿色经济"在全球范围内得到广泛的认可并逐渐成为主流。我们只有将生态文明建设放在重点发展位置，推动能源行业的转型发展，才能在国际社会上拥有战略话语权。

第二节　我国能源工业绿色转型现状

一、我国能源工业发展历程

下面主要从煤炭、石油、天然气和电力4个方面分别阐述我国能源工业的发展历程。

（一）煤炭

我国煤炭工业发展大致可以分为1949—1977年、1978—2000年、2001—2012年、2013年至今4个阶段（见图1-1）。

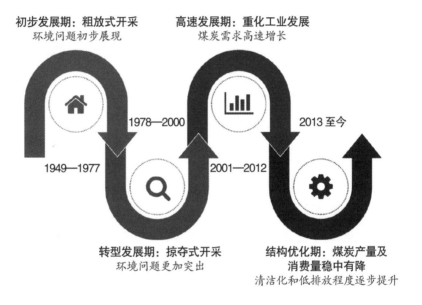

图 1-1　我国煤炭工业的发展历程

第一阶段是初步发展期，在此阶段，虽然一些因素在一定程度上阻碍了煤炭工业的发展，但在煤炭供应短缺时，中央政府和地方政府均采取了相应行动来解决这一难题。因此，煤炭产能在这一时期依旧呈增加态势，于1977年达到5.5亿吨，这为我国煤炭工业发展打下了良好的基础。但同时这一时期的粗放式开采也造成了很多环境问题，地表沉陷、地下水污染、空气质量恶化等开始出现[5]。在第二阶段，煤炭工业进入转型发展期，这一时期煤炭制度发生了变革。1994年7月，除了电煤外，不再实行煤炭计划价格。1995年，我国煤炭行业开始引入现代企业制度。1998年，原煤炭部直属的国有重点煤矿被下放，为煤炭工业发展注入了新的活力。因此，煤炭产量快速增长，在2000年突破了13亿吨。但同时，这一时期掠夺式开采也导致环境问题更加突出。在第三阶段，煤炭工业进入高速发展期，这一时期我国重化工业的发展是拉动煤炭需求高速增长的主要原因，我国煤炭产量在2012年接近40亿吨。在第四阶段，煤炭工业进入结构优化期，国家在"十三五"规划中进一步强调了能源发展问题，为这一时期的煤炭工业发展指明了方向。我国煤炭产量在2013年达到峰值，而后出现了下降的趋势，此后的3年期间煤炭产量总计减少了4.65亿吨。近几年，可燃工业锅炉技术方面向绿色环保方向进行了升级，功能强大的工业锅炉使得其产生的污染物满足国家环保标准。因此，这一时期的基本特征是煤炭的产量和消费量稳中有降，煤炭的清洁化和低排放程度逐步提升。

煤炭产量和消费的下降有3个原因。第一，我国经济进入新常态后，电能和核能对煤炭的替代，导致煤炭交易量出现了大幅度的下降。第二，环保约束增强，传统煤炭资源开采引起的矿区地表沉陷、地下水污染、空气质量恶化等问题日益严重，我国政府有意引导煤炭消费减少。第三，我国高耗能行业，如建材、钢铁等，对煤炭的需求不再有提升的空间[6]。

（二）石油

我国石油工业的发展可划分为4个阶段。1949—1959年为探索阶段，1960—1978年为高速发展阶段，1979—2010年为稳步发展阶段，2011年至今为发展瓶颈阶段/绿色转型阶段（见图1-2）。

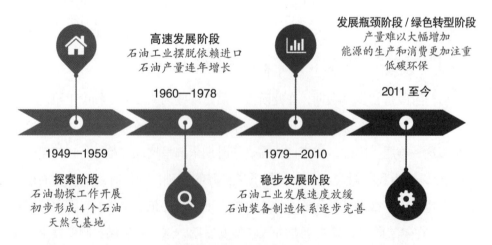

图1-2　我国石油工业的发展历程

在第一阶段，我国推动了新疆独山子油矿的全面复苏。与此同时，在全国重点地区进行了石油勘探工作。到20世纪50年代末，我国初步形成了4个石油天然气基地。这一阶段以1959年9月大庆松基3井喷油为结束标志。在第二阶段，石油工业的发展速度加快。大庆油田的发现使得国内石油产量得到了极大的提升，在1960年到1965年之间增长了612万吨，使我国石油工业摆脱了依赖进口的局面。此后，胜利油田、大港油田、长庆油田的相继建成推动了石油产量的连年增长，在1978年迈过了1亿吨的重要门槛，我国成为世界主要产油大国之一。在第三阶段，石油工业发展速度放缓。这是由于在此期间内并未发现新的大型油田，而原有油田大部分因进入高含水期而产量下降。但在实行原油产量1亿吨包干政策、引进吸收新技术开发等举措下，我国石油产量仍有一定增加，石油装备制造体系也在逐步完善。在第四阶段，石油工业发展进入瓶颈期和绿色转型期。在这一阶段，我国主要大型油田可开发的空间较小，产量难以大幅度增加。因此石油产量在2015年达到2.16亿吨之后，连续两年都未增加。从这些情况来看，如果不能再发现新的大型油田，我国石油产量则将进入稳中有降的阶段，石油工业难以继续保持高速增长趋势[7]。而绿色转型期是指，目前能源的生产和消费更加注重低碳环保，因此石油公司在这一阶段坚定贯彻落实绿色能源发展理念，加快推进绿色能源生产和使用结构的建立。在此之中，中国石油天然气集团有限公司较为重视新能源新材料方向，对利用与封存（CCUS）示范项目进行积极探索；中国石油化工集团有限公司则更重视氢能产业方面，从而推动绿色能源发展；中国海洋石油集团有限公司则将重心放在海上光伏、海上风电等清洁能源领域上。

（三）天然气

我国天然气发展至今可以分为3个阶段。1949—1975年为初步发展期，1976—2000年为缓慢发展期，2001年至今为快速增长期[8]（见图1-3）。

图1-3　我国天然气工业的发展历程

在第一阶段，天然气工业进入起步期，这一时期的天然气主要产自四川。在此期间我国进行了大规模的天然气勘探活动，使得全国天然气产量从1949年的700万立方米增至1975年的88.5亿立方米[9-10]。在第二阶段，天然气工业的发展速度放缓，在该期间，天然气产量仅增至272亿立方米。这是由于这一时期我国的重心放在石油勘探上，对天然气的勘探稍有忽视。但值得注意的是在此期间，由于市场推动，我国在鄂尔多斯、塔里木、柴达木等地区加大了天然气勘探开发力度，改变了全国用气靠四川的局面。在第三阶段，天然气工业发展速度加快，此期间我国发现和投产了长庆油气区的靖边气田和苏里格气田、四川普光气田等一批大型整装气田，建成了四大天然气生产基地。同时天然气作为最为清洁低碳的化石能源，在这一时期又受到绿色环保政策及"双碳"目标的影响，年产量快速增长，在16年间产量增加了近5倍，从2001年的300亿立方米增至2017年的1480亿立方米，天然气工业快速发展。

（四）电力

目前，我国已经建成全球最大的国家电网，有着位居全球首位的发电能力，电力工业的发展可以分为3个阶段。1949—1980年为起步阶段，1981—2000年为稳定增长阶段，2001年至今为快速发展阶段（见图1-4）。

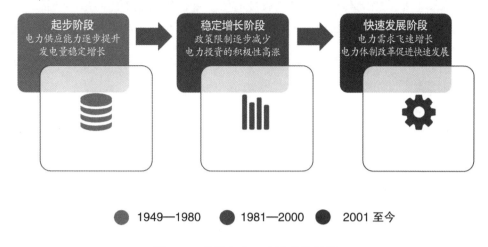

● 1949—1980 ● 1981—2000 ● 2001 至今

图 1-4 我国电力工业的发展历程

　　第一阶段是从1949年到1980年，在该阶段电力工业刚刚起步。电力工业是重要民生行业，始终是国家投资优先保障的重点。因此，电力供应能力和发电量稳定增长，电力装机容量从最初的185万千瓦增至6587万千瓦；发电量从43亿千瓦时增至3006亿千瓦时。第二阶段是从1981年到2000年，这一阶段是稳定增长阶段，也是电力工业体制的改革时期。自1981年起，我国的电力工业行业政策限制逐步减少，提高了行业的活力，推动了电力工业投资严重不足问题的解决。因此，电力投资的积极性高涨，发电量从1981年的3093亿千瓦时增至2000年的13556亿千瓦时，增长速度极快，电力系统进入了新时代。第三阶段是从2001年至今，在该阶段电力工业迎来了快速发展。由于工业发展需要，国内电力需求飞速增长。同时，"厂网分开、主辅分离、输配分开、竞价上网"和"放开两头，管住中间"两次电力体制改革也促进了电力工业的快速发展。在此期间，我国电力装机容量从2001年的33849万千瓦增至2021年的238000万千瓦，发电量从2001年的14808亿千瓦时增至2021年的81121.8亿千瓦时。在这3个阶段，电力工业的发电主要都是以火力发电为主，但是随着我国能源结构向绿色清洁方向转型，新能源发电的重要程度日益提升。

　　综上所述，从煤炭工业、石油工业、天然气工业和电力工业4个方面可以看出，我国能源生产逐步由弱到强，当前总体发展稳中有进。在能源消费方面，我国依然主要依赖化石能源，清洁程度有所不足，生活能源消费量不断提高，人均生活能源消费量不断增长。煤炭工业、石油工业、天然气工业和电力工业4个方面皆受到能源结构绿色转型的影响，"低碳、清洁、绿色、环保"成为我国能源结构未来的发展方向。

二、能源结构发展现状

（一）传统能源发展现状

2020年9月，我国提出"双碳"战略，彰显了构建新发展格局，推进能源结构更加清洁绿色化的决心。在能源生产方面，2021年，我国煤炭生产量为40.7亿吨，原油生产量为2亿吨，天然气生产量为2053亿立方米；能源消费总量为52.4亿吨标准煤，在此之中，煤炭和石油的占比高达75%，年排放二氧化碳总量高达100亿吨。如图1-5所示，近10年来，我国原煤占比持续下降，在2021年下降幅度达到8.6%；原油生产总量占比也呈下降趋势，2021年下降幅度达到1.9%；而天然气占比则呈上升趋势，但是升幅并不明显；一次电力生产占比升幅明显，2021年达到8.5%。2021年，非化石能源打破历史纪录，发电装机容量突破10亿千瓦，占总发电装机容量比重首次超过煤电装机。非化石能源发电量同比增长12.0%，占全口径总发电量的比重为34.6%。清洁能源消纳能力有所进步，2021年水电、风电、光伏发电平均利用率均高于95%。总体来看，煤炭仍是我国的主体能源，但与此同时，清洁能源发展速度逐步加快，占比逐步提升[11]。我国能源消费总量增长较慢。如图1-6所示，我国能源消费结构总体趋势与能源生产结构相似，煤炭消费在能源消费总量中的占比日益下降，清洁能源占比则逐年提高，2021年达到25.5%，10年内提高了约11%。从总体来看，煤炭的主体地位短期内难以发生改变，石油和天然气消费量总体呈增长趋势，但由于生产量跟不上消费量，所以石油和天然气对进口的依赖程度较高，清洁能源消费占比正在逐步提升。

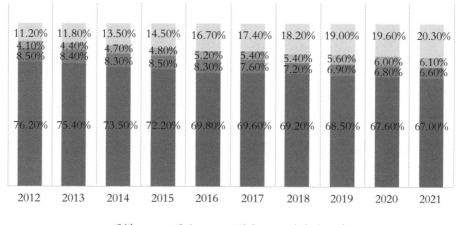

图 1-5　2012—2021 年我国能源生产结构图

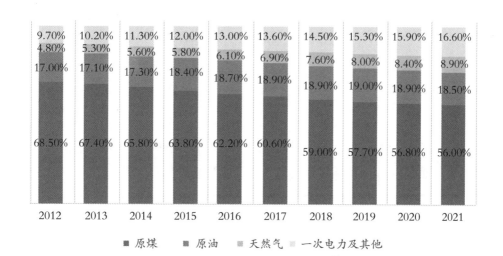

图 1-6　2012—2021 年我国能源消费结构图

　　下面将从煤炭、原油及天然气、一次电力及其他3个方面来进一步分析我国传统能源发展现状。

　　1. 煤炭

　　自1965年以来，全球二氧化碳排放量总体呈增长态势，且增幅明显。从2021年5月IEA公布的《全球能源行业2050净零排放路线图》中可以得知，全球约3/4的温室气体是在能源领域产生的，因此想要减少碳排放，推动能源领域绿色转型是关键[12]。在应对气候危机，推动能源绿色转型方面，作为最大的能源消费国，中国展现出了大国风范与大国担当。从2020年9月至今，我国在多个重大国际会议上都提出或强调了"双碳"目标。我国煤炭种类齐全，煤炭资源丰富，并且资源整体呈现出了多煤、贫油、少气的状态，因此煤炭长期以来一直是我国能源生产和能源消费的主要资源，然而想要实现"双碳"目标，就需要我国改变能源结构，减少煤炭能源占比。虽然当前我国仍未改变以煤为主的能源生产结构现状，但是我国一直在控制煤炭资源的开采。2012年我国原煤产量为39.45亿吨，2021年为41.30亿吨，仅增加1.85亿吨，年增长率约为4.7‰，同时我国煤炭进口总量始终维持在3亿吨左右，对外依存度较低，约为7%。

2. 原油及天然气

我国主要大型油田都进入开发后期，也暂未发现类似大庆油田的大型油田，因此，近年来我国原油生产量基本在2亿吨左右，总体较为稳定。但值得注意的是，我国原油的对外依存度自1993年开始不断增高，1993年我国原油对外依存度仅为1.6%，2010年却增至53.8%，2020年时则高达73.5%，2021年首次出现下降，为72.1%，这也进一步说明了我国正逐步推动能源结构向绿色清洁方面转型。

近年来，国内天然气产量增速慢于天然气消费增速，单纯依靠国内天然气生产难以满足日益增长的天然气消费需求，因此我国天然气进口量呈增高趋势。2018年我国天然气进口量为1247亿立方米，2019年为1333亿立方米，2020年为1408亿立方米，2021年为1675亿立方米，2021年天然气进口量同比增长20.0%，预计未来我国天然气对外依存度还会进一步提升。

3. 一次电力及其他

从2012年到2021年，一次电力及其他增长幅度较大。2021年，火电装机容量占总量比为54.7%，仍居于主要地位；水电装机容量为3.9亿千瓦，占比为16.4%；风电装机容量为3.3亿千瓦，占比为13.9%；太阳能发电装机容量为3.1亿千瓦，占比为13.0%；全口径非化石能源发电装机容量为11.2亿千瓦。总体上看，能源结构趋向绿色清洁，火电装机容量占比降低，从2013年的73.13%降低到2021年的54.7%。[13]

我国目前仍高度依赖火电，能源结构优化之路任重道远。据国家统计局数据，2021年全国发电量为81121.8亿千瓦时。其中，火力发电量占全社会发电量的71.13%，仍位居首位；水力发电量排第二，约占14.6%；风力发电量位居第三，占比为6.99%；核能发电量占比为5.02%；太阳能发电量占比为2.26%。从发电量与装机容量对比可以看出，风电、太阳能发电效率尚需大幅提高。

从装机容量利用率来看，2013年至2021年，核电发电装置利用率大致稳定在80%左右（在2021年达到87.3%），水电发电装置利用率维持在40%左右，火电在50%左右，太阳能发电和风电在18%左右。总体而言，核电的利用率最高，水电、风电及太阳能发电整体利用率较低，火力发电基本保持平稳，仍旧可以作为水电、风电、太阳能发电的重要调峰手段[14]。

值得注意的是，水电发展遇到瓶颈。我国水电行业发展一直受水资源影响显著，当前水资源总量呈现明显下降趋势，且区域划分明显，同时由于成本、技术、生态、航运以及可挖掘的潜力等因素对水利枢纽建设有一定影响，我国水能资源技术可开发装机容量的极限值在6.87亿千瓦左右，考虑现实因素的情况下最终可能只能达到这个数值的80%。但在未来，我国将继续深入推进水电"西电东送"战略，推进大型水电基站建设，实现资源更大范围的优化配置[15]。

与水电发展遇到瓶颈不同的是，当前我国太阳能发电和风力发电具有广阔的前景。近年来，我国在风力、光伏发电相关的原材料、设备等的研发方面已经走在世界前列。我国西北、华北和东北地区都拥有丰富的风能和太阳能资源。这些地区建设条件都很好，土地利用率较低，可充分将电网与消纳条件相结合，推进风电、太阳能发电的高速、高质发展。

（二）新能源发展现状

新能源因其特有的优势能很大程度上缓解目前能源供需失衡的问题，也是我国发展低碳环保型经济、促进能源结构向绿色清洁方向转型的关键所在。在当前我国的能源结构中新能源的地位逐步提高，发展也在不断加快。我国新能源主要分为太阳能、风能、核能、生物质能、地热能及潮汐能6种，各新能源近年装机容量如图1-7（地热能及潮汐能数据缺失，故仅列示另外4种）。

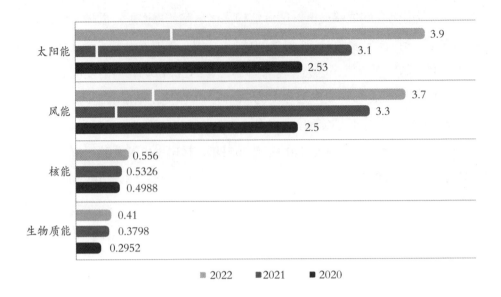

图 1-7 我国各类新能源近年装机容量（单位：亿千瓦）

1. 太阳能

我国太阳能资源丰富、利用技术形式多样。在众多技术中，光伏发电在我国位居主要地位。

当前我国光伏产业主要具有以下特征。首先是制造能力持续增强。2007年至今，我国太阳能电池的产量一直位列全球首位。2021年是我国光伏组件产量位居全球首位的第15个年头，也是多晶硅产量位居全球首位的第11个年头。其次是产业配套设施已经成熟。我国企业硅片新增产能已超过全球硅片新增产能的70%，我国光伏产业几乎占领了全球光伏产业的各个产业链环节的前十[16]。最后是市场规模的扩大。早在2013年，我国光伏发电新增装机容量就已经跃居全球第一，在2021年再创新高，同比增长13.9%，在光伏新增装机中，分布式装机新增装机容量占全部新增装机容量的53.4%，打破了历史纪录。"双碳"目标的提出，极大地增强了我国光伏产业的发展动力，未来光伏发电必将成为我国能源生产和消费中不可忽视的部分。

2. 风能

当前我国的风能利用方式以风力发电为主，因此下面主要从风力发电方面来阐述我国风能发展现状。

风电具有清洁，环境效益好、可再生，永不枯竭、基建周期短，装机规模灵活等优势。虽然起步较晚，但由于我国一直高度重视新能源的开发利用，风电新能源总体发展稳健且成效迅速[17]。于2010年，我国风电装机容量就已经超过美国，跃居全球第一。此外，2021年风能发电量占总量的比例达到7.5%，较上年均有所提高。

当前我国风电发展具有以下有利趋势。首先，风电单机容量大型化。单机容量大的风机经济效益高，因此市场倾向于支持大兆瓦、可靠性强的风机。其次，风电行业数字化程度加深。这是由于想要实现风电精细化服务，就必须走风电数字化的道路。风电行业当前已经开始从提供风机产品转为提供风电服务，风电行业与数字技术结合已成为当前行业发展的大趋势。风电企业通过智能工厂和智慧风场改善了决策管理模式，建设新型风电数字生态环境。再次，风电行业市场集中度不断提高。集中度的提高加剧了企业竞争，但也提高了风电企业的议价能力和综合服务能力。最后，风电行业后市场服务增长具备确定性。这一趋势有利于提高风电场存量资产的经营管理效率，实现风电投资效益的最大化，促进我国风电行业进一步发展。

但是我国风电新能源发展仍存在不足，主要表现在风电项目管理较弱和风电质量不够稳定两个方面。受风力、风向、风速等诸多因素影响，风能资源的稳定性较弱，控制难度较大，加之大部分风力发电机组都不具备储电能力，因此造成机组储电和发电成本差异巨大，储电成本远高于发电成本。此外，异步发电机与配电网之间连接方式多为直连，加之结构设计还有所不足、单机容量较小等因素，导致现在风力发电仍存在着电压变化幅度较大、风电质量稳定性弱、发电量供应不足等问题。

3. 核能

核能具有无限再生和清洁环保的优势，有利于改善社会资源发展的困难，推动我国能源结构的调整。目前我国对核能的主要利用方式为核能发电，近年来颁布了多项支持核电建设的政策，对核电建设安全的重视程度不断增加。2021年，国内核电厂国际核事件分级（INES）1级以上的运行事件、一般及以上辐射事故、较大及以上生产安全事故、一般及以上环境事件、职业病危害事故及职业暴露事件均未发生。

2013年，我国核能发电量仅为105亿千瓦时，而截至2021年，运行核电机组累计发电量为4071.41亿千瓦时，相较于2020年上升了11.17%，占全国累计发电量的比例达到5.02%。由此可以看出，我国核电发展迅速，且仍有较大的增量空间。

4. 生物质能

生物质能对于实现"双碳"目标具有重要意义。我国的生物质能资源开采潜力大，据国家能源局及相关部门统计，我国每年可以利用到工业、农业生产生活中的生物质能资源总量通过标准煤系数进行折算，相当于4.6亿吨标准煤，占我国每年煤炭消耗量的1/10左右[18]。

"十三五"以后，我国生物质能发电有所发展。据国家能源局统计数据，截至2019年，我国生物质能累计并网装机容量为2254万千瓦，生物质发电量同比增长22.6%，占全部电源总发电量的1.5%，年利用小时数处在较高水平。

目前，我国生物质能从纯发电向热电联产转变，生物质能在非电领域中的应用逐步增强、应用技术多元化、开发利用专业化和规模化程度提升。这是因为目前我国对清洁供热的需求增长，使得热电联产成为使用生物质能的新方向。与此同时，生物质能形态多样，既可以为固体，也可以为液体、气体，能够提供清洁的电力、热力和动力，所以其适用范围正在不断扩大。此外，生物质能原料种类丰富，特点不同，因此其应用方式必然是多样的，产品不再局限于电力领域，而是扩展到热、炭等多个领域，附加值不断提高，生物天然气、燃料等技术得到进一步发展[19]。生物质能应用方式的增加和应用领域的扩大，也能够吸引更多大型企业进入这一领域，从而提升整个行业专业化程度，推动生物质能行业发展。

生物质能能够同时满足能源供应、环境保护和应对气候危机等多重需求，是实现"双碳"目标的重要手段，因此可以预见生物质能在"十四五"期间将进一步快速发展。

5. 地热能

与其他新能源相比，地热能被发现的时间较晚。开发利用地热能，可以帮助实现"双碳"目标。依据目前的探测数据，我国地热资源丰富，浅层地热资源、隆起山地型中低温地热资源、沉积盆地型地热资源均有所分布。

"十三五"期间，在地热能供暖和制冷方面我国都取得了较大的发展。2020年年底，我国地热能供暖（制冷）总建筑面积达到10.33亿平方米。当前我国地热能发展具有以下特点：政府规划引领促进地热能健康发展，政策支持提供地热能发展机遇，大型企业加入地热能投资市场，地热能开发和利用技术进一步发展创新，地热能行业规范化发展[20]。这些趋势都表明了当前我国地热能发展良好，并在未来会进一步加速发展。

6. 潮汐能

我国潮汐能资源充足，理论蕴藏量较大，可开发利用量约达$0.2179 \times 10^8 kW$。目前，潮汐能的利用方式以发电为主，因此下面对潮汐能的介绍也围绕潮汐能发电展开。

我国对潮汐能的利用较早，最早可以追溯到11世纪，而潮汐能发电则始于20世纪50年代后期。在20世纪80年代，我国建成了约70座潮汐能发电站，在数量上居世界首位，但由于选址不当、与通航矛盾、淤积严重等因素，后来多座发电站停止运行[21]。1991年9月，我国再次开展潮汐能普查，虽然在浙江、福建发现了一些条件较好的站址，但是并未建设，而只是对已建成的潮汐能发电站进行了治理和改造，以解决其存在的问题。

当前我国近海潮汐能可开发坝址多，但目前已开发数量较少，且资源分布不均，在闽浙两省的技术可开发装机容量约为$2.06 \times 10^7 kW$，年发电量约为$5.68 \times 10^{10} kW$，分别占全国的90.5%和90.7%。

三、可再生能源发展现状

可再生能源是一种无须人力干预就能够自动再生的能源。我国的可再生能源主要有前述的水能、风能、太阳能和生物质能。

从当前状况来看，可再生能源在全球能源结构中的地位不断提高。据美国能源信息署预测，2050年，我国可再生能源消费占比将会达到38.7%，美国和印度分别为16.2%和12.4%，可见全球对可再生能源的需求都在快速增加[22]。近年来，由于高度重视应对气候危机，加之是能源消费大国，我国在全球能源结构转型中的地位不言而喻。我国风电、太阳能等可再生能源装机容量均位列全球首位[23]。截至2021年年底，我国可再生能源装机容量占全国发电总装机容量的44.76%。2021年，我国开展了总规模约为4.5亿千瓦的大型风电光伏基地规划建设，展现了我国推动能源结构向清洁能源转型的决心。

2021年，我国可再生能源发电量达到2.45万亿千瓦时，在社会用电量中的比重达到29.8%。水电、风电、光伏发电利用率分别达到98%、97%和98%，这说明我国对可再生能源的利用程度正在加深。

现在，我国拥有较为成熟的可再生能源技术产业体系。在水电领域，具有多项全球领先的技术，并且设计施工能力亦位居世界前列。在风电领域，也有众多技术位居世界前沿水平，风电装机已经实现国产化，海上风电单机容量也呈大型化趋势。在光伏发电领域，光伏产业的技术和产线升级迭代速度快，多种技术路线不断突破世界现有的电池转换效率水平，多晶硅、硅片、电池片和组件的产量分别占全球的76%、96%、83%和76%，对外依存度大幅度降低。在过去的10年中，技术进步使得我国陆上风电和光伏发电工程单位千瓦的成本平均降低了约30%和75%，这对于我国可再生能源生产和消费的提高具有重要意义。同时，可再生能源的利用使得减污降碳成效显著，很大程度上支持了我国的生态文明建设及绿色低碳发展。2021年，我国通过利用可再生能源减少了大约5.3亿吨标准煤的使用，使得污染物的排放量大幅度减少。

虽然目前我国在可再生能源的开发和利用方面取得了不可忽视的成就，但是由于发展时间较短，还存在一些亟待解决的问题。首先，消纳矛盾日益突出。我国可再生能源资源分布不均，且资源丰富的地区和高用电需求地区相距较远，如何输送大量的可再生能源电力是一个难题。如果不能解决这一问题，那么我国可再生能源发展则会受到制约。此外，我国众多地区可再生能源发展规划与电网建设规划并不适配，可能会导致"弃风""弃光"等现象的发生。如果沿用传统的电力体制机制，不对输电通道进行改进，我国可再生能源消纳问题则会更加突出[24]。其次，非技术成本较高，制约了可再生能源的发展。虽然当前我国在可再生能源领域的技术成本一降再降，但是非技术成本却降幅有限，阻碍了可再生能源的进一步发展[25]。再次，我国在关键核心技术方面的研发能力仍旧较弱。如果不能解决这一问题，则会影响可再生能源的后续利用。最后，目前国内对发展可再生能源的战略意识还有待提高，更多只关注了短期利益，行业之间、地区之间存在壁垒，电力交易不够顺畅。国家电网、南方电网和各个地方的小电网之间的联络不够强，也造成电力输送的不畅。可再生能源的知识普及程度不足，大部分消费者仍旧认为光伏发电和风电不够稳定，不能放心选择使用。由于以往市场存在不良竞争，可再生能源发电企业和相关设备制造业难以健康发展，有的甚至还面临着严重亏损，这些都不利于我国可再生能源的进一步发展。

综上所述，在"双碳"目标的引导下，我国可再生能源的发展已经由过去的渐进式与小步式发展转为了大规模、高比例以及大步跨越式发展。虽然当前可再生能源发展仍存在一定问题，但总体来看，可再生能源地位的上升仍旧是我国能源发展的大趋势[26]。

四、国际能源合作现状

当前，我国在国际上的能源合作成果颇丰，对国际能源合作的重视使得我国能源治理能力得到大幅度提高，也为推动全球能源结构转型贡献了中国力量。面对变幻莫测的世界能源格局，我国选择了将"引进来"和"走出去"相结合，加强国际合作和交流互通，通过实施一系列政策规定推动国际能源合作向宽领域、多层次、全产业链的方向转变，不断提高能源合作的利益关联，有利于打造能源合作的命运共同体。

在"引进来"方面，为保证能源安全，我国积极开展大国能源合作，目前已经形成五大油气合作区，丰富了我国油气来源的多样性，也使得油气进口的稳定性得到增强。我国与俄罗斯的合作取得了众多成果，2014年建成中俄东线天然气管道，这意味着中俄能源管道"有油管无气管"的局面被打破，为中国天然气进口多了一层保障[27]。与中亚国家，2014年中亚天然气管道C线建成通气，实现了三线并行，使沿线5亿多人口受益。与中东国家，2016年我国同沙特、埃及、伊朗分别签署了能源领域合作文件[28]。与美洲国家，在"1+3+6"的合作框架下，我国和巴西之间的原油贸易更加紧密。

与此同时，我国积极推动自身先进的能源技术、设备、产品等"走出去"[29]。在新能源领域，我国风电、光伏行业具有先进的技术和优越的设备制造水平。近年来，我国风电整机制造产量在全球具有重要地位，出口的光伏组件在全球市场中占据主要份额。在核电领域，我国与俄罗斯、巴基斯坦等国家的核电合作取得显著进展。在电网工程领域，国家电网与巴西电力公司在2014年合作中标巴西"美丽山±800千伏特高压直流输电一期工程"，次年国家电网中标二期工程，是我国电网工程在国际上的新突破。2021年，国家电网在国际上首个具有完全自主知识产权的"±660千伏直流项目"全线贯通，标志着国家电网在国际领域迈上了新的台阶。

我国通过"一带一路"工程建设加深了和沿线国家的合作。在石油和天然气领域，我国先后建成了中俄原油管道二线、中俄东线天然气管道、中俄亚马尔液化天然气项目等具有重大意义的项目。在加强与世界各国能源合作的同时，也加强了我国油气进口通道的安全性和稳定性[30]。

我国积极参加全球能源治理，与国际能源组织的合作程度不断加深；同时，我国在多边机制下就能源方面始终扮演着重要角色。2014年，亚太经合组织（APEC）第十一届能源部长会议在北京召开，亚太经合组织可持续能源中心（APSEC）在我国的积极推动下成立。2022年9月，我国与其他6个上合组织成员国共同发布《上海合作组织成员国元首理事会关于维护国际能源安全的声明》，该声明对于建设开放、透明、高效的国际能源市场具有重要意义。

此外，我国还主动推动能源治理与合作平台的建设，一方面通过"一带一路"工程建设增进合作深度，另一方面通过与东盟、阿盟、非盟等区域进行合作来拓宽合作的广度[31]。2020年9月，我国郑重地提出了"双碳"目标。2020年，我国超额完成了对国际社会承诺的碳排放强度目标，超额幅度为3.4%，下降幅度达到48.4%。我国是世界上最大的能源消费国，因此我国的能源战略对于全球能源结构向何处转型具有重要意义。

综上所述，在国际能源合作方面，我国呈现出了大国风范和大国担当，在世界能源合作体系中，我国的国际角色定位正在逐步明确。

第三节　能源工业绿色转型的关键因素

一、科技创新与能源结构变革

在"双碳"目标的背景下，能源结构变革是能源行业实现绿色转型、健康发展的有效途径，而科学技术的应用，是加快这一进程的重要驱动力。一方面，将5G、能源互联网、数据中心、人工智能等数字化基建和能源基础建设相结合，使传统能源体系实现信息化、数字化、网络化、智能化转型。另一方面，将"能源"和"数据"两大要素绑定，使得各个资源要素之间实现有效流通与交互，从而促进整个能源体系生产力水平的提升。

能源的清洁化与低碳化转型以及"双碳"目标的推进对我国能源技术革新提出了迫切需求[32]。科学技术在传统能源和清洁能源两个方面驱动能源产业结构的调整，在提高传统化石能源使用效率的同时应对清洁能源短板。

（一）传统化石能源：科学技术助力提升效率，降低环境破坏程度

对于传统化石能源而言，科学技术的应用有利于提升其生产效率，从而降低对生态的破坏程度。尽管随着节能减碳进程的推进，清洁能源替代传统化石能源是大势所趋，但在推动"双碳"目标实现的过程当中，提升传统化石能源的生产效率也是关键的转变途径之一。

以我国能源生产结构中占比最高的煤炭及其直接相关的火电行业为例，传统电厂可以建立数据监测诊断中心，通过分布在各电厂、各机组的传感器不间断地监测电厂总体和主要部件的运行情况，并通过对大数据的分析诊断，及时筛选出故障预警信息，减少因错误操作而造成不必要的成本，提升机组的安全性、可靠性、经济性、环保性。

以石油和天然气行业为例，近年来，主流的石油企业都在通过传感器和石油卫星监测与搜集石油平台的生产运作数据。高质量的大数据通过人工智能平台的学习和分析，能够有效用于油井产量的预测和分析。人工智能技术还可以对整个油田的开采过程进行监控，对设备发生的问题进行预警，从而减少二氧化碳的排放量。

（二）清洁能源：科学技术助力解决消纳与稳定两大问题

对于清洁能源而言，科技可以有效弥补其缺陷，对其普及和发展起到促进作用。目前，我国清洁能源发展过程中面临两个主要的短板：一是消纳问题，是指由于清洁能源装机增长迅速但自身消纳能力有限，而造成的"弃风""弃光"现象；二是稳定问题，是指清洁能源发电不连续、不可控，难以维持电网的稳定供电。科学技术的应用有助于解决上述两大问题。

一方面，科学技术能够促进电力基础设施的建设和提效，增加清洁能源的消纳渠道。电力基础设施尤其是输电设施的老旧及运行效率的低下，使得能够从发电基地顺利输出的清洁电力仅占少部分，由此造成"弃风""弃光"现象的发生。将科学技术深度应用于整个能源供应系统，通过智能电网建设、无人机巡线、输电全景智慧监控等手段为清洁的能源智能网络建设提供有力支持，可以有效地提升输电效能，为"弃风""弃光"问题的解决提供帮助，如图1-8所示，科学技术的应用使得我国"弃风"现象逐年减少。

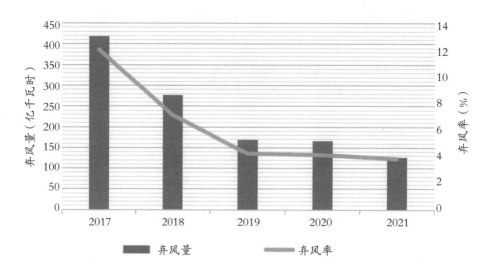

图 1-8　2017—2021 年我国弃风量及弃风率年度变化统计情况

　　另一方面，科学技术对用电需求的实时监控和预测，能够提高清洁能源的分配效率、增加其稳定性。具体而言，利用能源系统的数字化转换技术，发电企业与供电企业不仅能够实现实时监控，而且能够与用电端进行互动通信，以微电网、自动需求响应等为技术基础，自动响应本地电力需求。这些数字化的信息能够帮助企业更好地判断和预测电力供需情况，再据此进行电力的调节和分配，以解决清洁能源接入电网而造成的电力供应短缺、电网稳定性问题。

　　总之，科学技术在能源生产体系当中的应用，能够大大提高传统能源的使用效率，促进清洁能源的推广与快速发展，从而降低整个能源体系的二氧化碳排放。目前，世界各国正加速推进能源系统的科学化，将大数据分析、机器学习、区块链、分布式能源管理及"云计算"等科学技术，应用到能源生产、输送、交易、消费及监管等各个环节。

　　IEA发布的《科学化和能源》报告显示，由于能源部门的不同，科学技术对于生产力和效率的影响存在差异。但从总体看，科学技术在石油、天然气、煤炭和电力等领域的应用，能够提高能源供应的效率和安全性，并降低成本。[33]图1-9展示了数字技术对于油气、煤炭及电力等不同能源部门的潜在影响。其中，"潜在影响程度"表示科学技术对生产力和效率产生的总体潜在影响；"数字化的障碍"指的是包括技术、金融、监管以及社会公众认知等在内的诸多因素。

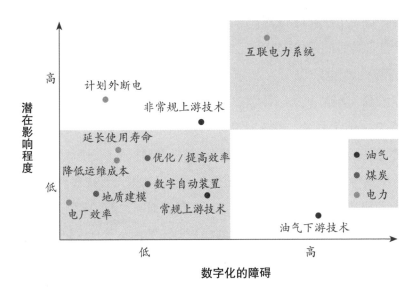

图 1-9 数字技术对于油气、煤炭、电力等不同能源部门的潜在影响

对于传统油气能源来说，科学技术能够节省一至两成的成本，并且利用传感器等技术手段，世界范围内可提升5%的油气可采储量。就清洁能源而言，如果在欧盟推广数字化存储和智能需求响应技术，预计在2040年可以将太阳能光伏发电和风力发电的弃电率从7%降至1.6%，从而减少约3000万吨的二氧化碳排放。

此外，能源互联网是科学技术在能源领域的典型应用之一。能源互联网以数字化和智能化的方式，将各个环节连接起来，创造经济价值，赋予绿色能源以动力[34]。它将科学技术深度融合到能源体系的方方面面，促进整个能源系统的绿色升级转型与结构优化。华为在2021年1月发布的《站点能源十大趋势白皮书》中即指出了从"瓦特"到"瓦特+比特"的能源互联网发展趋势。

然而，传统能源网络只关注"瓦特流"，发电、输电、配电、储电和用电的各个环节之间彼此孤立且难以协同，导致电力生产效率和能源利用效率低下。同时在整个能源网络中存在大量需要依靠人工维护的"哑设备"，运维效率低。若将5G、人工智能、大数据、物联网等科学技术与电力电子技术创新性地融合，实现整个能源网络的互联化、科学化和智能化协同，就能够达到电网运行和能源利用的最高效益。

绿色技术是遵循绿色发展规律，以绿色市场为导向，立足于节约资源、保护环境、实现社会可持续发展的现代技术体系。绿色技术的研发和创新与产业深度融合，贯穿于产业链的上下游。驱动产业向绿色化改造升级，应从各方面提高整个能源体系的运作效率，达到节能减排的目的。具体来看，绿色技术有以下4种主要的运作模式。

一是能源预测性勘探。科学技术手段的应用能够提高能源开发环节的效率。以油田的开发为例，在探测的前期阶段，为提高对后期信息传达的准确性，需要对地表地况、储油条件、有力地带以及储量概况进行估算。目前，前期阶段可采用物理勘测以及预测性勘探，后者可利用无线技术，无需到达现场进行实地勘测，因此效率远高于前者。在预探期间，利用预测性勘探WiFi、AP覆盖技术，可以获得准确的地质结构资料与数据，体现区域的真实状况，从而能够针对不同的地质条件，制订个性化的开发方案，提高石油资源的生产效率。

二是污染治理。在能源的开发利用中，可能会造成土壤和大气污染。在治理土壤污染方面，企业及监管部门可使用物联网、云计算、大数据、移动互联和空间信息等先进技术与理念，利用"生态云"平台，建立一个科学化、信息化、智能化的环境监管体系。智能化的监管系统将实时、可视化、智能化地对土壤进行监控，建设用地全生命周期的"云端"联动监管，帮助能源生产企业对自身污染防治情况进行智能研判。对于空气污染治理，通过建立高度密集的空气质量监控网，实现多维度、多角度及全方位的空气质量监测，力求在控制污染标准的前提下提高能源生产效率。

三是分布式能源管理。分布式能源是一种建立在用户端的能源供应方式，利用智能化监控、网络化群控和远程遥控等科学技术，对能源的需求和资源配置进行系统整合，进而分散式供能，以实现资源、环境效益的最大化。与此同时，分布式能源采用先进的能源转换技术，在降低污染程度的同时，将污染物排放分散化，便于周边植被的吸收以及资源再利用。与传统方式相比，分布式能源可以根据用户的不同需求，进行相应的能源供给，从而减少传输过程中的损耗，达到节能效果。

四是智能电网建设。智能电网是把传感器、通信、信息、计算机、控制等技术与现代物理电网进行紧密结合，从而实现最大限度地优化调度电力资源配置，有效提供持续、经济和安全的电力。当前，我国的智能电网建设尚有较大发展空间。与传统电网相比，智能电网可保护用户抵御攻击、提供满足用户需求的高质量电能、容许多种发电形式接入、启动电力市场高效运行。作为电网"2.0"版本，智能电网基于在高速双向通信的电网，通过传感和测量技术、设备技术以及决策支持系统技术的应用，实现电网可靠、安全、经济、高效、环境友好的使用目标。同时，2009年国家电网发布了"智能电网计划"。按照此计划推动我国"坚强智能电网"的建设完成，以及智能电网运行控制和互动服务体系初步形成。"十四五"规划对于电网基础设施智能化改造和智能微电网建设提出进一步要求，以提高清洁能源消纳和储存能力，使电网的输配电能力得到更大改善。

二、环境经济政策与"双碳"目标

为改善生态环境，规范治理环境资源市场，推动工业绿色转型，政府制定了包括环境禁令、污染物排放标准、废弃物减排标准在内的命令控制型政策，也制定了许可证制度、排污费环境税征收标准、碳排放的市场交易、能源消耗的梯度定价等市场激励型政策[35]，以此引导企业参与能源工业绿色转型。前者属于政府的行政手段，具有强制性约束力，是政府运用"看得见的手"直接或者间接地干预能源企业的行为方式。而后者属于政府在市场经济体制下拓展的经济手段，通过"看不见的手"调整分配环境资源。

环境经济政策利用财税、价格、金融、交易等经济政策等手段来调节环境经济活动，对我国经济和环保具有重大意义，以内化环境成本为途径促进企业的绿色转型优化[36]。2009—2018年，环境财政政策、环境税费、排污权交易等环境经济政策取得了积极进展，尽管各政策实践进程有所差异，但从总体看，环境经济政策体系已经基本建立[37]。

环境经济政策是市场经济的产物，其理论基础为环境价值观、价值规律和价格形成机制，与强制性环境政策形成了一个比较完整且内在相通的政策体系。环境经济政策体系的不断健全，在推动中国环保事业发展的同时，也暴露出许多问题[38]。但是，随着环境保护指导思想不断深化，我国出台了一系列环保新措施，其与环境经济政策体系之间形成了相互促进的趋势。这意味着环境经济政策促进环境保护工作的落实，而环境保护工作对我国的环境经济政策的完善起到了推动作用[39]。

作为能源消费大国，我国长期保持以煤炭为主的能源消费结构。和发达国家的典型能源转型过程不同，在第三次能源转型的浪潮中，我国很有可能直接从煤炭跨越到可再生能源，这对顶层制度设计提出了很大的挑战。虽然我国的能源绿色转型任务艰巨且启动较晚，目前尚处于对能源转型政策设计的探索期，但作为重信守诺的负责任大国，在《巴黎协定》等国际性气候条约的承诺下，我国的能源转型势不可挡。近年来，我国在能源体制机制建设方面已经取得了一定成就，并通过出台相关政策及完善有关的配套措施，不断进行能源价格机制和市场体系的改革[40]。

（一）财政政策和税收政策

在财政政策方面，2006年出台的《中华人民共和国可再生能源法》明确提出设立可再生能源专项发展基金，受该法的引导，我国为可再生能源发电、新能源汽车、绿色技术研发等多个领域提供了一定的资金支持。在电力行业领域，自2006年实施固定电价补贴政策以来，我国的可再生能源装机容量稳步提升，目前已居世界第一。我国可再生能源发电的补贴资金主要来源于向电力消费者征收的附加费，该费用的征收标准自2006年至2015年先后经历了6次调整，以填补日益增长的政府补助基金的缺口。另外，为减少化石燃料的消耗，政府设立了新能源汽车购置补助基金，并对新能源车实行免税政策。在可再生能源技术研发方面，截至2019年年末，中央财政已投入超过30亿元资金用于绿色能源技术的开发，有力提升了太阳能、风能、生物质能等可再生能源的利用水平。智慧能源体系建设也是技术研发的重要一环，大数据及区块链等智能技术对于提高绿色能源消纳比重起到了很大帮助[41]。

出台财政税收政策、为企业在金融市场提供担保等服务是政府目前的主要激励手段[42]。具体而言，在对工业绿色转型企业展开全面考核的基础上，一方面政府可以出台相关的税收优惠或财政补贴政策，对符合绿色转型要求的企业给予绿色发展基金优先申请权及其他财政补贴，例如风力发电和水力发电均可享受一定的增值税税收优惠，进口可再生能源设备可以免征关税及进口环节增值税，所得税优惠条款里也有专门针对可再生能源利用企业的规定。另一方面政府也可以将绿色转型产品或服务作为政府采购的优先备选名单，减少绿色转型企业的库存积压问题。

《中华人民共和国环境保护税法》于2018年正式出台。征收环境保护税，能够较为直接地影响企业的排污水平。理论上，政府通过调整环境税的税率使环境监管和治理污染的边际成本等于对生态环境的边际污染，即可达到环境税的最佳标准。企业作为生产主体可以通过选择不同的清洁生产技术和污染治理技术，决定产量及产生的污染物排放量，因此企业获得最低治污成本的条件为边际治污成本等于环境税。通过此种途径，以税收的形式平衡应由生产者或消费者承担的对环境污染或者破坏后的补偿，有助于实现社会公平、环境保护以及税收增加3个目标，全面落实环境税收制度，推动环境保护事业发展。

（二）绿色金融

《中华人民共和国可再生能源法》规定符合条件的可再生能源项目在金融贷款时可以享受财政贴息优惠，后续相关部门陆续出台《绿色信贷指引》《绿色金融债券公告》《关于构建绿色金融体系的指导意见》《关于支持绿色债券发展的指导意见》等指引性文件，通过支持工业绿色转型企业发行专门金融债券、鼓励商业银行适当降低工业绿色转型企业银行贷款的利息率或延长信贷年限等方法降低工业绿色转型企业的融资成本。

有关数据显示，截至2019年年底，中国绿色债券的发行规模已达万亿级别，主要金融机构的绿色信贷余额已达到十万亿级别，均位居世界前列。与此同时，其他绿色金融产品也得到了一定发展，涉及保险、信托、租赁等多个金融领域[43]。

同时，我国在绿色金融制度建设、工具拓展、规模体量上取得了一定的成效，近年来成立了多个绿色金融改革创新试验区，在绿色信贷平台建设、绿色债券贴息、绿色项目库搭建等方面进行了有益实践。

（三）市场机制

在市场机制方面，我国目前碳排放权的市场化程度相对较高。2017年，国家发改委出台《全国碳排放权交易市场建设方案》，生态环境部也于2019年公布《碳排放权交易管理暂行条例》的征求意见稿，用于完善具体交易细则。当企业排放污染物较多时，如果不更新技术设备，可以通过缴纳较多的环境税和购买碳排放配额进行合法合规生产。若企业所需缴纳的环境税和购买碳排放配额的成本低于可获取的利益，企业会继续选择高排放的生产方式；若高于可获得的利益，那么企业将选择采用新型节能减排技术和污染治理技术来降低生产成本和治污成本。能源工业多为重污染企业，仅通过向政府缴纳高额环保税和购买碳排放配额不足以支撑其长期发展，因此在现有转型政策下，能源企业更倾向于更新技术以获得长久利益。

2021年，面对能源危机，我们之所以能在短期之内解决部分区域的能源供给不足问题，也要归功于完善的能源产供储销体系。随着《关于建立健全可再生能源电力消纳保障机制的通知》《绿色电力交易试点工作方案》等政策机制的深入实施，我国初步形成了覆盖区域、省级、中长期、现货交易的电力市场体系，2021年全国市场化交易电量占全社会用电量比重为45.5%。此外，全国统一碳市场顺利启动交易，在第一个履约周期内2162家主要的发电行业重点排放单位被列入，碳排放配额累计成交量为1.79亿吨。

（四）"双碳"目标

2020年9月，习近平总书记提出"碳达峰"和"碳中和"的"双碳"目标，同时提出要尽快落实新发展思想，推进"双碳"工作，加快建立"1+N"政策体系以促进"双碳"目标的实施，这其中主要包括优化我国的能源结构，建设绿色、低碳的交通运输体系，建立健全碳交易市场和碳定价机制等内容。

党的十八大以来，我国能源革命在"四个革命、一个合作"战略思想指导下，实现了一系列的历史性变革，而"双碳"目标的提出为能源革命带来了新的任务和契机。国家能源局发布的最新数据显示，自2022年起，我国风能、太阳能等新能源发电发展迅速，新增发电容量持续保持高速发展，为我国的经济和社会发展提供更绿色的动力。截至2022年10月底，全国累计发电装机容量约25亿千瓦，较上年同期增长8.3%。其中，风电、太阳能发电装机容量分别约3.5亿千瓦和3.6亿千瓦，分别较上年同期增长16.6%和29.2%。目前，我国在新能源产业建设方面已形成完整的产业链体系，不断节省开发建设成本，新能源发电中的光伏发电、风电已迈向市场化平价发展的新征程。

政府和相关部门、行业企业围绕"双碳"的远景目标先后制定了相关的政策，以引导能源行业积极应对能源转型、优化能源产业结构，支撑社会经济高质量发展。同时，将发展能源产业与环保行动有机地联系在一起，促进生态文明建设的发展，注重运用绿色科技，大力提倡贯彻绿色发展方式，多措并举实现绿色转型概念的真正落地。

三、绿色低碳产业与结构改进

我国的经济实力和综合国力在新时代全方位地达到了新的高度。同时，我国持续深化供给侧结构性改革，在绿色发展领域取得重大进展，加快发展绿色经济，从根本上改变能源消费结构，扭转过度依赖增加资源消耗、过度依赖全面扩张、过度依赖能源密集型和污染密集型产业的发展模式，严格控制能源密集型、污染密集型和水资源密集型产业的生产能力，以环境可持续性为严格约束，促进产业结构的不断优化。绿色能源成为高质量发展的鲜明底色，新兴战略产业成为经济发展的重要动力，绿色产业蓬勃发展。

（一）能源多重模式融合发展

当前，能源领域的转型和整合也是我国绿色低碳能源转型的重要方向和关键路径。与绿色低碳经济、数字智能、融合共享3种经济形态相关联的转型，已经成为时代的潮流。我国正在大力推进四大融合趋势的发展：一是跨部门跨界的融合，新能源与传统能源在相互补充的同时协作发展，"能源+"模式得到普通应用，能源与工业、交通业与建筑业等深度融合；二是产业链之间的交叉融合，产业链上下游之间深度融合，以便实现多战略、多能源、多功能融合，推动数个环节的协同进步；三是要素之间的融合，主要是推动产融结合、产技结合、产性结合；四是区域融合，推动跨国、跨区域融合，打造绿色低碳合作新模式。

能源多重模式的融合发展不是简单的相加，而是可以达到"1+1>2"的效果。能源融合发展的空间无限广阔，实现的价值逐步增加，使绿色低碳能源下沉市场，成为一种标配和终端产品。以内蒙古自治区乌兰察布市为例，作为我国较重要的牧区之一，该地对能源和环境的要求标准非常严格，我国能源企业通过在该地建设世界上最大的远网合组一体化的融合示范项目，寻找利用光伏发电板避风固土，提高土壤含水量的途径，从而促进植被的健康生长。与传统方式相比，能够使饲养的羊群在这里提前两到三个月长到宰杀重量，这种创新模式在对生态环境起到保护及优化的同时，也能够提高牧民收入水平。这种板上发电、板下种草、草上养殖的模式，得到了当地牧民的认可，以融合发展的模式实现绿色发展。

在交叉融合方面，目前我国能源企业正在采用全新的设计理念及施工理念，全国范围内实施零碳港口、绿色航道、船舶、公路、铁路、机场等的建设，以开拓能源行业绿色低碳转型和融合发展的新型业务经营模式及新产品。以广西平陆运河的"四个全"目标建设为例，全施工期内采用锂电、全设备采用新能源技术、全运营期采用绿色电动船、全水利枢纽采用绿色动力，实现了全面的绿色低碳转型，推动了绿色低碳成为经济发展的主基调。

（二）能源行业全方位支撑保障

能源作为经济社会发展的基础和动力，关系到一个国家的福祉和发展，关系到民生的改善和社会的长期稳定。围绕发展绿色低碳能源，能源行业企业在习近平总书记提出的能源安全新战略的指导下，明确国家加快能源行业绿色转型的目标导向要求，采取了一系列研究和实践措施。我国能源行业企业联合成立中国新型储能产业创新联盟，各企业相继发布白皮书，组建相关研究院，涉及新型储能、绿色环保及国家绿色战略等多个领域，专攻精研新能源科学技术攻关。经过能源行业在绿色转型方面长时间的努力与发展，我国能源企业在多个清洁能源发电领域达到了全球领先的设计水平与建设能力，业务份额不断上涨。

围绕"双碳"目标，能源行业从政府端、行业端、国际端、技术端、项目端全方位提供方案与服务，为经济社会绿色低碳转型和高质量发展提供坚强支撑和保障。在政府端，系统打造国家级智库平台、高端研究平台，高标准参编国家级能源、电力和技术创新规划；在行业端，组建以新能源、新基建、新产业为核心的"三新"联盟，与新型储能创新联盟、新能源国际投资联盟、供应链联盟一起组成"四大联盟"，协同打造要素共享、价值共生、聚合裂变的"产业群""共赢链""能量场"；在国际端，在140多个国家和地区打造一批中国坝、中国电、中国网、中国城、中国路、中国桥，全力服务打造绿色"一带一路"；在技术端，掌握了高效清洁发电、智能电网、新能源、储能、智慧交通、零碳城市等领域的一大批成套核心技术；在项目端，依托全产业链一体化融合发展优势，创新风光水火储、源网荷储、投建营、海上综合能源、综合交通、城市综合开发"六个一体化"模式，打造了一大批新能源示范项目、能源融合项目。

推动能源结构转型发展、大力开发绿色新能源产业，2022年我国可再生能源的装机总量历史性超过煤电，占比达到了47.3%，全年的发电量超过2.7万亿度。我国能源企业面向未来将全面加快绿色低碳化与数字化"两化"转型，系统打造"三新"能建，持续培育"能源+""数字+""绿色低碳+"多维发展模式，创造中国的"双碳"解决方案、产品与服务。

（三）绿色低碳产业关键技术攻关

绿色低碳发展是一个长期的课题，它是实现经济社会发展整体转型，同时也是构建现代化经济体系的重要路径[44]。"十四五"时期是我国能源行业在

"碳达峰"目标下进行绿色低碳产业转型的重要战略窗口期与机遇期。以新型储能发展为例，新型储能是构建高比例新能源电力系统的颠覆性技术，能够有力支撑未来能源电力发展。国家发改委、国家能源局提出了实现新型储能到2025年步入规模化发展、2030年全面市场化发展的目标。随着新能源发电规模的扩大，我国对电网调节能力的要求也越来越高，新型储能具有建设周期短、选址简单灵活、调节能力强等优点，因此，加速推动先进储能技术的规模化应用成为当务之急。当前，我国新型储能技术创新正在迅速向并跑、领跑迈进。面对世界能源科技竞争，为向绿色低碳转型的技术革新提供有力支持，加快新型储能技术的创新体系建设刻不容缓。新型储能是催生能源工业新业态、打造经济新引擎的突破口之一，在构建国内国际双循环相互促进的新发展格局下，加速新型储能产业布局面临重大机遇。

能源行业建立的中国新型储能产业创新联盟，旨在建立一个可持续的行业协同发展生命共同体，在此基础上，建立一套全新的能源存储产业链的现代化系统，突破"卡脖子"技术，扩大市场规模，获得较大的增量发展。因此，为推动规划目标高质量落地，在绿色低碳产业转型升级的大背景下，能源企业迫切需要在健全新型储能政策体系、突破核心技术、完善标准体系、形成商业模式等环节加快重大共性问题攻关，培育形成成熟的新型储能一体化解决方案。

在绿色低碳产业的发展成为经济发展主基调的同时，能源领域绿色低碳转型成为重中之重。2023年的《政府工作报告》提出，要推动发展方式绿色转型。要推进煤炭清洁高效利用和技术研发，加快建设新型能源体系。要完善支持绿色发展的政策，发展循环经济，推进资源节约集约利用，推动重点领域节能降碳。生态文明建设是关乎中华民族永续发展的根本大计，绿色发展是生态文明建设的必然要求。当前，我国已迈上全面建设社会主义现代化国家、全面推进中华民族伟大复兴新征程。绿色低碳产业的发展与结构改进，既包含绿色发展理念和经验的阶段性总结，也延续了能源工业转型的新篇章。

四、数字经济与能源消费结构优化

以数字技术赋能能源产业绿色低碳转型，加快数字化、绿色化发展，优化能源消费结构是实现经济高质量发展的必然要求，也是有力有序推动"双碳"目标落实的重要路径。能源企业借助数字经济发展与能源消费结构优化，实现产业发展的"数智蝶变",走上了绿色发展的新路子,可以说,绿色化、低碳化与数字化密切相关。

(一)数字技术赋能低碳升级

落实"双碳"目标,实现能源工业绿色升级是一项涉及经济社会全面低碳转型的系统工程,以数字化为抓手,从重要领域、关键环节突破能够带动全局。随着互联网和大数据等数字技术飞速发展,数字经济对于低碳产业的驱动作用越来越不容忽视。将数字经济与低碳产业有机结合,积极发展新业态、新模式,可有效促进我国经济发展,是积极拓展绿色低碳发展路径的有效方法[45]。能源发展一头连着经济社会发展,一头连着气候环境治理,跨越能源转型变革这个关口、加快能源行业数字化转型,能够为实现"双碳"目标创造重要保障性条件。这是一项基础工作,既涉及能源脱碳、转型管理、节奏把握,也涉及太阳能、风能、氢能等清洁能源的开发和利用,是一个做优存量、做强增量,逐步实现旧能源转换为新能源、新能源替代旧能源的过程,而数字化手段可融入各个环节。例如,利用数字技术赋能,推动传统高耗能、高排放行业全链条清洁化、节能化改造;构建依托于数字信息技术的能源管理系统,借助"虚拟电厂"将各类用电负荷聚合起来、优化调度,解决可再生能源供电波动性、间歇性较强的问题。

同时,能源企业是产业转型升级的主战场,也是推动"双碳"目标实现的主力军。如何促进大数据、人工智能等新一代信息技术与企业发展深度融合,以数字技术助力能源行业企业绿色转型是需要答好的现实题目。所谓"转型",也就是智能科技与能源企业发展的融合,包括通过技术升级实现生产过程的节能降碳,也包括利用数据资源实现精细化管理。这样一种融合的推进,既要解决好不知如何转型以及转型成本高的问题,也要解决好数字化技术供给与低碳转型需求之间有效衔接的问题。仅以后者为例,专注于数字化研发的主题,需要了解"双碳"领域的转型需求,有转型需求的能源企业,则要了解数字化的技术动态。这需要通过融合机制或渠道,将链条上的不同企业高效对接,例如零碳智能园区等平台载体的建设,即扮演此类桥梁或纽带的角色。加快数字化推动传统产业转型升级,大力发展战略性新兴产业。根据国家发改委数据,2022年全国高技术产业投资同比增长18.9%,高技术制造业增加值同比增长7.4%。

　　未来，以数字经济赋能能源产业绿色低碳转型，完善有利于节能降耗、绿色低碳发展的市场机制，提高碳监测、碳管理等市场化手段的精准性和有效性是重要方向。无论是让企业自主进行新技术开发、应用，还是让消费者主动选择低碳产品，都需要市场化机制来引导，其中的核心支撑，就是不断健全推进"双碳"价格体系，如碳排放权交易、绿电交易等。这些市场交易体系的完善离不开数字技术的创新应用。例如对经济活动碳排放的动态追踪，对森林、海洋等多元碳汇库的常态化监测，对碳交易信息的精准披露等，都可以借助数字化手段来实现。有了数字经济加持，可以有效降低绿色低碳转型的投融资成本、参与方的信任成本，激励更多经营主体在低碳领域有所作为，聚焦突破能源工业智能、能源工业元宇宙等数字化转型发展的关键技术，促进数字技术和实体经济深度融合，大力推动能源工业绿色低碳高质量发展，打造能源工业高端化、智能化、绿色化发展新格局。

（二）数字经济浪潮 绿色变革挑战

　　绿色低碳经济与数字经济正成为中国经济社会发展的主流趋势。数字碳中和，孕育着经济发展的未来，但也带来了巨大变革与挑战。数字与绿色，成为当下人类的两道必答题。

　　数字经济推进"双碳"目标与能源工业绿色转型的实现，人工智能、大数据等数字技术是支撑。例如，大数据作为新的生产要素投入碳减排领域，通过算法驱动，精准快速识别有效需求，降低资源投入和消耗；借助数字技术高渗透、高连通等特性，使各种要素资源在不同行业、企业间融合和共享，实现资源快速优化配置等。数字技术的深入参与带来生产效率和节能降碳"双提升"，可以对绿色低碳转型起到助推、放大、倍增效应。要把握好数字化和绿色化协同发展的内在关联性，积极探索数字化助力"双碳"的现实路径。从顶层设计、技术创新到产业协同，再到以数字化技术应用促进节能减排，数字化与绿色化融合互促的深度、广度，直接影响推动"双碳"目标实现的整体进程。

　　然而数字化浪潮越向前，其对能源的需求越大，亟待夯实绿色底座。2010年以来，机器学习训练模型所消耗的能源从每18个月缩短到每6个月削减一半多。2010年到2022年，用于机器学习训练的算力能耗增加了100倍。根据清华大学智库中心副主任汝鹏在第二届中国数字碳中和高峰论坛上发表的讲话，以新一代人工智能产品ChatGPT为例，其训练一次耗电19万千瓦时、碳排放85吨，相当于一辆汽车行驶70万千米，刷新了大家对数字技术耗能的认知。可以想象，如果以这样的速度继续增长下去，全世界的能源并不足以支撑机器学习训练。

因此，在数字经济浪潮变革带来的挑战下，降低数据中心的能耗、保障能源供给成为能源工业绿色低碳转型升级的方向之一。2021年9月以来，中央网信办会同有关部门组织实施了数字化绿色化协同转型发展行动计划，部署了18项重点行动，即"双化协同"行动计划，推动数字产业的绿色低碳发展，加快数字技术赋能传统行业绿色转型，发挥行业绿色转型对数字产业的带动作用，让绿色低碳成为数字技术的底座。抓住重要"变量"，数字经济、绿色产业作为新一轮信息革命和产业变革的关键领域，日益成为重组要素资源、重塑竞争格局的重要变量。

（三）结构优化助力绿色转型

优化和调整能源结构不仅对中国能源行业的绿色转型和发展至关重要，而且也是确保能源安全和实现碳中和的关键因素。调整能源结构意味着减少对化石燃料的需求和消费，降低碳能源的比重，并积极发展新能源和可再生能源。基于化石燃料的能源消费是我国二氧化碳排放量上升的主要原因。在此背景下，我国近年来采取了多项绿色发展举措，促进可持续发展和整体创新，不断优化和调整能源结构，在节能和二氧化碳减排方面取得了良好成效，为实现碳中和奠定了良好基础。近年来，我国推动能源领域的结构调整、转型升级和供给侧结构性改革，能源生产结构从以碳为主向多元化、日益低碳的能源消费结构转变，推进了资源节约型、环境友好型社会建设，进一步推动了能源产业的绿色发展和生态文明建设。

能源结构的持续优化包括生产结构与消费结构两方面，新能源发展势头良好，清洁能源的消费比重逐步提升。党的十八大以来，全面推进能源结构调整，减少了煤炭等传统能源的使用，能源结构由煤炭为主向多元化转变，能源的清洁程度也在不断提高，尤其是新能源的开发与应用得到了很大的发展，能源结构逐步优化。

随着对能源的需求和使用模式的转变，我们对能源的清洁和有效使用取得了明显的进展。能源消费的增速有所下降，并且显著低于 GDP 的增速，说明我国能源消费总量控制效果显著，目前正处在以较低的能源消费增长来支撑经济的高质量平稳发展阶段。消费品种结构也在逐步改进。据国家统计局公布的数字，到2022年，我国新能源消费量达到25.9%，而2011年仅为13%，能源消耗结构朝着清洁、高效和低碳的方向发展。在调整能源结构的同时，我国还在推进能源工业的可持续发展转型和整体创新的过程中，实施了一系列的绿色发展措施，节能减碳成效显著。

数字经济和能源消费结构的优化已经成为影响能源工业发展格局的重要因素。数据已与土地、劳动力、资本、技术等要素并列，成为经济发展的核心生产要素。以互联网、人工智能等为代表的数字经济，是能源产业转型与升级的"新支点"，是能源产业发展的"新引擎"。它将为能源产业与企业安上一个"产业大脑"，是能源产业链与供应链的有力支撑，也是能源产业实现高质量发展的有力保障。

五、社会责任履行与价值共享

新时代推动绿色发展的中国故事，全面展现了党的十八大以来，我们国家在推进绿色、低碳发展方面所遵循的理念，采取的重大措施以及所取得的历史性成就，展现了我国坚定地走绿色、低碳、高质量发展道路，建设人与自然和谐共生的现代化的坚定意志，也展现了我国在全球可持续发展中所展现出来的大国责任。践行绿色发展理念，需要全社会的力量。在此过程中，能源企业作为现代社会的细胞与市场经济的主体、现代经济社会建设的重要参与者，必然要担负起更多的社会责任，应当认识到实现能源行业的绿色转型是社会主义生态文明新时代对能源企业承担绿色社会责任的要求，也是能源企业实现可持续发展的重要法宝。

现实中，能源企业的环保行为与政府调控之间实际上是一种"博弈"，能源企业既是环境麻烦的制造者，也是解决者。随着观念的进步，越来越多的能源企业希望在国际上通过自己的行为和表现，影响整个社会的进程，愿意主动承担社会责任。能源企业必须实施绿色低碳战略，以绿色低碳标准对能源企业行为进行规范约束，才能保持良好的企业形象和可持续发展的动力。

站在绿色发展的角度，不可否认的事实是，过去很多企业，尤其是那些重工业、高能耗、高污染企业，为了谋求自身的快速发展，不惜以破坏生态环境为代价，牺牲公众利益来获取经济利益。虽然有些企业也为此支付了一定的费用，但从长远来看，这种"先污染后治理"的粗放型模式不但阻碍了经济社会的可持续发展，还给民众的生存环境和健康安全带来了危机。况且，这对于企业自身市场信誉来说也是一种伤害，本质上属于牺牲长远利益换取短期利益，同样不可持续。

（一）绿色责任纳入可持续发展

企业的绿色责任是指企业的行为要坚持可持续发展的理念，把环境利益和对环境的保护融入公司的运营管理中，在取得经济效益的同时，至少不对环境产生破坏，并尽可能地保护环境，促进环境的绿色发展。具体体现在以下3个方面。

一是绿色产品。能源企业的生产过程及其最终产品是节能节水、低污染科技应用的体现。绿色产品在对人们消费观念和生产方式产生深刻影响的同时，以市场调节的现代化方式来对环境起到保护作用。在绿色责任理念下，社会公众购买绿色产品成为一种潮流，这促使能源企业以生产绿色产品为手段提高利润，引导企业在满足社会和个人需要的同时，保证产品或服务是对环境无害的，注重整个的生态产业链的绿色健康。

二是绿色技术。企业积极响应新发展理念，坚持绿色创新，既是实现企业与社会高质量发展的重要支撑，又是实现企业与环境共生融合发展的重要方式[46]。能源企业的绿色技术以末端处理和污染预防为主，一方面在目前的生产工艺和流程下，采取废弃物分离、焚烧等处置手段，以减少废弃物污染；另一方面在污染源头进行削减，从而达到解决资源耗费、减少环境污染的目的。既可以为企业带来效益和竞争力，又可以使企业在不牺牲生态环境的前提下发展。

三是绿色市场。能源企业基于维护生态平衡，重视环保的理念进行市场调查、产品研制，将绿色责任纳入企业的可持续发展之中，从而与消费者及社会的利益相一致。

（二）低碳责任助力能源行业升级

低碳责任是指能源企业在采购、生产、销售和管理的全过程中坚持低碳化，在尽量减少温室气体排放的同时，在达到低排放甚至是零排放的过程中，提高能源效率、降低能源消耗，用低碳能源或无碳能源支撑经济活动的可持续发展。具体体现在以下3个方面。

一是降低能源企业自身的资源消耗和二氧化碳排放。能源企业的低碳责任首先是指企业自身需要降低对资源的消耗，以较少能耗生产更多绿色低碳产品。在生产中提高资源的利用效率，在销售中注重对产品主体功能的体现，减少不必要的附加功能，在营销中降低资源的不必要消耗，核算产品的碳消耗，并以不断降低为目标，实现产品的低碳化。

二是注重全产业链中的低碳化。除了能源企业自身之外，还需要能源企业主体在选择供应链上合作伙伴过程中，采取"低碳化"的标准要求这些企业运用绿色低碳技术从供应链各环节减少碳排放，逐渐形成供应链上下游共同的低碳意识。基于此，以能源企业为主体的整个链上企业将资源变为最终的产品和服务时，才能够实现全过程的"低碳化"。

三是多以清洁的新能源代替传统的化石资源，改造能源企业的能源结构。多以清洁的新能源代替传统的化石资源，并在运转中注重对能源的二次利用，寻找能源利用的互补伙伴，开发能源的剩余价值，将能源浪费降到最低。

（三）价值共享驱动中国特色转型

党的十八大以来，能源企业在履行包含绿色低碳责任在内的企业社会责任方面已经取得了长足的进步。夯实企业发展的基础，探索在中国特色社会主义建设事业中企业应当发挥的积极作用，需要从理论、制度和文化等层面多管齐下，取得综合效果。在价值共享理念的驱动下，我国能源企业尝试探索中国特色社会主义企业发展道路，并在这一思想的指导下完善了企业的社会责任目标。

首先，价值共享提倡发挥标杆企业的示范作用。通过对能源企业的调查和研究，行业里已经涌现出了一批在绿色低碳的要求下充实和完善了企业社会责任内涵的企业。这些企业不但在履行绿色低碳责任方面是标杆，在本行业中亦处于核心地位。这充分说明了履行绿色低碳责任和企业健康发展之间辩证统一的关系。发挥这些企业的示范作用，有利于引导更多的企业自觉履行绿色低碳责任。

其次，在价值共享驱动下，履行绿色低碳责任的逻辑逐步厘清。价值共享是企业履行绿色低碳责任的内在驱动力，企业追求经济效益和承担包含绿色低碳在内的企业社会责任是辩证统一的关系。企业只有完整地承担日渐丰富的企业社会责任，才能实现企业的长远发展。换言之，积极承担这些社会责任，对企业的长远发展和与环境改善形成良性互动有着决定性的作用。

再者，价值共享充实企业文化的内涵。绿色低碳作为一种现代人的生活方式，必须在未来成为企业文化的重要组成部分，这不但是企业适应新的社会环境的必然要求，更是企业维护稳定的运营团队的内在要求。只有企业的各个层面和各个环节都能够将绿色低碳作为自觉的要求，才能保证企业生产的产品或提供的服务不被社会和消费者淘汰，也就是说，绿色低碳不再是奢求，而变成了底线。

最后，探讨价值共享下绿色低碳的制度建设。除了对企业进行示范引导，必要的制度约束也是保证市场公平的重要前提。各种国内外的评级标准已经很多，各个行业也结合特点制定了引导规范。但是由于约束力的问题，这些标准和规范成了企业锦上添花的宣传素材，而并没有成为企业一以贯之的行为准则。因此，通过国家法律和政府法规的约束形成完整的制度体系才是保证绿色低碳责任完整履行的必要前提。

推进能源工业的绿色转型是国家战略，也是经济发展的内在要求，更是所有社会成员的共同利益诉求。能源企业作为重要的经济活动承载主体，须承担相应责任。在新的发展战略和指导思想的指引下，我国能源企业也在积极主动适应绿色低碳要求，主动承担生态环保的社会责任。

第四节　能源工业绿色转型的相应对策

自改革开放以来，我国经济取得了举世瞩目的成就，然而能源工业长期依靠粗放型经济发展模式也给我国的自然环境带来了不可忽视的污染危害。在目前经济社会仍然保持高速增长的态势下，能源工业在经济发展、资源配置、技术创新、税收负担以及社会进步等方面都扮演着举足轻重的角色。同时，能源工业作为主要的环境污染制造者，其自身也应该承担起治理污染、保护环境的责任。因此，能源工业的绿色转型成为绿色发展理念的重要着力点。

作为一个系统工程，能源工业需要以绿色发展理念为指导，以能源安全为基础，统筹规划经济要素、能源要素及环境要素三者之间均衡关系，实现"系统性绿色转型"。现有能源发展方式由传统高消耗、高污染和高排放向能源结构清洁化、能源使用高效化、能源技术低碳化转型，可以达到资源环境消耗最小化、社会经济效益最大化[47]。能源工业绿色转型需要一套完善的政策体系作为保障。无论是构建清洁能源体系、发展绿色低碳技术还是能源相关产业的转型升级等都离不开政府政策的有效引导与支持[48]。如何在实现能源经济高质量发展的同时兼顾生态环境保护，实现经济与生态的协同发展，如何在能源工业发展和绿色转型之间寻求最佳协调平衡点，已成为社会各界关注的焦点。

能源工业转型的支持性政策体系主要包括环境行政规制政策与环境经济政策，其中环境经济政策作为能源经济绿色发展的指挥棒和协调经济与环境保护的耦合剂，对能源工业发展和绿色转型具有润滑和维续的关键作用。作为应对市场经济体制改革的重要举措，环境经济政策将成为解决我国生态环境问题和实现高质量发展的有效方案。同时，在习近平总书记"人类命运共同体"和"文明交流互鉴"的双重视域下，以民众协商与决策吸纳为价值取向和结构特征的环境工具，也对能源工业的绿色转型具有重要的实践意义。能源工业绿色转型工具（见图1-10）。

能源工业绿色转型工具

命令规制型转型工具
前置能源绿色转型相关事项
技术规制与执行规制

市场激励型转型工具
财政制度、税费机制、生态补偿制度、交易机制、绿色金融

公众参与型转型工具
环保部门指引监测信息透明化
民众自发反映环保问题需求

自愿行动型转型工具
有效地减少政府行政监管成本
提高我国能源行业环保标准
形成企业治理污染激励基础

图 1-10 能源工业绿色转型工具

一、能源工业绿色转型工具

（一）命令规制型转型工具

命令规制型工具主要指环境行政规制政策，包括与能源绿色转型相关的法

律法规和各项标准，以强制性政策来保证各项有关于能源绿色转型措施的执行，强制能源企业把污染成本内部化，并以实施法律法规和命令等形式实现环境治理的目标，以有效的政策手段来调节经济体的环境行为。其优点在于将能源绿色转型的相关事项前置，有利于更好地对能源工业生产过程中产生的环境污染源进行控制，使得能源工业经济体在实施环境保护行为的时候能够更具有自律性和主动性。例如，对能源排污企业或相关行业协会而言，相关标准的设定通常参考现有能源企业或行业中的技术水平和投入要素，并要求采用新的资源或技术设备等。所以对于滞后性较强的处罚性政策，能效或环境标准给企业增加的额外成本更低且利于提升企业自身竞争力，引导作用更加明显。

在20世纪60至80年代末之前，大多数的利益相关方支持采用命令规制手段进行能源工业转型。命令规制手段包括标准、命令和禁令，又可分为技术规制和执行规制。在环境部门的技术规制下，排污企业被限定采用何种方法进行污染的控制，不能选择能源排污企业排污许可证或排放权的拍卖及交易，而这类方法恰恰能够使得能源排污企业提高污染控制效率，降低污染控制成本。相反，执行规制给予排污企业更大的灵活性，环保部门仅仅对能源的产量或污染物排放量进行规定，可以摆脱其实现途径的束缚。

长期以来，环境行政规制也是我国社会治理的主要方式。在能源排污企业看来，与经济方面的激励手段相比，设定排污标准等能够最大限度地降低额外成本。如果在政府支持下，排污许可证和排放权通过拍卖或者缴纳环境相关税的形式才能获得，那么能源企业在支付降低污染费用的同时，还产生了额外的成本作为超标排放的代价。一方面，环保部门的政策制定者长期处在法治环境中，也更青睐于具有强制性色彩的行政规制方式，与市场化的手段相比，设定排污标准的形式也有利于将污染控制的成本隐性化，例如，与提高燃油效率标准相比，征收汽油税对于消费者的成本显然更为直接[49]。另一方面，出于规避风险的需要，政策制定者更倾向于能够产生更为明确结果的手段，而基于市场的环境工具因其内生弹性，会导致在收入分配领域和地方环境质量水平方面产生不确定性[50]。然而，虽然命令规制手段简单直接，但是往往不够灵活。

（二）市场激励型转型工具

市场激励型转型工具主要是指环境经济政策，是推进能源工业绿色转型、实现环境治理现代化的重要政策手段。面对化石能源的不可再生性和能源工业活动的负外部性，政府利用财税、价格、金融、交易等经济政策工具来调控能源企业的环境行为，实现环境和经济的可持续发展。与强制性的行政政策手段相比，市场激励型转型工具激励作用更加明显，也更加关注能源企业的内部调节。

我国能源工业领域早期的环境经济政策，是以废水、废气、固体废物为重点的"三废"处理为主，其中环境立法、制定排污标准、非市场转让性许可证等是其主要手段。这一类环境经济政策主要是对能源企业和个人的行为进行有效的控制和制约，从而达到降低排污、保护环境的目的。随着社会经济的发展，社会各界对能源转型的重视程度日益加深，各类环境问题凸显，不论是企业组织还是个人逐渐形成了环境治理的意识。随着经济的发展，环境经济政策的范围和内涵也日益充实，形成了贯穿于能源企业整个生产流通环节的政策体系。政府有关部门通过征收环境税、排污费，对环境保护行为进行补助等措施，既有效约束能源企业和个人的污染行为，又可以激励和引导企业、个人的环境保护意识，营造良性的绿色转型环境。

在新时代的生态环境保护新要求及政策改革创新面临的新形势下，我国环境经济政策体系基于全过程的视角，利用政策手段具有的协同、增效、执行能力保障等特点，通过财政制度、税费机制、生态补偿制度、交易机制、绿色金融等方面的改革创新，将排污成本内部化，间接影响行为者的行为选择，并同步推进完善生态环境价值核算、环境信息公开和信用体系、资源环境名录、政策绩效评估等实施配套能力实现环境治理的目标，有利于激发经济主体实施环境行为的积极性和主动性，建立环境保护的长效机制，是能源绿色转型支持政策的重要组成部分。

（三）公众参与型转型工具

公众参与型转型工具作为辅助政策，给予经济体以更大的环境治理行为的动力，从另一个方向来逐步地实现能源绿色转型所需要的良好的政策环境[51]。它是以社会舆论、社会道德压力、说服等方式，通过群众的积极参加，间接促进环保法律法规和技术标准的实施，从而影响能源的绿色转型效果。公众可以通过多种渠道，就环保方针与能源变革议题提出自己的意见与主张。例如，社会公众通过社交媒体表达对能源工业转型的关注，引导和促进相关行政管理部门的政策制定和执行。此外，公众还可以从负面的角度促进当地政府对环保问题的关注。例如，以拒绝污染严重的能源企业的方式，减少对其的消费与投资，以此迫使政府行政管理行为做出调整，推动政府部门加大对能源工业绿色转型的投入。根据引导主体的差异，此类工具可以分为两类：一是由环保部门指引，包括推动能源工业环境监测信息的透明化，并向相关人员采取多种民主方式征求意见，以回应社会关注；二是民众自发反映对于环保问题的需求，借助于媒体表达自己对能源工业绿色转型的诉求。民众对于能源绿色转型与环境治理的广泛参与，能够通过不同参与机制向政府反馈社会各阶层、各组织的需要和意见，从而减少政府跟踪、检查等活动的执行，以减少政府的行政管理费用。但公众参与型工具有一定的间接性，其有效性具有滞后效应。公众参与型工具发挥作用需要借助行政管理部门的强制力，依靠有关的法律、技术和政策的不断完善。

（四）自愿行动型转型工具

自愿行动型工具是以能源企业、社会组织及民众自身对于能源工业绿色转型的认识为基础，自发开展的一系列在生产和生活中减少自然资源消耗和浪费的自觉环保活动。目前国内普遍使用的自愿行动型工具，根据发起主体的差异，大致可以划分成两种：一种是由社会公益团体组织或有被相关行业协会认可的环境管理认证体系及环境标识等；另一种由区域性政府环保相关部门发起组织，如生态保护区、绿色产业园及城市评选等。

自愿行动型工具是对前3种政策工具的一种有益补充和提升，具有以下优势：第一，可以更好地激励企业和民众自发地治理污染，推动能源行业的环保变革，且能够有效地减少政府行政监管成本；第二，自愿行动型工具往往高于一般法律强制性标准，从而在某种意义上提高了我国的能源行业环保标准；第三，在环保行政部门环境规制的压力下，能源排污企业还面临着市场竞争环境以及民众监管环境日趋紧张的压力，从而形成企业治理污染的激励基础，根据企业个性特点及发展需求进行转型升级。自愿行动型工具具有形式灵活的特点，为能源企业进行绿色转型行动提供了多样化的选择。

二、能源工业绿色转型对策比较分析

能源工业的绿色转型关系民生福祉，为此，政府制定了各种环境规制来约束能源企业的行为，使其发挥更大的效力以实现绿色转型。但由于能源企业作为一种以自身利益为核心的经济个体，其本质追求利润最大化，因此绿色转型作为外部性强烈的公共产品，对于能源企业来说，一直存在内部驱动不足的问题。约束、抑制始终不如调控、引导来得更为有效，以更有针对性的经济规制政策，严格控制能源企业的资金命脉，使其不得不做出转型和变革。

在命令规制型转型工具的传统模式下，政府更多地扮演着"统领"的角色，其他诸如市场、社会等治理模式很难真正起到应有的效果。具体到能源绿色转型领域，该模式表现出非常浓厚的计划经济色彩，命令性、强制性的制度、法律和法规往往贯穿于治理过程的始终。然而此类工具也有其固有缺陷，它为能源企业的环境保护行为划定了一个禁止逾越又不具有灵活性的底线，在一定程度上限制对环境的损害，然而不能够有效鼓励能源企业进行技术创新以实现绿色转型，对整个社会而言，也可能造成劣币驱逐良币的现象。从另一个意义上来讲，这类对能源企业设定的环境规制底线，如果过于突兀或骤然提高，也很可能迫使企业不得不停工整改，从而造成不必要的成本损失及相应的社会福利损失，也极易造成各种非政府力量的空置与浪费。

同样，公众参与型转型工具通过协议、调解和认证等方式虽然能够提高民众的能源转型意识与公共环境意识，但政府实施的成本高，政府与广大的民众协议、调解和认证还需要维护和后续追踪。而自愿行动型转型工具实施对政府而言成本较低，并且非常容易，但是它却面临着搭便车和民众的道德风险，环境信息的公开与教育宣传未必能够发挥真正的作用。

与此同时，在能源工业绿色转型的进程中，人们对基于市场的环境经济政策的理解日益加深，逐渐认可并接受。另外，治污成本持续上升，使得政府开始关注政策工具本身的有效性，环境经济政策显然更具优势[52]，环境经济政策的杠杆作用越发明显。如果说法律和行政手段具有直接刚性的优点，体现的是外部约束，环境经济政策就是基于市场原理，是一种内在激励力量，让资源环境有价，通过内化环境成本优化经济增长。能源企业作为以营利为目标的微观个体，必然面临着环境成本与企业绩效之间的权衡问题[53]。一方面，环境规制会使能源企业加大科技研究力度，以达到节能减排、实现转型目的。另一方面，会迫使能源企业将目光着眼于低污染领域，也就是向其他行业进行投入，从而避免环保法规的约束，减少企业的运营风险，激发节能、减排的内在动力，有效促进生态环境保护和高质量发展，推动能源企业的转型升级[54]。

能源产业的任务不仅是转化或替代能源，而且要在绿色转型的框架内确保国家能源安全。能源使用的本质是清洁、高效和环境友好，从这个意义上讲，能源行业正在敦促自己从粗放型向集约型转变，实现绿色转型和发展。从我国环境经济政策体系建设来看，环境经济政策实践在加速推进，总体上呈现的是自上而下与自下而上相结合的模式[55]。我国结合自身国情，开展了内容丰富、形式多样的环境经济政策的实践，引起了国际社会的高度关注。经过多年的探索和发展，我国基本建立的生态经济体系，环保税、生态补偿、绿色金融等重要的环境经济政策都取得了突破性进展。在完善我国环境经济政策体系建设的过程中，环境经济政策通过进一步改革创新，不断推动生态环境质量的提高，支持能源产业向绿色低碳发展转型，对治理环境污染发挥了重要作用。在快速变化的世界经济形势下，环境经济政策改革与创新需要统筹国内国际发展新形势，继续推进建立行政手段引导、市场手段为主的长效环境经济政策机制，进一步整合现有各项环境经济政策，强化政策手段的组合调控，加强政策协同与政策评估等支撑能力建设，以推进环境经济政策在能源工业绿色转型工作中发挥更大政策效应，在协同推进能源工业高质量发展和高水平生态环境保护工作中发挥更加重要的作用。

第二章 能源工业绿色转型中的经济政策体系研究

气候变化等持续存在的环境问题不能通过加强现行政策来解决。相反，解决主要的环境问题需要制度创新，这是一个长期的转型过程，包括技术、经济、社会文化和制度变革。现阶段，我国经济发展正处于"转方式、调结构"的关键时期，企业积极实施环境技术创新，对于节约资源、降低能耗、保护环境具有重要意义，是推动产业升级、加快结构调整，实现"双碳"目标的重要举措。本章将研究的焦点转移至经济政策体系研究上，分析国内外环境经济政策及其影响，以期为学界开展相关研究提供参考。

第一节 环境经济政策体系的实行方式

环境经济政策的基础，便是依靠市场经济规律，运用收费、税收、财政、金融等相应的经济手段或实行方式，在生态环境的相关领域，调节或影响市场主体的行为。环境经济政策的主要目的则是在兼顾经济建设的基础上，为环境资源保护的协调发展提供助力。而经济政策实行方式则是实施环境经济政策的工具之一，是在偏强制的政策手段的基础上，通过对经济和相关市场的调整来传达政策意图的载体。

学术界对于环境经济政策也有较高的评价以及相应的理论支持。环境经济政策作为市场激励型的环境规制，是由政府主导的，以期通过市场机制来引导相关企业，减少生态环境污染物排放，或刺激企业降低污染水平的行为。这种环境规制给予了相关经济主体一定程度的选择自由，以市场信号为引导，刺激企业改善其经营活动[56]。Fowlie和Muller也进一步分析和支撑了环境经济政策作为市场激励型环境规制的相关优点，即实施成本低，且能够给予企业高度的灵活性以及自主空间[57]。与此同时，遵循"多线多收，少线少收"的原则，也有同样的提供自由的意义[58]，进而为企业自身处理环境问题起到了积极作用。

目前各国的环境经济政策体系较为完善，市场机制也相对健全，能够在不同的国情环境中，以公平、有效、经济等多方角度解决和处理环境问题，为全球的环境治理提供积极影响。国际上比较有权威性的环境经济政策的实行方式，主要由经济合作与发展组织（OECD）的成员国设定，在解决其自身产业污染问题时，成员国于地方政府的层面建立了300余项环境税。与此同时，组织的成员国也建立了多个押金制度、环境补贴制度以及排污许可证交易等制度。这些为我国的环境经济政策体系建设提供了素材和依据。

而根据学者马中的《环境经济与政策：理论及应用》一书，当今世界各国环境经济政策经常采用的经济政策实行方式主要有以下9类：明晰产权、建立市场、税收手段、收费制度、罚款制度、金融手段、财政手段、责任赔偿以及证券与押金制度[59]。

目前我国所应用的环境经济政策体系的实行方式可大致分为两类：一是政府干预类，包括上述的收费制度（包含责任赔偿与罚款制度）、税收手段以及财政补贴，这类经济政策实行方式的主要领导者为政府，以各级政府的具体直接行为为主，对环境治理做出要求或提供保障[60-62]。二是市场运作类，包括上述的明晰产权、建立市场以及金融支持（包含证券与押金制度），这类经济政策实行方式则更多依靠市场经济的模式，以明确环境能源产权价值为基础，建立合理合法的相关市场机制，使环境治理从强制走向自由市场模式，调动相关企业积极性，为环境治理以及能源工业绿色转型提供多方途径与有力支持[63-65]。

综合上述对我国环境经济政策体系的实行方式的梳理，相关政策以及具体操作举例分类如表2-1所示。

表 2-1　我国环境经济政策体系主要实行方式、相关政策及具体操作

我国环境经济政策体系主要实行方式	方式名称	相关政策举例		具体操作举例
		时间	政策名称	
政府干预类	收费制度	1982年	《征收排污费暂行办法》	排污收费、使用者收费、资源补偿费、污水处理费
		2002年	《排污费征收使用管理条例》	
		2021年	《"十四五"时期深化价格机制改革行动方案》	
	税收手段	2018年	《中华人民共和国环境保护税法》	污染税、产品税、出口税、进口税、税率差、资源税、免税等
		2021年	《关于发布计算环境保护税应税污染物排放量的排污系数和物料衡算方法的公告》	
	财政补贴	2021年	《关于2021年新能源上网电价政策有关事项的通知》	财政拨款、专项基金等
市场运作类	明晰产权	2021年	《国务院关于2020年度国有自然资源资产管理情况的专项报告》	明确相关能源的所有权、使用权、开发权、碳排放权等
	建立市场	2017年	《全国碳排放权交易市场建设方案（电力行业）》	可交易的排污许可证、可交易的环境股票等
		2020年	《碳排放权交易管理办法（试行）》	
	金融支持	2020年	《关于促进应对气候变化投融资的指导意见》	绿色金融、贴息贷款、优惠贷款、环境基金等
		2020年	《银行业存款类金融机构绿色金融业绩评价方案》	
		2021年	《关于加快建立健全绿色低碳循环发展经济体系的指导意见》	

第二节　国内外环境经济政策发展历程与演化发展

一、国外环境经济政策发展历程与演化发展

该部分主要研究美国、德国和日本3个发达国家的环境经济政策的发展历程及演化发展，以此为完善我国环境经济政策体系提供参考。

（一）国外环境经济政策的发展历程

1. 美国环境经济政策概述

（1）环境税收政策

20世纪80年代初，美国政府将税收手段引进环境领域，发展至今已形成一套相对完善的环境税收政策。在美国，环境税收可以分为两大类别：以污染控制为主的税收和消费税。其中包括了多种具体的环境税目。在由联邦政府建立的基本的环境标准和环境税收的基础上，美国各州依据自己的立法权因地制宜制定环境税体系，加大了环境保护的力度。此外，还有开采税和环境收入税。美国的生态税收优惠政策主要体现在直接税收减免、投资税收抵免、加速折旧等税式支出措施上。美国在税收优惠政策管理方面执行得比较严格，对税收的减免有总的规模控制，并非无限制减少。以加利福尼亚州为例，其3200万人口每年的税收减免额不能超过16亿美元，其中用于环保方面的占8%～9%。

（2）排污权交易政策

美国是最早进行排污权交易实践的国家，建立了迄今世界上最为完善的排污权交易制度。1990年，美国在修改《清洁空气法》时，为了达到有效防止酸性雨的目的，将二氧化硫排出权交易制度在法律上制度化，建立起一种利用经济手段解决环境问题的有效方法。多年实践证明，通过这一方式，达到了从整体上消减污染物质排出量的目的。美国排污权交易制度的内容主要包括泡泡政策、补偿政策、净得政策和排污量存储政策等4类政策。

（3）生态补偿政策

美国在生态补偿方面进行了大量理论和实践的探索，积累了丰富又实用的经验，可以为我国构建生态补偿制度提供参考。1956年美国政府推行保护性退耕计划，又称土壤银行计划；1961年制定了紧急饲料谷物计划；1965年又实施了有偿转耕计划，进一步细化了退耕休耕的生态补贴；1985年进一步实施了保护性储备计划。美国生态补偿项目的基本做法是政府从国库中给生产者支付一定的现金，以换取目标区域土地利用方式转变，以更有利于生态环境改善。20世纪90年代早期，环境成本有效就已成为美国农业环境政策开发的一个重要标准。实践表明，生态补偿项目参与者的受教育程度、经历、职业（农业或非农业）及其他社会经济特征，深刻影响了项目的最终效益。

（4）环境产业政策

环境产业又称环境技术产业，是指通过使用对环境友好的技术、产品和服务来降低环境危害，提高利用效率，改进工艺过程，创造产品和工艺，从而实现可持续发展效果的产业。美国的环境产业从20世纪六七十年代开始起步，90年代飞速发展，主要分为3类：环境服务、环境设备和环境资源。美国的环境产业政策在发展过程中呈现出如下特点：注重公众参与、制定并完善环境经济政策和推进环境技术创新。

2. 德国环境经济政策概述

（1）环境法律体系

德国政府很早便将保护环境、扶持环境技术创新产业发展以立法的形式予以确认。到目前为止，德国制定了几百部环保法律法规。通过法律的实施来鼓励企业实施环境技术创新，并给予一定的政策扶持。相关法律法规主要有1972年颁布的《垃圾处理法》，1974年颁布的《减少空气污染国家方案》《大气控制排放法》《生态税法》，1976年颁布的《水污染防治法》，后来又陆续颁布实施了《循环经济法与废料法》《农业和自然保护法》《能源使用法》等。

（2）废弃物回收利用政策

德国垃圾处理利用方面的变革始于20世纪90年代，政府制定了废物回收的政策并大力发展垃圾处理产业。政府主要向城市居民收取垃圾处理费和向产品制造商收取固定的费用。据不完全统计，政府征收垃圾处理费用使得居民垃圾产生量降低了50%左右。对产品制造商征收的废物处理费使人们更加重视物质资源的回收利用，从而降低了企业的生产成本，特别是那些从事产品包装的企业。

（3）环境技术创新辅助政策

德国政府在制定环境技术创新政策时，不仅要根据环境领域的发展现状和市场环境的演变，制定合适的环境技术创新政策，而且要更加注重制定各种环境技术创新政策支持措施。这些措施一定程度上鼓励了环境技术企业开展环境技术创新活动。德国政府将政策与市场工具相结合，如对绿色技术产品减免税收、实施产品补贴等。1999年德国开始逐步征收能源消耗税，在新能源方面给予部分政策优惠，凡投资开发太阳能、风能等可再生能源技术的可以得到政府低息贷款，这些辅助政策大力促进了环境技术创新产业的发展。

（4）环境政策监督机制

德国20世纪70年代便建立了环境监测系统，对水资源、矿产、大气、土壤、垃圾处理实施监测，为制定适合的环境技术创新政策提供了丰富的数据资料。各州政府环保部门拥有各自的环境监测网络系统，追踪各类污染行为，不定期对企业排放的废水、废气实施检测，检查其是否符合环境政策标准。政府向超标的公司发出改正通知，如果公司没有及时改正，政府就会取消他们的豁免权，迫使它们改善其环境表现。德国环境监察局定期公布环境监测数据等，并在公众、媒体和环保部门之间实施联合监督机制，公开环境信息。

3.日本环境经济政策概述

（1）环境法律体系

日本很早便颁布了有关环境保护、污染防治的法规，这些法规在保护环境和控制污染方面起到良好的作用。日本在1911年就颁布了《工厂法》用来防治对环境的污染和破坏，此后日本政府还不断完善相关的环境法规。1967年日本国会通过了《公害对策基本法》，并在1970年对其做了进一步修订。该法规规定了有害气体和污水排出规则、土地利用以及公共事业单位防止公害的计划及措施。该法规以预防为主，用行政命令手段解决环境污染问题，把企业的环境责任放在首位，明确要求企业的组织活动必须受到监督，防止其活动产生环境污染，明确了国家、公众、企业在环境保护方面的责任。

（2）环境影响评价制度和总量控制

日本在1997年通过了《环境影响评价法》。该法律规定，大规模工程项目开发前，项目单位要详细评价其对环境的影响，听取当地环保部门和公众的意见，确定是否立项开发。日本在1974年开始推广污染物总量控制的概念，实施地区污染物排放总量和大型点源排放总量控制。1978年日本修改后的《水质污染防治法》中明确了水质总量控制制度的地位，水质总量控制的中心内容是依据总量控制标准进行控制，以较大水域作为控制对象，将流入这些水域的河流作为指定的控制范围，并且对危及环境的污染项目实施控制。

（3）环境保障措施

财政补贴是日本政府常用的鼓励企业实施环境技术创新的政策之一。日本政府对环境技术创新主体一般采用成本补贴方式，这意味着企业在建设环境设施方面可以获得直接的财政支持。日本政府还以拨款和税收优惠的形式为环境保护提供财政和技术援助。在财政支持方面，污染减排项目是社会基础设施部门相对较大的投资，企业无法承担，主要由国家提供资金。

（4）环境信息披露制度

日本企业环境信息披露制度主要通过引入环境会计和发布环境报告两种方式来实现。环境会计是对企业在环境保护方面投入的资金以及由此产生的效益进行量化、分析和评价，主要包括3个方面：一是环境成本，包括污染减排投资和日常污染减排措施的成本；二是环境效益，如污染物排放量的减少；三是污染减排措施产生的经济效益，如环境保护的改善。20世纪90年代，在政府和公众对环境信息披露要求的鼓励下，公司开始发布环境报告。在早期阶段，公司以年度报告的形式向公众提供信息，介绍其环境政策、未来目标，以及与运营相关的环境风险。

（二）国外现行环境经济政策的演化发展

环境经济政策和管理手段的国际实践表明，环境经济政策不再仅仅是指挥和控制环境政策的附加工具，而是在环境治理中发挥着越来越重要的作用。最初，国外环境经济政策的实施主要集中在大气污染物排放的交易、污染产品税费和固体废弃物管理等方面。

近年来，环境经济政策的范围逐渐扩大，涵盖了更复杂的治理领域，如水污染预防和减少、清洁能源和自然资源管理。总的来说，世界各国都在充分利用收费、价格和税收等经济手段，制定适合本国国情的环境政策框架。综合这些国家在环境政策制定执行方面的情况，国外环境经济政策演化发展的特点主要包括：

第一，政策目标由"保护环境"向"环境资源综合利用效用最大化"转化。随着人类社会的发展，公众教育水平的提高，发达国家提出了"环境资源综合利用效用最大化"的概念，这使得环境政策目标发生了重大变化。环境政策的目的是保持社会和经济的健康发展，这不能仅靠环境保护来实现，而是要通过环境保护促进经济健康有序发展，提高人类生活的质量和水平。通过追求"环境资源综合利用效用最大化"这一目标，实现经济和环境的同步发展。

第二，环境经济政策向绿色生产方向转化。在世界大多数国家，环境创新政策是以环境标准为基础的，而环境标准本身是环境经济政策框架的一部分，围绕环境标准和相关制裁措施构成了环境监管政策的基础。然而，环境标准的政策框架往往忽视了环境保护的基本动机，这使得它难以适应日益复杂的环境需求。随着技术的不断发展，新材料和新设备的出现，新污染物排放的法律标准的更新滞后于不断变化的与环境挑战有关的实际需求。绿色生产总值依据可持续发展要求，从资源节约、经济发展、环境保护一体化出发，将企业生产运营过程中产生的能源消耗和对环境产生的污染纳入绿色核算体系，构成新的国民经济核算体系。政府围绕此体系构建新的环境经济政策体系，使得环境标准与绿色生产总值体系有效结合，共同促进环境经济的发展。

第三，环境经济政策由单一政策向注重经济手段运用转化。在欧洲和美国等发达国家，经济环境政策的选择和设计是由具体的社会和经济情况决定的。尽管各国对环境经济政策手段的选择各不相同，但都在从单一手段向经济激励政策组合转变。使用环境经济手段已经成为所有国家环境创新政策的一个重要内容。基于经济激励的政策来迫使污染企业承担减少污染的成本，增加它们的生产成本，并鼓励它们在环境技术方面进行创新，以降低成本和污染。与一般的环境政策工具相比，环境经济激励政策工具在效率的基础上实现了公平和公正，更有利于经济发展。

第四，环境经济政策由独自发展向与其他领域政策相结合发展转化。欧美等发达国家的环境经济政策注重向可持续发展方向发展，不仅注重环境政策，还注重产业发展政策、社会就业政策、投资和税收政策、金融和贸易政策等相关领域的结合。环境经济政策及其目标也对其他政策的设计和实施有一定的影响。只有将环境经济政策与其他政策发展领域有效结合，形成一个统一的整体，才能顺利地制定和实施环境经济政策，以推动人类和环境的可持续发展。

第五，环境经济政策注重向提高全民环境意识的方向转化。在环境保护的早期，不平衡的经济发展和不合理的产业结构导致了对公共机构制定的环境控制政策的依赖，迫使企业遵守环境标准。因此，环境经济政策往往是通过企业和政府之间的谈判制定和实施的。依靠政府的单边行动，成本高且效果差。随着政府治理水平的提高和公众对环境问题认识的增强，政府越来越注重利用公众的影响力来推动环境经济政策的实施。通过扩大公众权益，政府提高了公众对环境问题的认识，将保护公众的直接利益与环境意识联系起来，从而提高了公众对环境问题的兴趣。

二、国内环境经济政策发展历程与演化发展

（一）国内环境经济政策的发展历程

该部分主要从我国环境经济政策的起步时期和发展时期两个方面来阐述我国环境经济政策的发展历程以及国内现行的环境经济政策基本体系。

1. 我国环境经济政策的起步时期

从新中国成立到1971年专设的环境管理机构成立前，我国环境保护的主要工作基本是由卫生部、农业部、林业部、工业部以及水利部门负责的。虽然此时期没有专门的环境规制体制和工具来限制企业和个人的排污行为，但由于历史上积累的"环境红利"还没释放完，因此这一时期没有特别严重的环境污染事件发生。此时的环境经济政策以一些法规为主。早期，我国形成了优先发展工业经济的战略方针，并且这个时期社会公众保护环境、维护生态平衡的意识还不强，加上特殊的社会政治经济背景，这个时期主要追求工业建设的高产值，毁林、毁牧、围湖造田等现象严重，加重了对环境的污染和生态的破坏。

2. 我国环境经济政策的发展时期

从1972年开始，我国的环境经济政策正式转变，成立了专门的环境保护机构，环境保护模式也从群众动员型转向了政府管理型。1979年，《中华人民共和国环境保护法（试行）》通过，该法意味着我国正式将环境保护纳入国民经济计划，国务院各部和地方各级人民政府也划分了环境保护管理的具体职责。接着，国家计划委员会又于1982年将环境保护纳入国家"六五"计划。这两项举措正式奠定了环境保护在我国国民经济发展中的重要地位。1983年年底，第二次全国环境保护会议顺利召开。此次会议正式将环境保护定为我国今后发展的基础。1984年年底，国家环境保护局（原城乡建设环境保护部环境保护局）正式成立，环境管理具体实施机构也开始组建。

1988年，国家环境保护局从城乡发展与环境部中分离出来，成为国务院的一个机构，以巩固国家一级的环境保护活动的监督和管理。到1988年年底，12个省市成立了一级环保局；到2001年，全国95%的地市和县都成立了独立的环保机构；到2007年，全国所有的地级市都成立了环保局。我国的环境保护法规和部门规章也迅速增加，从1996年开始，短短十年内我国法律法规文件逐渐覆盖了水污染、海洋环境污染、大气污染以及噪声污染等方面。

进入21世纪以来，我国在2002年召开了第五次全国环境保护大会，2006年

召开了第六次全国环境保护大会，2011年召开了第七次全国环境保护大会，在2018年召开了全国生态环境保护大会。2017年10月，习近平总书记在党的十九大上提出，"绿水青山就是金山银山"，这表明我国已将生态建设和环境保护纳入长期稳定发展的战略规划。2018年，《关于创新和完善促进绿色发展价格机制的意见》出台，从完善污水处理收费政策、健全固体废物处理收费机制、建立有利于节约用水的价格机制、健全促进节能环保的电价机制等方面提出具体措施。2021年2月，国务院发布《关于加快建立健全绿色低碳循环发展经济体系的指导意见》，以习近平总书记"建立健全绿色低碳循环发展经济体系，促进经济社会发展全面绿色转型，是解决我国资源环境生态问题的基础之策"的重要论断为基础。2021年9月22日，中共中央、国务院发布了《关于完整准确全面贯彻新发展理念做好碳达峰碳中和工作的意见》，指出实现碳达峰、碳中和是一场广泛而深刻的经济社会系统性变革。

（二）国内现行环境经济政策的演化发展

我国的环境经济政策制定是一个自上而下的过程，基于"问题导向"的政策制定方法。由于在环境税、环境补偿、使用费和排污权交易、绿色融资等政策领域的进展，以及定价、税收和融资等关键政策机制方面的持续发展，总的来说，我国目前的环境经济政策主要包括以下5个方面。①废水价格政策。这是"谁污染、谁付费"的污染防治原则的具体化，也是我国环境治理和经济激励制度的一个关键因素。②资源税政策。这些措施包括对过度使用地下水的收费，引入矿产资源税、土地税和土地使用许可制度。③促进包容性使用的政策。这些措施包括表彰和奖励在包容性资源利用方面做出重大成就和贡献的组织和个人，对确保包容性资源利用的工业和建筑项目实行激励和奖励。④环境保护的经济效益政策。这些政策包括税收优惠政策、价格优惠政策、财政支持政策（政府补贴和财政支持）、银行贷款等。⑤环境保护融资渠道政策。

党的二十大提出要推进国家治理体系和治理能力的现代化水平，而环境经济政策是促进绿色增长和环境治理现代化的一个重要政策工具。面对化石燃料的不可持续性和工业活动的负外部性，政府通常使用价格、税收、信贷和保险等经济手段来实现环境和经济的可持续发展。一般来说，政府的环境经济政策旨在保护环境，因此会对污染产生直接的积极影响。例如，政府对化石燃料生产商和消费者征收排放税或能源税，以增加其经营和生产的环境成本，从而减少能源需求并帮助减少污染。环境补贴也可以起到鼓励公司减少污染的作用。同时，政府也在推行环境经济政策，如减税和财政支持，以鼓励企业开发清洁能源和设备，使用环保设备和生产环保产品。

但是，随着雾霾等空气质量问题以及资源匮乏等环境问题的日益严重，人们对环境质量的要求越来越高，对环境改善和可持续发展也越来越重视。企业是经济和社会产出的主要来源，与国民经济和人们的生活密切相关。因此，政府颁布的环境保护法规主要是限制和约束企业的污染。新中国成立至今，我国已有生态环境保护法律30余部、行政法规100余项，还有其他与此相关的政策性文件等。由于长期以来，上市公司在信息披露中未反映出相关环境保护信息，上海证券交易所在2008年发布了《上市公司环境信息披露指引》，2010年环保部制定的《上市公司环境信息披露指南》以及财政部等五部委联合发布的《企业内部控制应用指引第4号——社会责任》，明确规定上市公司的环境责任履行信息必须定期披露，且环境责任作为上市公司必须履行的重要社会责任。

另外，除了要求企业降低污染排放，政府等监管部门也制定了一系列法律法规。尤其"十二五"规划后，将环境治理列为各级政府政绩的主要考核指标，并且实行"一票否决制"以表明环境治理的决心。2012年，习近平总书记提出我国经济社会建设的核心发展理念之一就是绿色发展。为了配合生态文明建设的工作，中共中央、国务院以及下属的各部委也制定了相应的规范性文件。2021年以来，我国修订或颁布了多项环境保护有关法律法规及部门规章，部分内容如表2-2所示。

表 2-2　2021 年以来我国修订或颁布的环境法律法规及部门规章（部分）

类别	序号	名称	颁布部门	生效时间
法律	1	《中华人民共和国噪声污染防治法》	全国人大常委会	2022-06-05
	2	《中华人民共和国湿地保护法》	全国人大常委会	2022-06-01
	3	《中华人民共和国草原法（2021年修正）》	全国人大常委会	2021-04-29
	4	《中华人民共和国海洋环境保护法》	全国人大常委会	2023-10-25
	5	《中华人民共和国青藏高原生态保护法》	全国人大常委会	2023-04-27
	6	《中华人民共和国黄河保护法》	全国人大常委会	2022-10-30

类别	序号	名称	颁布部门	生效时间
行政法规	7	《地下水管理条例》	国务院	2021-12-01
	8	《排污许可管理条例》	国务院	2021-03-01
部门规章	9	《企业环境信息依法披露管理办法》	生态环境部	2022-02-08
	10	《危险废物转移管理办法》	生态环境部、公安部、交通部	2021-12-06
	11	《碳排放权交易管理办法（试行）》	生态环境部	2021-02-01
	12	《生态环境标准管理办法》	生态环境部	2021-02-01
	13	《国家危险废物名录（2021年版）》	生态环境部、国家发展和改革委员会、公安部、交通运输部、国家卫生健康委员会	2021-01-01
	14	《建设项目环境影响评价分类管理名录（2021年版）》	生态环境部	2021-01-01
	15	《新化学物质环境管理登记办法》	生态环境部	2021-01-01
	16	《环境监管重点单位名录管理办法》	生态环境部	2022-11-28
	17	《生态环境行政处罚办法》	生态环境部	2023-05-08
	18	《温室气体自愿减排交易管理办法》（试行）	生态环境部市场监管总局	2023-10-19

第三节　我国环境经济政策制定及实施路径存在的问题

虽然我国的环境经济政策在解决环境和生态问题方面发挥了重要作用，但仍有许多挑战需要克服。由于市场机制发展不够完善，经济手段没有得到足够的重视，政策的系统性不够强，无法在环境经济政策之间形成协同效应。

一、环境经济政策待完善

回顾过去，我国的环境经济政策研究取得了不少成果，但在政策设计和制定、实施和推广、评估和反馈以及环境经济政策本身的调整和优化方面仍有许多挑战。

一是目前的环境经济政策框架并不够完善，政策目标定位、项目技术框架和保障支持系统需要进一步发展，以尊重环境经济政策的治理逻辑，尊重多种手段的治理组合。随着国家越来越重视绿色发展，环境保护被纳入社会经济发展的整体决策和规划过程。

二是现有的环境经济政策的约束力、权威性和法律地位都不够高。市场经济本质上是一种法律和制度经济，环境经济政策只有在适当的立法补充下才能产生广泛的政治影响和可信度。环境经济政策的法律约束力不足，许多环境政策主要以指南、过渡性措施或试点法规的形式存在，法律地位较低，政策主体、执法对象和公众的关注度不足。

三是仍然缺乏部门和区域间的协调。考虑到污染的空间分布，区域间的合作和联防联控也很重要，要加强部际合作，比如生态环境部、财政部和国家发改委的合作。特别是长三角、京津冀、粤港澳大湾区等在经济发展中具有引领和示范作用的龙头地区，在环境经济政策的制定和发展中应注重合作和广泛参与，协调区域矛盾和利益冲突点，合作建设高质量的经济发展，为建设区域协调合作模式提供新的思路。

四是目前仍然没有标准化的评估机制来规范环境经济政策，需要推动决策科学化水平。大多数评价研究都是基于静态和定性分析进行的，没有量化政策影响和建立动态评价机制的基础，而且在宏观层面上对环境经济政策的实证研究非常少，政策评价的方法也普遍相同。此外，评估不同政策工具的适合性、范围和有效性的标准应逐一分析，不应一概而论。

此外，现阶段我国环境经济政策实施路径仍不够完善，依旧不能完全适应和满足新时代生态文明建设的需要。"十四五"时期需要积极调整和创新运用环境经济政策，更大力度地发挥政策全链条作用，为环境质量持续改善、生态文明建设深入推进提供长效政策机制，开启美丽中国建设新篇章。

二、能源转型速度待加快

作为能源消费大国，我国长期保持以煤炭为主的能源消费结构，和发达国家"木材→煤炭→油气→可再生能源"的典型能源转变过程不同。在第三次能源转型中，我国可能会直接从煤炭转向可再生能源。尽管仍处于能源转型政策制定的探索阶段，但近年来，我国在制定促进绿色能源转型的经济政策方面取得了一定的进展，政策趋势正逐步从国家补贴转向市场管理，这是我国从能源转型的探索阶段向成熟阶段过渡的重要体现。

在财政政策方面，2006年出台的《中华人民共和国可再生能源法》规定财政需设专项资金用于发展可再生能源。根据这一法律政策，在一些领域提供了一些财政支持，如可再生能源生产、新能源和环境友好技术的研究和开发。电力是可再生能源的主要来源，自2006年引入固定电价支持政策以来，我国的可再生能源装机容量稳步增长，目前已成为世界第一。在我国，对可再生能源发电的支持主要由电力用户的附加费资助，2006—2015年，该附加费的征收标准被调整了6次，以弥补支持资源的日益短缺。为了减少化石燃料的消耗，政府还设立了一个专门的基金来补贴购买新能源汽车的消费者。在可再生能源技术研发方面，截至2019年年底，中央财政已投入30多亿元用于绿色能源技术的研发，大大提高了太阳能、风能、生物质能等可再生能源的技术水平。构建智能能源系统也是技术研发的重要组成部分，为提高绿色能源消费份额做出了巨大贡献。

在税收政策方面，购买成品油需要从量定额。我国尚未发布关于能源税或碳税的具体规定，只是在现有的资源税、消费税和增值税等税种中增加了一些税收内容，以促进能源结构调整。具体表现为对一次能源生产和流通环节进一步征税，以及为减少绿色能源的税收负担提供优惠。为了增加一次能源的税收负担，引入了重要的税收措施——对石油、煤炭和天然气生产征收资源税，消费者购买成品油需要从量定额缴纳一定的消费税。此外，《中华人民共和国环境保护税法》于2018年正式出台，对空气污染、固体废物、水污染和其他污染物征税，也可以增加使用煤炭等传统能源的成本，这反过来又能够增加可再生能源的经济吸引力。在减轻税收负担方面，绿色能源包括风能和水能可以享受一定的增值税优惠，进口的可再生能源设备免征关税和进口增值税。

在绿色金融方面，我国虽然起步较晚，但在绿色信贷、绿色债券等方面已进行了诸多有益尝试。早在2006年，《中华人民共和国可再生能源法》便规定符合条件的可再生能源项目在金融贷款时可以享受财政贴息优惠，相关部门又陆续出台了《绿色信贷指引》《绿色金融债券公告》《关于构建绿色金融体系的指导意见》《关于支持绿色债券发展的指导意见》等指引性文件，用于加强金融工具对绿色转型的推动作用。数据显示，到2019年年底，我国绿色债券发行量达到10亿，大型金融机构的绿色贷款余额达到十万亿，是全球最高的几个国家之一。此外，许多其他的绿色金融产品，如保险、信托资产管理、租赁和融资，也在一定程度上得到发展。

在市场机制方面，我国碳排放权、绿电证书等方面的市场交易机制正处于起步阶段，但随着财政补贴的弊端日益显现，依靠市场这只"无形的手"来优化资源配置是我国能源转型的必由之路。我国碳排放权的市场建设水平相对较好，其试点始于2013年，为推进碳排放权交易市场的有序建设，国家发改委于2017年出台了《全国碳排放权交易市场建设方案》，生态环境部于2019年公布了《碳排放权交易管理暂行条例》的征求意见稿用于完善具体交易细则。在财政补贴逐步退坡的背景下，政府于2017年开始推行绿色证书交易，符合条件的可再生能源发电企业可申领，绿证的交易收入可在一定程度上替代政府补贴。

综上所述，我国目前的环境经济政策往往仅限于监管框架和对行政干预的支持，真正具有宏观和战略层面的监管性、规定性和限制性的环境经济政策还没有完全形成。而且在没有配套措施的情况下，一些环境经济政策无法发挥应有的作用。当一些治理主体参与制定环境经济政策时，往往将这些政策与自己的利益挂钩，而没有考虑到环境经济政策的宏观调控作用以及与相关政策的互动关系，这不仅造成了环境经济政策的混乱，也使一些环境经济政策退化为微观层面的环境治理手段。面对完善市场机制、加强部门协调、提高环境经济政策实施效果的挑战，笔者在下文中试图通过评价发达国家的环境经济政策，为我国的发展提供借鉴。

三、环境产业支持力度待加强

环境产业是为节约能源资源、发展循环经济、保护环境提供技术基础和装备保障的行业。其产业链庞大，关联度大，环节众多，吸纳就业能力强，包含三大子产业，即节能产业、环保产业和资源循环利用产业。在"双碳"目标的引领下，环保产业对经济增长起到了进一步的拉动作用。在传统环保业务趋于稳定发展的背景下，生态环境保护向着全过程减污降碳和清洁生产延伸，极大地扩展了环境产业的内涵。

环境产业是21世纪的朝阳产业，是我国经济发展新的增长点[66]。经过30年的发展，环境产业逐渐进入成熟期，实现了由引进模仿，逐步转向引进再开发与集成的突破。面临存量升级的增长瓶颈，亟须通过环境经济政策的激励以打造二次增长曲线，在创新、突破与颠覆传统环保产业的道路上实现发展，以把握未来产业持续释放的更多机会，实现产业发展不断升级。

然而，当前我国传统经济发展模式与国家对绿色低碳发展的要求还有相当大的差异性。这种差异性也对相关部门的激励政策提出了新的要求。新旧政策衔接不够紧密、跨层级跨部门政策协同性不够强等问题，导致财政资金对环境产业绿色低碳发展的撬动作用比较有限。

新旧政策存在明显差异，有待衔接，导致产业边界不够清晰。例如，"双碳"目标提出前，发展绿色产业是生态文明建设的重要内容，国家发改委联合六部委制定的《绿色产业指导目录（2019年版）》（发改环资〔2019〕293号，以下简称《目录》）明确了六大类绿色产业，并围绕《目录》出台了多项政策文件。"双碳"目标提出后，中共中央、国务院《关于完整准确全面贯彻新发展理念做好碳达峰碳中和工作的意见》（以下简称《意见》）将产业的"低碳"与"绿色"属性并列，提出"大力发展绿色低碳产业"。"在政策落实过程中，我们发现，《意见》确定的发展方向与《目录》有较大差异。"全国政协委员丁时勇说，"比如《意见》中新一代信息技术、生物技术与《目录》中产业基本没有交集，《目录》中的绿色有机农业、森林游憩和康养产业又不属于《意见》中的战略性新兴产业、绿色制造或新兴技术融合。"由于目前尚未发布与《意见》相配套的绿色低碳产业目录，若继续按照《目录》引导政策进行资金投入，将会因产业边界不清晰，导致标准不一、口径不一等问题，无法准确引导政策资金进一步推动绿色低碳产业发展。因此，对于绿色相关产业指导目录的修订工作应加快步伐，突出低碳属性，围绕"双碳"目标，构建绿色低碳标准体系，建立绿色低碳重点标准清单以及绿色低碳产业项目筛选培育机制。

同时，少数重大技改项目重复享受各级各部门补贴资金的现象较突出，压缩了环保产业中小企业技术改造的空间。国家层面，各部委政策申报条款中，有的规定不能同时享受地方资金，有的却未提此要求；而地方政策大多未明确规定不能同时享受国家资金，甚至鼓励对获得国家财政资金等上级资金支持的项目再按一定比例匹配资金，这致使激励政策难以惠及投资规模不够大的中小企业技改项目，从而全面带动环保产业绿色低碳发展的作用发挥并不理想。基于此，制定以点带面、点面结合的财政分层分类激励办法尤为重要。中央财政可整合现有资金，加大对国家级重点企业、重点领域的补贴力度，促进绿色低碳产业发展并推动重点行业绿色低碳发展，以点带面，引领绿色发展重点突破；地方财政应加大向未获得上级部门资助的省市级企业倾斜，形成差异化支持。如果已获得中央专项补贴的企业原则上不再接受省级、市级的重复补贴，那么就能够腾出更多资金惠及有潜力进行转型升级的中小型企业，形成中央财政补贴引领绿色低碳发展重点突破、地方财政以点带面全面落实的政策引导新格局。

四、绿色金融实施效果待提升

党的二十大报告提出，要加快发展方式绿色转型，实施全面节约战略，发展绿色低碳产业；积极稳妥推进碳达峰、碳中和。作为支持经济和社会低碳绿色发展的重要工具，党的十八大以来，我国高度重视绿色发展，大力发展绿色金融，碳达峰、碳中和"1+N"政策体系已基本建立，绿色金融在近几年取得了长足进步。但目前绿色金融仍面临一些挑战。

目前我国绿色认证及评级标准还未统一化。不同的机构向市场提供存在差异的认证标准，准则一旦不同，就会导致评估的结果与和评估报告有所出入。企业出具的评估结果若与绿色金融机构所要求的评估报告标准不一致，绿色金融机构会对该企业的环境信息披露产生质疑，从而影响其投资决策，不利于绿色金融良性发展。同时，由于我国绿色金融政策还未完善，绿色金融机构扩展业务时，存在流程不规范的问题。尽管我国已经把节约能源、减少排放污染物等指标纳入评估标准，但绿色金融政策的不完善致使政策本身执行力度普遍欠佳。披露机制方面，企业环境信息披露真实性存疑，金融机构的评估过程不够严谨，产生绿色金融机构和融资企业信息不对称的问题，金融机构一边面临获取的信息失真问题，另一边面临高成本获取信息问题，严重地降低了资源配置效率。绿色金融的运行一旦风险过大，绿色金融政策的实施效果就会大打折扣。

我国绿色金融市场还处于起步阶段，社会大众对于绿色金融的认知还存在不足，相关法律政策和制度的制定都还不够健全。我国在绿色金融起步之初，逐渐发布了关于绿色金融的法律法规，但是在运作过程中，依然存在一些问题。金融机构需要的详细的引导性操作在法律法规上得不到充分展现，造成最后执行不力的结果。部分金融机构甚至没有严格遵守法律和条例，存在很多不规范的地方，实际运行过程中效率大大降低，预期的效果就无法顺利实现。绿色资金的长期发展与可靠法律体系不可分割，制度层面必须得到明确界定，绿色金融长期发展的关键条件与此不可分割。

　　各类金融机构在绿色金融市场上的参与力度不足，绿色金融相关调整机制还未完全建立，协调水平相对较低。与此同时，中小企业在环境经济政策方面还缺乏相应的绿色金融激励机制，公司治理层面相应的约束和激励机制不健全导致企业缺乏责任感，绿色意愿较弱。与传统融资机构相比，目前大部分金融机构融资企业绿色发展意识不足，面对清洁能源转型，需要适应过程。对于绿色金融机构而言，支持中小企业能源节约和环境保护意味着面临更长的投资周期和更高的信用风险，进一步影响业务回报。因此，调动绿色金融机构的积极性是亟待解决的问题。

　　一般监管措施力度已经难以应对多样化的产品，这要求政府机构的监管措施要到位，监督金融机构的绿色金融，强化环境和风险的管控。从整个绿色金融市场来看，涉及的产品种类和行业更为广泛，监管措施一旦产生漏洞，很难对市场进行规范。一方面，环境保护、监督法律制度待完善，信息化技术的应用程度较弱，绿色金融发展监督平台仍未搭建，存在不少的监管盲点，对绿色金融的风险管控不能较好把握。另一方面，道德风险也是需要引起重视，如面对一些绿色金融投资时，为了达到所要求的绿色标准，没有进行严格的审查等。防范部分企业为了追求更高的利润在通过绿色金融审批流程之后，利用在绿色金融领域得到的融资转而投资非环保项目。这种情况的存在严重阻碍了绿色金融发展，因此监管力度和相关配套措施的制定至关重要。监管机构应该就目前绿色金融市场存在的问题，及时出台相应的监管政策。

　　实现碳达峰、碳中和是一场广泛而深刻的变革，绿色金融在能源系统转型的作用尤其重要。长期以来，我国能源监管体制机制职能交叉，还存在不少监管协调盲区，能源基本法长期缺位，能源市场体系结构失序，能源立项行政审批烦琐冗长。能源价格难以由市场形成，行政性管制依然存在，政府干预还有强化之势。对此，应利用搭建多层次能源市场化交易平台，逐步建立现代能源期货市场等方法，充分发挥环境经济政策所起作用。

　　契税促进绿色低碳发展的作用，主要是通过其对绿色低碳不动产权属转移的优惠制度实现的。现行《中华人民共和国契税法》缺乏促进绿色低碳发展的税收优惠制度安排，致使其在促进绿色低碳发展方面无法充分发挥应有的调节作用。"双碳"目标下，必须深入认识契税促进绿色低碳发展的作用，强化

《中华人民共和国契税法》促进绿色低碳的政策导向，加快建立适应绿色低碳发展的契税优惠制度框架，完善税收优惠政策及其配套措施，为贯彻新发展理念提供支撑[67]。

现阶段绿色基金、绿色保险、绿色租赁、绿色PPP（政府和社会资本合作）、绿色信托、环境权益融资工具等产品和业态蓬勃发展，而绿色金融标准体系对于绿色金融市场的产品覆盖有限，现多为只暂时出台相关指引，并未出台更为细致的标准，绿色金融标准化体系不够完善[68]。

第四节　国内外环境经济政策演化启示

基于上文对国内外环境经济政策演化发展做出的梳理，通过与国外政策进行比较，总结出我国环境经济政策制定及实施路径存在的问题。本节依据问题导向原则，针对存在的问题重点阐述国内外环境经济政策对我国的启示（见图2-1）。

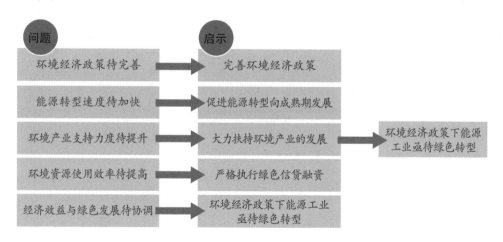

图 2-1　国内外环境经济政策对我国的启示

一、完善环境经济政策

（一）完善环境税收制度

环境税收政策是生态环保的补充性政策措施，在生态环保中具有较强的调节功能[69]。我国现行环境税收制度主要应从以下两个方面完善。

第一，对现有税收体系的"绿化"。从前文的比较来看，对现有的税收体系的"绿化"至少应当包括两个方面：一是取消不利于环境的政府补贴，同时设立环境税收优惠制度，通过降低个人所得税及相关社会保障税费来平衡整个税收体系。二是对现有税收体系的绿化应当着重从资源税、消费税和增值税开始。现行资源税往往被批评为是因"调节级差收入和促进资源合理开发利用"而开征的一个税种，从实际效果来看，在节约资源和减少污染方面并不十分有效。目前的资源税范围有限，而且并不保护水和森林等资源。不可再生资源税的税率也很低，实际上并没有反映资源使用的社会成本。总的来说，资源税改革应从矿产资源入手，扩大应税资源的范围，提高税率，实行差别税率，将水资源和森林资源的保护纳入税收调整范围。

第二，合理开征新的环境税种。目前新税的开征应当从污染税入手，如水污染税、硫税、碳税。目前，我国实行以排污收费为核心的污染治理制度，排污费是针对企业排放污染物的量征收的。目前一些地方由于标准低、收费低等原因，企业宁愿缴纳废水费，也不投资污染控制设备，有些地方甚至不愿意保证污染控制设备正常运行。作为财政监管的重要手段，资源税在引导产业结构调整、资源合理开发和资源使用地区的经济可持续发展方面发挥着不可或缺的重要作用。因此，在引入新的污染税时，应充分考虑排污收费和污染税之间的关系。

（二）促使排污权交易制度化

排污收费是我国环境管理中最重要的环境经济政策，其目的是以经济激励的手段，使排污者通过各项措施减少排污和遵守污染物排放标准。建立排污权交易制度，必须进一步做好如下4个方面的工作。

第一，加强立法，使排污权交易政策法制化。美国实施排污权交易的成功经验表明，要建立规范化的排污权交易市场，必须有严格的法律保障。排污权交易有3个基本环节：一是区域内愿意接受有关污染程度的公共政策；二是对产生污染权利的限制有明确说明；三是建立完整的市场机制。这3个环节是通过完善的法律保障实现的。在严格的法律框架下，每个参与排污权交易的企业个体明确自己的行为规则。虽然我国目前试点省市尝试制定了地方文件和法规，努力建立和推行排污许可证制度，但是在国家层面上还没有针对性的立法。

第二，进一步开展排污权交易可行性研究。从美国的排污权交易的发展过程来看，排污权交易制度的建立是一个循序渐进的过程，必须以持续的、大量的前期研究、试点工作经验为基础。要在已有的部分省份、城市和公司开展过排污交易的试点经验的基础上，选择经济基础好、法制较为健全的地区继续扩大试点范围，为建立我国规范化的排污权交易市场积累经验，打好基础。

第三，健全监督管理机制，严格监督管理。只有对每个排污单位的污染物排放进行准确和持续的实时监测，并防止非法排放，才能确保合法排放者不会因其他排放者的非法排放而遭受损失，这是排放交易计划正常和全面运作的必要技术保障。目前，我国的监测工具还不发达，监测和管理机制存在缺陷。污染源监测的技术手段需要进一步发展，以推动监测信息系统的完善和准确，对企业排放进行实时监测。建立可靠的监测和管理机制，制定区域管理规则，提高管理人员的素质，确保严格监测和管理排污权交易。

第四，减少直接的行政干预，培育和完善市场机制。排放权交易的目的是利用市场化的资源分配机制来解决直接行政手段较难解决的污染问题，减少行政监管的不必要干扰。政府的过度干预不可避免地破坏了市场力量，从而限制了排污权交易的公平性。

（三）生态补偿制度

大多数发达国家已经采取了环境补偿政策，并取得了显著成效。我国现有政策已经开始以生态补偿的形式实施，如森林生态公益补偿政策、退耕还林工程、天然林保护工程、矿产资源补偿费、农作物保护区土地补偿等。今后，生态补偿政策应首先关注水资源的保护，选择有代表性的流域开展试点，如饮用水源保护补偿、流域跨界污染治理补偿、流域环境生态共建共享等试点，为制定宏观有效的生态补偿政策打下良好基础。在发展环境补偿机制时，应明确将财政转移支付作为环境补偿的主要手段，并进一步加强和规范财政转移支付的范围、来源和使用，充分发挥其对加强管理环境保护的支持作用。同时要探索多渠道的补偿方式，政府要在补偿政策中发挥主导作用，继续完善政府机构间的合作。

二、促进能源转型向成熟期发展

能源转型一词最早出现在德国。1982年，德国应用生态研究所出版《能源转型》一书，主张主要能源应由石油和核能转变为可再生能源，首次提出能源转型的概念。如今，越来越多的国家认为能源转型是当务之急，许多能源行业研究者从能源转型新技术的探索与应用、能源结构的优化与升级、能源容量的增加和扩充以及能源系统整体变革等方面，进一步探讨能源转型的理论可能性[70]。能源转型可分为两个层次：一是主体的能源转型，即一种能源的主导地位被另一种能源所取代，从而导致能源的重组。扩大新能源消费，提高新能源在消费结构中的比重，并不排除替代能源（旧能源）的进一步利用。随着技术的进步，旧能源的使用可以变得更经济、更清洁、更高效。二是能源体系转型，广义的能源系统是指将自然界的能源资源转化为社会生产和人类活动的特定形式的能源服务系统。

整个经济社会发展的基础与根本保障，毫无疑问是能源的发展。我国经济得以高速、稳定、健康发展，背后需要有高质量、高水平、高稳定性的能源体系做支撑。为了顺应时代发展的新需求，能源行业的"能源新革命"应运而生。能源革命是指我国能源领域需要发生质变、革命性创新和变革。习近平总书记提出的"四次革命和一次合作"中，能源消费革命，需从粗放低效转变到节约高效。能源革命、能源技术能否取得重大突破至关重要，这是同时支持需求革命和供给革命的"能源系统革命"能否成功的关键。"能源革命"概念总结国内外发展经验，体现我国实现高质量可持续发展的必然需要，目标是在我国构建清洁、低碳、安全、高效的能源体系。

充分利用可再生能源，转向更加经济高效的能源体系，是我国能源转型和能源转型进入新时代的理性选择。要系统把握可再生能源发展的各种条件，促进可再生能源市场化和低成本发展，统筹省际可再生能源生产，加快技术进步和产业体系建设。开展可再生能源产业建设，落实可再生能源并网长效机制、措施和政策，引领能源生产和消费革命，使其充分发挥指引和支撑作用，促进"绿色低碳"的能源转型。

"十四五"时期是推进我国能源转型和绿色发展的重要窗口期，也是新型储能发展的重要战略时期。要充分展示可再生能源成本竞争力，认清产业化方向，优先开发利用可再生能源。《全国可再生能源发展规划》要统一规划、统筹优化可再生能源发展，把优先开发利用本地可再生能源作为能源规划和能源开发建设的重要原则。在能源消费市场上，本地可再生能源发展空间有限的地区，要积极接纳区外可再生能源的引进。

开展"十四五"可再生能源发展科学目标综合评价，需总结可再生能源

"十三五"规划实施取得的成就和面临的挑战。要认真分析本地区各类可再生能源的发展状况和特点，围绕国家2025年非化石能源消费目标，综合考虑技术进步、经济发展、输电、创新发展和体制机制等因素优化。基于这些因素，再结合"十四五"期间本地区发展可再生能源的总体目标，以及发展水电、太阳能、风电、地热能、海洋能等各类可再生能源的目标，生物质能将作为总体规划和研究的一部分进行推广，可再生能源受援地区也要研究提出"十四五"期间可再生能源外供目标。与此同时，明确区域内可再生能源和非水电可再生能源占全社会用电量的比重，以及可再生能源在一次能源消费中的比重，建立相应的指标体系。

可再生能源消纳市场化是制定可再生能源发展规划的重要前提。"十四五"期间促进可再生能源发展的一项重要举措是提高区域可再生能源消纳能力和增加省际配送规模。加强可再生能源发展与土地、环保、林业等方面的沟通协调政策，建立多方面一体化的系统规划。研究完善目标考核机制，落实可再生能源目标主体责任主体和考核机制，建立可再生能源中长期发展目标落实动态考核监测机制。完善市场促进机制，充分发挥市场机制在资源配置中的决定性作用，构建多元化、公平公正的可再生能源市场体系。

"十四五"规划要求扩大可再生能源省内和跨区域布局规模，应考虑电力、水电、泵站建设、储能等储能装置、产热灵活转换等措施可提高系统的消峰能力。电力方面，考虑通过水电扩容改造、建设抽水蓄能等储能设施、改造供热灵活性等措施，提高系统消峰能力；电网方面，要对省域和区域主干输电网进行升级改造，加强跨区域输电网能力建设，优化调度运行机制，为可再生能源互利配置提供资源优化平台，优化规划运行机制及资源配置平台，提供可再生能源和化石能源的互利分配。用户侧方面，需要结合新能源消费领域（如电动汽车、电供暖）、电力需求响应、能源综合服务等新能源利用模式，充分发挥需求侧灵活性，探索扩大可再生能源，完善协调机制政策，全面推进可再生能源消费市场化。

三、大力扶持环境产业的发展

中国环保产业的经济发展始于20世纪70年代中期，为应对因经济发展而带来的环境问题，国内环保产业在同时期也出台了许多相关政策。例如，建筑业和造纸业在生产过程中会产生一定量的工业废水，这些废水的排放导致了河流的严重污染问题，为此我国实施了相应的水污染治理工程。由此之后，环保产业从基本的生活服务转向综合的环境服务。对此，在当今社会发展中，要求各行业对自身生产过程中污染环境的部分生产废弃物和有害物质进行分类回收，通过集中处理实现有效的整体改善，并保证在集体应用过程中减少传统经济发展对环境的破坏。以现行的废水处理和土壤修复工程为例，目前的废水处理是对废水中的颗粒物进行收集和絮凝，使工业废水能够达标排放；环境工程在土壤修复方面也得到了提升，在环境保护的同时带动我国工业经济的转型升级，并优化当前经济市场的整体比例，促进国家经济体系的完善。

环保产业属于政策规范产业，政府应给予适当的保护政策。我国出台相应的法律法规，这使得环保行业得以顺利发展与成长，快速进入高水平发展阶段。我国可参考发达国家的相关环保法律法规，积极推广大气污染防治、循环经济、水污染防治等方面的法律法规，加强监管更加细化、具体的行为规范控制环境污染和高耗能产业。由于我国环保产业尚处于新阶段，缺乏规模和资金，应优先考虑资金和资金政策以及税收优惠。融资方面，财政政策加大资金投入，建立多元化融资渠道，做大做强环保产业。财税政策方面，免征或减征环保企业所得税、增值税和企业所得税。对不盈利的行业，国家给予财政补贴或银行贷款贴息。对可能造成环境污染的企业生产项目征收环境税，鼓励企业走出节能环保新路子。

需要通过加强技术开发和人才培养，提高以环境科技为基础的环保产业发展。由于受技术限制，我国在环境污染治理、环境监测和清洁生产领域的主要装备在很大程度上依赖进口。因此，要重视人才培养和科技投入，提高自主创新能力。致力于研究掌握和引进国外一些环保产业关键技术，获得具有自主知识产权的环保技术，引导和鼓励企业加大研发投入。目前，我国主要依靠高校和科研院所进行环保技术的研发，这项技术显然不符合市场需求。为了提高企业投资的积极性，国家必须提供一定的补贴制度。同时，要引入市场机制，构建以市场为导向的科技经济体系，促进科技资源合理流动，从根本上提高科研水平。以不同性质的环境权交易产品创建区域性交易市场，促进产业结构合理化，建立区域性环境权交易机构，形成环境装备、技术服务和信息生产的广阔平台和交易平台，发挥集体功能为环保产业市场寻找投资主体，确保吸收民间资本。环保领域的优秀企业可以通过兼并收购和市场重组，扩大生产链条，提高技术水平，扩大核心业务。具有敏锐投资眼光的私募、PE等股权基金，可以通过环境所有权市场参与环保企业的起步和成长期，环保产权市场还可以通过退出机制为技术落后、产能低的企业提供退出渠道[71]。

四、严格执行绿色信贷融资

"十四五"规划明确提出，要积极发展绿色金融，完善相关立法，健全绿色发展制度和法治体系。碳中和目标的树立，意味着对绿色和低碳投资的巨大需求。据各机构称，实现碳中和所需资金在100万亿至200万亿人民币。要实现碳中和目标，金融是必不可少的。金融市场作为绿色金融产业的重要组成部分，是绿色经济的重要组成部分。同样，绿色贷款也是绿色金融的主要构成之一，为金融市场实现碳中和目标提供了有力支持。碳中和目标的提出，为绿色信贷的发展带来了新的机遇和挑战。现阶段，我国绿色信贷体系还存在诸多缺陷和不足，迫切需要修订现有的绿色贷款政策和法律法规，强化以碳中和为目标的体系[72]。

绿色信贷存在立法缺陷，如果没有有效的法律支持，进一步发展的动力将不足。因此，需要进一步完善相关法律法规。首先，需要确定绿色贷款的法律地位。由于现行法律法规对绿色信贷没有明确定义，建议在《中华人民共和国商业银行法》《中华人民共和国环境保护法》后续修订中对绿色信贷进行界定并明确其法律地位。其次，绿色信贷联动政策方面需要加强，使其发展更为成熟。在实践中，其具体范围应在法律上予以明确。绿色信用和认证标准的应用，应体现在绿色信用法律框架的制定过程中，与此同时还需要引入低碳和节能的法律概念，将减少碳排放的理念通过法治化逐步加入金融机构和企业的共识之中，推动中国经济结构的进一步重大变革。

建立绿色信贷法律责任体系主要有以下两种方式[73]：一是以《赤道原则》为代表的自愿路线。《赤道原则》是典型的国际金融"软法"和"自组织"规则，旨在弥补项目融资中社会责任强制性规定的缺失。这些原则必须被金融机构内化，才能成为行为准则。二是以美国《综合环境反应、赔偿和责任法》（CERCLA）及相关的《补充和修正法》（通称《超级基金法》）为代表的责任人路线。该法的初衷是恢复当时在美国大量存在的"废弃矿床"，并旨在进一步解决环境破坏问题。法律规定了"潜在责任人"，即"严格责任人"和"连带责任人"，并赋予他们进行自我辩护的权利。根据法律规定，如果商业银行实际参与其放贷或取得债务人抵押品的管理和便利，将对环境污染承担"潜在责任"。

绿色信贷融资方式的发展，还需完善绿色贷款监管体系。完善绿色贷款监管体系的方式主要有3种：一是完善监管体系统筹协调，明确各监管部门监管职责，建立金融监管部门牵头的联合监管机制。金融监管部门和环保监管部门成立绿色信贷监管协调机构，定期就监管问题进行沟通研讨，推动绿色信贷监管体系的完善和落实。金融监管部门牵头会同环保部门制定适用于绿色信贷的环境法规和标准，建立信息交流平台，确保监管机构之间及时交换监管信息，提高监管效率。成立重大环境违法行为联合执法小组，加强监督执法。二是完善环境信息公开制度，除上市公司和重点排放企业外，对环境影响较大的企业履行环境信息披露义务，扩大金融机构环境信息披露义务范围，将环境影响信息纳入投资和融资，以提高市场透明度，改善企业与相关监管机构和利益相关者之间的信息不对称。鼓励社会公众和非政府组织参与监督，解决和完善社会监督；民间组织参与监督可以解决社会监督能力不足的问题。三是打造环境公开平台。为避免出现多边监管、统计混乱等问题，可搭建环境公开平台，汇集平台上各监管部门的信息[74]。

五、环境经济政策下能源工业亟待绿色转型

能源是产业转型的关键驱动力，在新的产业体系形成初期，产业体系的变化对能源体系提出了新的要求[75]。随着新的产业体系逐渐成熟，能源体系开始调整或变化以适应未来的产业体系[76]。如果能源系统发生根本性的变化，那么能源系统将指明未来产业变革的方向，推动整个产业进入一个新的阶段[77]。我国能源转型因产业发展阶段不同而具有不同的内涵和主要内容[78]。现阶段，能源体系要加快转型，促进产业转型发展，如结构调整、节能减排、加快减排等，调整能源体系，支持产业转型，加强能源科学管理[79]，谋划发展方向，制定产业发展战略[80]。

质量发展成为产业布局的主流。党的十九大明确提出我国经济已由高速增长阶段转向高质量发展阶段[81]。现在和今后，各级各类行为体都应该紧紧抓住这个主题。高质量发展是以创新为核心、内生协调为根本、可持续为准则、开放为必然、共享为基础的发展。改革开放后我国工业的快速发展，也迫切需要

向高质量发展转变，这体现了发展的基本原则。

我国面临着严峻的资源、能源和环境约束。随着我国经济规模的扩大，对各种资源和能源的需求也越来越大，对环境保护的要求也越来越高。因此，推进产业转型，改善能源供应结构，提高能源效率，建设低碳城市，是我国克服资源能源短缺、实现可持续发展的战略选择。事实证明，能源将成为我国产业转型的关键因素。在全球范围内，能源部门经历了两次转型。一是煤炭取代木材成为主要能源，二是石油和天然气取代煤炭成为主要能源。每一次转型都对全球产业结构和经济产生了深远的影响。党的十九大后，习近平总书记指出，立足中国国情，面向国际能源技术革命新趋势，确定绿色低碳发展方向，以能源技术及相关产业作为新的增长点，与其他高新技术产业紧密结合，将成为我国产业升级的新增长引擎。因此，厘清能源系统与产业转型的关系，使能源系统适应、支撑和引领我国产业转型就显得尤为重要。

建立促进能源工业绿色转型的经济政策体系，将极大地有利于绿色经济的发展，同时发展绿色经济也是生态文明建设的重要支柱。基于对工业文明快速发展带来的环境恶化和发展不可持续的沉痛教训的深刻认识，生态文明应该是继承和发展工业文明，按照自然界的一般规律实现人与自然的和谐共处，经济、社会和环境互惠互利的人类文明新形态。一方面，发展绿色经济要促进微观经济领域的绿色化，淘汰落后产能和技术，促进技术创新，促进绿色企业和绿色产业的发展。另一方面，发展绿色经济要积极推进经济结构性改革，逐步降低资源消耗和环境污染在国民经济中的比重，提高绿色经济比重，促进宏观经济领域绿色化。同时，发展绿色经济要助力生活绿色化和消费绿色化，积极倡导绿色生活理念，推动形成资源节约型、环境友好型绿色生活和绿色消费。因此，发展绿色经济是我国推进生态文明建设、实现经济社会科学发展的重要基础。改革开放40多年来，经济持续快速增长，综合国力大幅提升，人民基本生活水平大幅提高，现代化建设取得重大成就。然而，忽视了对环境保护和自然管理的投资，会使环境问题复杂化并增加由此产生的风险。因此，有必要通过协调可持续发展，全面推进绿色经济发展。绿色经济着眼于生产过程、产业结构和经济发展的绿色化，有助于推动我国经济发展摆脱高投入、高消耗、高排放、低产出的传统线性经济发展模式。

第三章　环境经济政策促进我国能源工业绿色转型的作用机理

第一节　理论基础

一、外部性理论

针对外部性，学术界尚未给出官方界定。但主要流派归结起来，可以分为两类：外部性的产生者和接收者。这两类定义的区别只在它们所依据的研究角度不同，但本质上是相同的。也就是说，外部性是一个经济主体对另一个经济主体的影响，而这类影响不包括可以通过市场价格进行交易的方面[82]。

外部性的第一个特征是活动性，其解释是外部性是由经济活动和经济主体的行为引起的。第二，成本转移和收入损失并存的行为，即既有市场交易，也有非市场交易。第三，外部性是对不参与或参与不足的决策者的强制性和强制性影响，是指生产实体和接收实体的相互依存关系，仅存在一个或另一个不会产生外部性。

至于产生外部性的原因，需要从萌芽、启动、发展和实施等方面综合考虑。首先，经济主体之间的利益冲突是外部性产生的直接原因，而冲突的根源在于资源匮乏。初期的外部性在广泛的基于自身利益的行为中进一步放大，例如最大化生产者和经营者的利润、降低生产者和经营者的风险以及最大化消费者福利。其次，公共产品和准公共产品的存在、他人攫取资源和要素的机会泛滥、成本和风险因素存在行业和地区差异等，都为外部性的产生提供了广阔的平台。最后，产权不完整、输家无追索权、交易双方地位不对称、制度安排和制度规范有限、强制执行等问题的存在，也加剧了外部性的发展，最终导致外部性问题。

在能源企业市场化过程中，工业生产排污行为存在负外部性。由于外部性是市场机制的阻碍，负外部性的存在会降低资源的配置效率。为了提高资源的配置效率，就需对外部性进行治理。政府需要积极对能源企业进行纠偏，增加政府对市场经济主体环境生态破坏的处罚力度，提高为改善环境而进行生产技术升级的市场经济主体的财政激励，引导其走向正轨。

二、委托—代理理论

美国经济学家Burley和Means提出的委托—代理理论，主张将公司的管理权和所有权分开，由公司经理持有剩余的债权，转让管理权，以解决公司管理问题。委托—代理理论主要研究在所有权和控制权分离的现代企业中，如何激励和劝阻经济主体解决信息不对称的困境，是现代企业理论的重要组成部分。Burley和Means注意到作为所有者和经营者的同一方的不利之处。随着股份公司的出现，公司资本的所有者逐渐将日常管理和经营权转移给那些这样做的人。为了解释这一现象，他们主张所有权与控制权分离，并提出了委托—代理理论。在现代经济理论中，委托人与代理人之间的关系被视为一种契约。在这样的协议中，一个或多个人（委托人）授予另一个人（代理人）代表他们执行某些行为的权利，如委托人授予代理人某些决策权等。

合同违约分为两大类：信息对称和信息不对称。在信息对称的情况下，委托人和代理人是平等的，委托人和代理人之间收到的信息不存在隐藏，委托人可以对代理人的行为做出合理判断，决定奖惩代理人。在这种情况下，很容易实现帕累托最优[83]。然而，信息不对称通常会导致委托人和代理人中的某一方可用的信息占主导地位。由于信息不对称，委托人和代理人具有不同的特定利益。作为资本的所有者，所有者寻求自身利益最大化，而代理人更关心满足自身利益而不是所有者资本最大化。因此，双方的目标都是最大限度地满足自己的利益。只追求个人利益的合同关系可能是无效的。双方志向不同，结果肯定不尽如人意。不会出现双方要求相同的情况，即委托人不仅考虑自己的利益，还会考虑代理人的工作结果。在这种情况下，委托人必须以合同的形式提供不同程度的激励和监督，以允许代理人追求自己的利益。委托—代理理论的主要目标是以合同的形式实现主体与代理之间的平衡，最大限度地减少因委托人与代理人的不同要求而造成的损失，满足并最大化双方的利益。

纵向政府间关系作为研究中央政府与地方政府之间权力和财政关系的总称，对市场和社会的发展有着深远的影响。从计划经济到改革开放，中央政府根据经济发展和社会管理的需要，以自上而下的方式对政府内部结构进行改革。通过将委托人和代理人之间的多任务关系从弱激励—代理关系转变为强激励—代理关系，扩大中央—地方利益博弈关系[84]。纵向政府间关系是政府间关系的一种，具体是指中央政府与地方区域政府之间的权力、财政、行政、利益关系。在推进我国工业绿色转型的进程中，中央政府是委托—代理理论的委托人，地方政府是代理人。中央政府所追求的是经济社会、资源、环境协调发展，促进我国能源工业绿色转型更快更好更全面地建成，而地方政府追求的是地方的经济发展。地方政府追求辖区政绩的目标与中央政府的预定目标往往容易偏离，需要有效的制度安排去规范和约束中央政府与地方政府的关系。

三、协同治理理论

"协同治理"是协调不同利益相关者和利益冲突，采取联合行动与协调行动的过程。它强调社会秩序的多中心性、多样性、协调性、协同性、自组织性、协调性和规范性。对于合作管理和公共行政的理论，国内很多学者认为，合作管理是对传统管理模式的拒绝和超越。目前，随着发达国家对合作管理的频繁提及和广泛应用，我国正逐步将合作管理作为社会管理体制改革的目标，并提出了重要的内涵和定义。此类管理模式符合社会主义社会管理体制改革的要求，应用场景和综合管理领域也在逐步扩大。它影响到许多部门，包括政治、经济和管理。它是人们、公共和私人机构合作管理共同事务的多种方式的总和。简言之，协同治理是一个互动、协调的过程，它强调治理主体的多元性、系统的动态性、自组织的协调性和社会秩序的稳定性[85]。

在政府转型背景下，共治理论研究普遍认为，在从政府型政府向服务型政府转型的过程中，除了政府间的力量外，还需要外部力量的介入。在这种情况下，第三方实体参与公共行政主体多元化成为必然趋势。2009年，郑恒峰认为，我国公共服务供给机制联管的出路在于强化以公共服务为导向的联管理念，落实合作经营的市场竞争机制，加强社会合作社的发展。管理组织和自治能力的发展与社会的友好互动创造了一个联合管理系统[86]。新公共管理提倡政府掌舵，而不是划船，行政型政府向服务型政府转变是必然的。虽然联合管理主体代表多元化的发展趋势，加强与第三部门和私营部门的合作，但政府在协调和分配方面发挥着主导作用[86]。由于各地的经济发展水平和环境利益诉求各有不同，各级政府在引导能源工业绿色转型的方式方法上也各不相同，各级政府之间、政府与绿色转型的能源企业之间跨区域的环境治理需要在环境经济等多个领域的协同执法。

四、公共财政理论

公共财政理论的实质就是市场经济。市场在资源配置时会存在市场失灵的情况，需要借助市场外的力量来提高资源的配置效率。市场外的力量即政府的调节作用，其基本职能是资源配置、收入分配、经济稳定和发展。这个理论的实质是，在市场经济中，市场处于失灵状态，必须依靠市场以外的力量来填补市场失灵导致公共物品无人提供的空缺。这种力量是市场之外的，政府的力量。因此，提出对社会产品进行分类，并创造出公共产品的概念作为这一理论的基石。具体地讲，公共财政理论将社会产品分成"公共产品""准公共产品""私人产品"三大类，并提出公共产品具有两大特性，即非排他性和非竞争性[87]。非竞争是指当一个人消费公共物品时，这种行为不会影响其他消费者对物品的消费，其他消费者也可以从物品中受益。换句话说，消费者允许其他消费者消费商品通常不需要额外的边际成本。非排他性是指当一个人消费一种公共物品时，这个人不能排除其他人的消费（无论他们是否付费），或者排除的成本非常高。社交产品是具有这两种特征的产品，而准社交产品是仅具有其中一种特征的产品。

总之，无论是基于外部压力还是企业内部需求，政府在工业绿色转型中都扮演着不可或缺的角色。能源工业绿色转型既是一项市场经济主体的战略转型行为，也是一项惠及社会的公共性项目。而作为一个严密且有公权力的组织，政府在市场上相比任何单一市场主体都拥有更加敏锐的反应能力和更强的专业能力，通过财政转移支付、税收优惠等经济手段和出台配套环境经济政策的法律法规等行政手段，用以支持能源工业绿色转型的发展进程。

五、政府竞争理论

原则上，对政府竞争理论的分析有不同的方法：新古典主义分析和进化经济学将学习的重要性与"政府间竞争"的研究相区分开来。政府竞争理论是基于经济全球化和大国转轨的背景下，地方竞争由单纯的国内竞争转变为国际国内的全面竞争，由单一的经济竞争转变为人才、资源等综合考量的竞争模式，从短期竞争向长期竞争、从恶性竞争向良性竞争发展。研究政府间竞争的目的在于规范竞争。无论是从实证角度还是规范角度，讨论政府竞争，目的都是建立一个规范政府间竞争的秩序框架。

在现有以联邦制国家为背景的关于政府竞争的研究中，不存在中央政府与地方政府之间为获得当地居民的认同而在各自提供的服务中互相竞争。但是在我国，地方政府之间会存在同业竞争。地方政府之间的竞争会倒逼我国政治体制转型，而这种横向竞争是我国政治体制转型过程中的主要机制之一。但是，在中央政府和地方政府之间仍存在一定程度上的为了争取税源、转移支付、特殊政策以及国有企业支配权等的竞争与博弈；并且，这种纵向的竞争对于地方政府间的横向竞争结果有着极其重要，有时甚至是决定性的影响——地方政府从中央政府手中争得的利益、权限或政策空间越大，其在与同级政府的横向竞争中就越有可能取得优势地位。因此，也可以将地方对中央的纵向博弈视为省级政府间横向竞争的主要手段和内容纳入分析。

值得注意的是，改革后，在行政和经济分权的现实中，中国政府的层面无疑是一种基于国家竞争分析体系，但远高于政府作为相关产品的定性生产者的层面。现代市场经济下，如果谈到关于政府情绪的评估，那么可以说相应的政府远不止中国政府这一个。改革时期，国有企业处于艰难演进阶段，国家公共职能和利己意识增强，国家行为的多目的性特征更加明显。政府不仅是公共物品的供给者，还在相当程度上仍然扮演着社会事务的具体执行者和经济利益的角逐者角色，从而仍然保有在制定规则的同时也自蹈于规则之内，与企业、居民进行直接博弈的参与者身份。其在进行地区间竞争时的行为空间要远大于作为单纯公共物品供给者的政府行为，而且更倾向于短期行为与地方保护主义式的敌意竞争方式。在竞争手段上，具有借助行政手段的行政回旧冲动。

在我国，地方政府是政府参与能源工业绿色转型的主力军。地方政府之间存在着法律制度、政府效率、投资环境等诸多方面的竞争，旨在吸引更多的优质资本、技术、自然资源等生产要素去实现经济增长，规范工业绿色转型，这有利于激发相关利益方环境保护的积极性。另外，地方政府作为中央政府目标执行的代理人，中央政府可以部分授权于地方政府，让其相互监督与审查，从而推进工业绿色转型稳步进行。

六、可持续发展理论

可持续发展的明确概念最早出现在1980年国际自然保护同盟的《世界自然资源保护大纲》中。1987年，世界环境与发展委员会在题为《我们共同的未来》的报告中明确指出，环境问题只有通过经济社会可持续发展才能真正得到解决。报告首次将"可持续发展"定义为既满足当代人需求又不损害子孙后代满足自身需求能力的发展。可持续发展理论最早由西方科学家于20世纪80年代提出，并于90年代初被普遍接受。我国学者也在这一时期引入并采纳了可持续发展的概念。我国对可持续发展概念和理论的理解是一个不断引进和吸收、创新和本土化、再引进和吸收、再创造和本土化的过程。可持续发展理论是指既满足当代人的需要，又不损害后代人满足其需要的能力的发展，以公平性、可持续性和共同性为3个基本原则。可持续发展理论的最终目标是实现共同、协调、公平、高效、多维的发展。

以下列举一些国内关于可持续理论的研究。王军（1997）在博士论文中明确指出，"可持续发展包括生态持续、经济持续和社会持续，它们之间互相关联而不可分割[88]。"环境可持续是基础，经济可持续是手段，社会可持续是目的。人类的共同愿望应该是"自然经济社会综合体系平稳、稳定、健康发展"[89]。刘思华（1997）从经济学角度作了分析，指出可持续发展经济必须以生态可持续发展为基础，以社会可持续发展为根本目的，实现三者的有机统一[90]。郑易生和钱薏红（1998）提出，可持续发展是从环境和自然资源角度提出的关于人类长期发展的战略和模式，它关注长期承载力[91]。尹继佐（1998）指出，可持续发展起源于环境问题，但作为引领人类进入21世纪的发展理论，它已经超越单纯的环境保护，将环境问题与发展问题无缝结合起来。可持续发展涉及可持续经济、可持续生态和可持续社会的协调和融合，要求人们在发展过程中强调经济效率、注重环境和谐、实现社会公平，最终实现人的全面发展[92]。黄顺基、吕永龙（1999）认为，可持续发展有两个方面：系统可持续性和环境可持续性。可持续发展是指建立既有助于有效的经济增长，又有助于全社会公平分享经济增长利益的系统；而环境可持续性是指在资源的承载能力范围内可持续、合理地使用资源的能力，不仅要考虑当代人和后代人的需要，还要考虑环境资源的供应能力并合理利用它们的能力[93]。环境资源的开发利用，既要立足今世后代的需要，又要考虑环境资源的资源强度，在环境资源承载能力范围内合理利用。特别是可持续发展需要可持续的经济、可持续的生态系统和可持续的社会相协调，人们在发展过程中注重追求经济效益、环境和谐和社会公正，最终实现人的全面发展。这表明，可持续发展虽然起源于对环境的保护，但它不仅是指导21世纪人类发展的理论，而且是将环境问题与发展问题相结合的综合性社会经济发展战略。

七、利益相关者理论

利益相关者理论是在西方国家逐渐发展起来的，20世纪80年代以来在美国和英国的影响迅速扩大，开始影响公司治理模式的选择，为公司治理的变革作出贡献。利益相关者理论的产生有其深厚的理论和实践背景，利益相关者理论基于实物资本所有者在公司中的作用随着时间的推移而减弱。通过削弱实体所有者的地位，利益相关者理论决定性地挑战传统的主流观念，即企业由拥有其普通股的个人或实体所有。直到20世纪80年代中期，对于谁拥有企业的争论，唯一的答案是股东基本上拥有企业。但是此后答案出现了分歧：一种认为股东是企业的所有者，企业的财产是由他们所投入的实物资本形成的，他们承担了企业的剩余风险，理所当然成为企业剩余索取权与剩余控制权的享有者（Grossman and Hart，1986），这就是股东中心理论[94]；另一种认为企业应是利益相关者的企业，包括股东在内的所有利益相关者都对企业的生存和发展注入了一定的专用性投资，同时也分担了企业的一定经营风险或是为企业的经营活动付出了代价，因而都应该拥有企业的所有权（Freeman，1984），这便是利益相关者理论[95]。

国内学者的相关研究以杨瑞龙等为代表。杨瑞龙、周业安（1998）认为在国家作为所有者的前提下，重组后的国有企业形成了行政干预的"经理人控制"的法人治理结构，这种治理结构给国有企业改革带来了困难[96]。首先，由于政府的目标是多重的，如果政府对企业所有权进行限制，就会陷入两难境地——政府"控制"，则干预过多；政府"失控"，企业就会失控。其次，行使监督权的政府官员可能与运营商串通，破坏政府资产。再次，员工和中小股东行使监督权的可能性较小，因为他们的利益可能受到损害。克服这些问题，需要在公司治理结构上进行创新，以股东优势逻辑为基础，遵循符合中国国情和历史潮流的"共享经营"逻辑[97]。

第二节　环境经济政策影响能源工业绿色转型的生成逻辑

本节主要从内在激励、外在约束及中介效应3个角度来分析环境经济政策影响能源工业绿色转型的生成逻辑。具体思路如图3-1所示。

内在激励	外在约束	中介效应
□ 能源资源环境的效益价值	□ 环境经济政策的中国情境	□ 利益主体的政策博弈
□ 经济发展的环境依赖程度	□ 环境经济政策的交易成本	□ 环境政策的制度变迁
□ 环境经济效益的市场需求	□ 环境经济政策的工具	

图 3-1　环境经济政策影响能源工业绿色转型的生成逻辑

一、环境经济政策对能源工业绿色转型的内在激励

由于市场本身不能有效配置资源，政府可以通过选择性制度安排来限制市场参与者的行为，提高资源配置效率。环境经济政策的出发点是纠正市场失灵，提高能源和资源配置效率。总体而言，资源环境成本属性评价表明，资源要素的有效配置决定了经济的可持续增长，资源要素配置效率取决于资源环境的市场功能。资源和环境的市场化使分布偏离帕累托最优。为弥补市场失灵造成的损失，提高能源资源的投入和产出，出台环境经济政策。因此，为了解释环境经济政策影响能源部门"环保"变化的内在动因，以下着重强调3个方面：能源资源环境效益的价值、经济发展对环境的依赖程度以及环境经济效益的市场需求。

（一）能源资源环境效益的价值

效用价值论认为人的欲望及满足是一切经济活动的出发点，也是包括价值论在内的一切经济分析的出发点。效用是物品满足人的欲望的能力，价值则是

人对物品满足自己欲望的能力的一种主观评价。另外，只有与人的欲望相比稀缺的物品，才会引起人们的重视，物品才是有价值的。因此，效用价值论的核心观点是效用是价值的源泉，稀缺性是价值的前提。根据效用价值论的观点，能源资源显然具有能够满足人的欲望的能力，其数量的有限对人类需要的无限性是稀缺的，于是能源资源有效益价值成为不可避免的事，而能源资源的合理配置是解决人类需求增长的无限性与供给有限性矛盾的重要措施。Freeman指出，经济活动应该以社会成员的福祉为导向。对社会成员福祉质量的判断不应局限于对所提供的私人和公共产品和服务的消费，而应更多地关注能源资源和环境的可用性和数量，以及由此产生的非市场产品和服务的质量。环境是否影响到社会成员的福利质量，并不排除人们对其他物种的关注。人们在环境中发现存在的价值，不仅是因为他们可以利用环境，而且还因为他们在环境中具有利他主义和道德利益[98]。

（二）经济发展对环境的依赖程度

经济是生产商品、提供服务、分配成品和组织服务方面的活动与复杂化关系的系统总称，是建构人类社会并维系人类社会运营的必要条件。然而，传统的经济系统模型只关注经济增长，没有考虑资源环境对经济的影响。在17世纪末和18世纪初，经济学家开始意识到污染环境的能力有限，自然资源的供应有限，限制了经济增长。威廉·配第（William Petty）是第一个认识到自然资源会限制人类再创造能力的人。他提出，劳动是财富之父，土地是财富之母。这意味着人类已经开始认识到环境是经济的一部分。

就经济活动而言，经济由两个部门组成：生产部门和消费部门。生产部门使用和获取自然资源，将其与资本和劳动力相结合，利用知识和技术（人类生产潜力）生产商品和提供服务。在消费部门，人们单独或集体持有生产部门生产的商品一定时期，并在消费过程中获得满足。生产和消费的过程是物质和能量的转化过程，而不是创造和破坏的过程。这可能受到自然资源领域以及物质和能量守恒定律的限制。经济增长是有生态限制的，一个经济系统在一定时期内从自然生态系统中获得的支持因素将受到自然生态系统有限资源能力的限制。从进入和离开经济系统来看，一方面，自然资源是经济活动的重要贡献者，是经济增长过程的保障；另一方面，自然环境是经济活动产生的废弃物的接收者。由于其自身的扩散、吸收和自我净化过程，生产和消费废物被部分分解、吸收和再利用，降低了经济成本。此外，环境具有生态容量阈值，超过生态阈值的污染物会在环境中积累，导致环境质量下降和环境资产贬值。可见，资源环境是市场经济活动的基础，经济的健康运行离不开资源环境的支撑。

（三）环境经济效益的市场需求

在完全竞争的市场中，每种商品和资源都有产权和价格，主体可以获得充分的信息。生产技术和消费技术的特点是不可分割性和缺乏规模经济。也就是说，生产和消费的通货膨胀并不足。需求和供给两方面通过价格的自由变动，实现不同地区、不同时期的资源最优配置。但是，在涉及自然资源和环境的大多数情况下，市场机制并不完善或不存在。市场失灵的主要原因有以下4个方面：

第一，外部性。资源环境市场中的生产和消费外部性，非市场的副作用。生产和消费活动的过程中，生产或消费单位为追求更多利润或利差，会放任外部负效应的产生与蔓延，对其他主体造成损害。在资源再分配的情况下，非法律保障的情况下无法保证帕累托最优状态。

第二，产权不清。产权用来决定人们如何从经济活动中获益、如何承担损失、如何相互补偿。但环境产权的客体具有公共物品的性质，属性复杂，往往导致环境产权难以初步确定。产权不完善、模糊，容易导致过度消耗和资源浪费。

第三，公共物品属性。水、空气、土壤等环境资源资产的公共产品属性一般是非竞争性、非排他性的，但逐利的生产者不会亏本经营。非排他性相对于排他性，是指排除公众的共同利益的成本很高，搭便车者会隐藏自己的真实偏好，使得市场对环境公共产品的敏感度降低，供给范围难以达到社会真正需要的水平。

第四，信息不对称。为了让竞争市场顺利运作，购买者需要充分的信息来评价竞争产品，以便了解可用产品的范围和所面临的各种购买选择的特性。但是，由于信息收集成本高，资源市场和环境的信息不对称严重，容易产生逆向选择和道德风险问题，进而导致资源要素的易位和环境恶化。

市场存在着多种失灵，导致生产和消费的非凸性。市场未能实现资源配置与市场的最佳平衡机制的失灵迫切需要政府机制的介入。环境法规通过消除或减轻市场失灵提供了提高经济效率的潜力[99]。第一，环境税和手续费等环境经济政策机制可以改变消费者和生产者的行为，使市场交易不能自动反映的外部性内部化。第二，以环境产权和环境法规为代表的环境经济政策，有助于明确环境产权的主体和权益，减少交易成本和资源摩擦。第三，实施使用费和信息公开等环境经济政策，是解决环境拥挤、搭便车、道德风险和逆向选择等问题的有效尝试。

二、环境经济政策对能源工业绿色转型的外在约束

政策制定是一个"实时"的动态博弈过程，由于实际行动引起资源和目标的同步变化，政策总是处于不断变化之中。政策选择具有内生性，环境政策不是独立产生的，而是与具体的宏观经济假设、资源环境问题、环境理念和经济学相关联。发展与立法、制度、政策交易成本和政策工具的选择密切相关。换言之，政策是特定情境的产物，政策的有效性取决于外部环境、交易成本、工具属性等约束条件。

虽然资源环境的经济价值和资源环境市场失灵为环境经济政策提供了能源产业绿色转型的内在激励，但环境政策在能源产业绿色转型过程中的经济后果还将取决于国家的具体情况、交易成本和政策、外部工具限制等。

（一）环境经济政策的中国情境

就我国而言，在改革开放40多年经济建设奇迹的背后，经济发展质量和效益不佳、体制机制障碍、经济发展结构性和周期性问题等巨大风险，尤其从长期来看，越来越明显。暂时性增长乏力，使我国经济结构性矛盾突出，能源资源压力和环境负担逼近临界点[100]。能源生产和消费活动是二氧化碳的最大排放源。积极推进能源领域二氧化碳减排工作，是实现碳中和、加快建设现代能源体系的重要举措。党的十八大以来，有关地区和部门制定了一系列绿色低碳能源发展政策和措施，推动太阳能、风能、水能、生物质能、地热能等绿色能源的开发利用，取得了显著成效。但现有的制度安排、政策体系和管理实践还存在一些困难和问题，难以适应我国推进能源绿色低碳转型的需要。在顶层设计方面，中央正在制定适应经济社会发展新阶段的一些新思路、新理念、新战略，《中共中央、国务院关于完整准确全面贯彻新发展理念做好碳达峰碳中和工作的意见》和《2030年前碳达峰行动方案》等文件陆续出台。为完善能源转换体制机制，"十四五"期间，我们将着力构建绿色低碳发展的制度框架，建立较为完备的政策、标准、市场、监管、双控能源消费及指标体系。该系统旨

在促进向绿色和低碳能源的转变。到2030年，建立完整的能源绿色低碳发展基本制度和政策体系，形成非化石能源既基本满足能源需求增量又规模化替代化石能源存量、能源安全保障能力得到全面增强的能源生产消费格局。

在工业能耗制度和政策体系的完善和管理中，要把节能放在首位，加强必要指标的管理，强化能源消费强度，灵活管理能源消耗。切实改善能源消费总量，增加未计入能源消费的能源消费量对可再生能源和能源原材料的利用统筹管理，合理确定各地区能源强度降低目标。逐步建立能源行业碳排放控制机制。制定及修订主要高耗能行业单位产值能耗国家强制性标准，组织开展主要能源行业单位产值能耗强制性标准。根据现状和经济发展水平，科学分解各地区可再生能源开发利用比重中长期总体目标和下限指标，全面完善重点行业碳核算方法和关键产品的开发，以及对可再生能源和电力的集中财务控制。全国范围内实行供应保障机制，使用能源预算管理系统和能源效率评估系统。加强顶层设计和统筹协调，加快建立全国碳交易市场、能源市场和绿色能源交易市场。

（二）环境经济政策的交易成本

Avinash K. Dixit基于交易成本经济学范式的研究提出，公共政策中的决策是一个过程，其中多方订立政治交易契约，由于政策参与者的理性约束、信息不对称、资产的特殊性，存在政治交易成本[101]。作为公共政策的重要组成部分，环境经济政策在政策的制定和管理过程中也涉及巨大的交易成本，这往往会在环境规制实践中产生摩擦，阻碍环境规制政策的经济效率。

特别是，虽然政府环境经济政策作为纠正市场失灵的契约制度机制发挥作用，但它们会在宏观层面产生以下交易成本。一是信息成本。在采用环境法规和经济政策的过程中，公司往往为了自身利益而隐藏有关其活动的可靠信息。特别是政府的环境经济政策，作为契约性的制度安排，在纠正市场失灵的过程中，会在宏观层面产生交易成本。宏观层面的交易成本与交换信息所花费的时间、金钱和精力有关。二是谈判的成本。在制定环境经济政策的过程中，有许多利益相关者集体寻求影响政府的行动，由于参与者的利益冲突，有必要通过谈判达成协议。在纠正市场失灵过程中，会在宏观层面导致如下交易成本：花费一定的时间、金钱和劳动力来收集、加工、分析、使用、转换和传输信息[102]。三是代理成本。在环境经济学中，主体与主体之间存在许多关系。在制定政策的过程中，作为代理人的立法机关可以比作为主体的选民获得更多的信息。监管当局作为主体掌握着更多的信息，信息不对称提高了代理人为自身利益采取行动的能力。为了限制代理的行为偏离，代理人必须支付监管费用，或者提供足够的经济负担，引导代理公开信息。四是运营成本，由于机会主义，在环境政策领域达成的协议不能自动执行，没有为了确保环境管理方针的适当运用的体制。同时必须投入大量的制度和组织费用来为环境当局、政府和司法部门制定合适的法律框架。

（三）环境经济政策的工具

选择政策工具是政府部门实施公共政策所依赖的手段或方法，是实现公共目标的指导机制或方法。政策工具种类繁多，政府在制定公共政策时面临的挑战是选择最合适的一套工具，将善治目标转化为管理行动，将政治理想转化为政治现实。环境经济政策工具是旨在促进资源和环境可持续发展的经济方法和工具。在资源和环境管理领域，政府可以选择不同的政策工具，但不同类型的环境经济政策工具在作用机制、使用案例、实施成本和激励措施方面的性质差异很大。同时在兼容性、效率和有效性方面也存在很大差异。对于环境经济政策的制定者而言，能否从一系列复杂的环境经济政策工具中选择出最合适的监管工具，对环境经济政策的实际效果有着很大的影响。

在理想状态下，社会工具的成功运行伴随着工具理性和制度理性的融合、渗透、协调和统一。在这个过程中，公共服务可以得到有效提供，公共价值得以实现，公共组织可以实现较高的社会生产力。针对日益严峻的环境和资源问题，改革开放后，虽然我国着力打造环境领域的经济政策工具、行政监督、立法监督和公众参与机制。但环境经济政策实践与目标存在较大差距，国家环境监管能力有待加强。目前，我国环境经济政策工具仍存在行政监管体系严格、立法不受限制、公众参与程度低、地方化程度低等问题。环境经济政策工具的使用可能会影响环境政策的实施。

三、环境经济政策影响能源工业绿色转型的中介效应

托马斯·戴伊（Thomas Dye）教授指出，公共政策是社会价值的专制分配，利益集团的活动支配着政策决定过程，公共政策是多个利益集团均衡的集团博弈结果。丹尼尔·布罗姆利（Daniel Bromley）教授认为，纵观世界，公

共政策是限制个人行动、使其自由、扩大个人行动的集体行动。国家政策的目的是改变经济体制，政策的结果是新的（不同的）经济体制。因此，在环境经济政策的形成和实施过程中，利益团体在环境经济政策的选择和调整中进行博弈，一方面，影响国家的政治经济效率，发展、改革和制度的变化会影响利益和行为的选择；另一方面，环境政策的试验和变化有助于社会经济的发展，改革和制度变化会影响经济主体的利益和行为选择。

（一）利益主体的政策博弈

利益是个人或组织通过自己的关系，不断亲身实践去满足自身需求得到的东西，它是每个个人和组织发生行为的根源和最终目的[103]。在政治多元化模式下，公共政策是一个复杂的相互协商的过程，利益相关者试图在这个过程中寻求妥协，人们可以影响公共政策。后现代行政理论也认为，公共政策的制定和变化是各种话语（管理者、立法者、政治智库、行业组织、公益组织、公民个体等）与公共能量发生冲突的过程，是不同取向的政治话语在重复实践中争夺合法性的过程（公共关系管理）。因此，环境政策和经济政策的制定和实施也是利益对立的环境利益相关者之间的博弈。在能源领域"绿色化"的过程中，不同的利益相关者利用他们的资本（权力、金钱、选票等）寻求自身利益最大化。经济政策的主要目标是要求政府在保护环境和促进能源部门的绿色经济增长的同时，将环境污染转化为社会问题。然而，实现合理的环境经济政策目标受到经济政策的范围和严重程度的限制。没有监管，环境管理就不可能有效。反之，过度的监管会阻碍经济发展。然而，环境经济政策的规模和严格程度在很大程度上取决于各利益相关者之间政治谈判的结果。

在环境经济政策的实践中，主要的利益相关者是政府部门、企业和公众。政府成员通过实施能够赢得选票的公共政策，寻求自身效用的最大化，并为自己设定连任和晋升高官的政治任务。政府成员对环境监管政策的立场取决于选民（或认为的选民）中支持和反对监管的派别的相对力量。为提高所得、财富与权力，政府官员倾向于较严格的环境经济政策[104]。公司的目标是以最低的成本获得高额利润。环境经济政策在短期内会显著降低公司的资本回报率。如果寻租的成本低于环境可持续性的成本，企业就会敦促政府机构放松环境法规。如果地方政府开始认为当地的GDP、就业和税收取决于企业（尤其是大型企业）的增长，那么环境监管部门就更有可能被置于企业的监管之下。环境立法的出台可能导致环境经济政策的失败，也可能使地方经济的发展偏离绿色增长。

（二）环境政策的制度变迁

制度，是一种涉及社会、政治和经济行为的规则，用来规范人类行为活动，在人际关系中不允许武断和投机取巧的行为[105]。制度创造了鼓励人们参与政治、经济和社会互动的结构，建立了所有权、合同效力等规则，影响或改变人们的偏好和理性计算等。一方面，这对操作结果和生产力有影响。激励是鼓励和限制各种行为的收入和成本的制度规则的结果。制度经济学（institutional economics）强调制度因素在经济增长中的重要性，认为特定的制度环境及其安排会促进经济增长的所有过程。从新制度经济学的角度来看，环境经济政策可以被看作是个人和群体在资源和环境方面做出选择的制度框架。环境经济政策是保护经济制度的重要手段之一（主要是通过制定切实可行的环境立法），它的形成和发展有助于经济制度的形成和发展，影响经济增长的速度和方式。具体而言，环境经济政策对经济体制转型的积极影响可以体现在以下3个方面。首先，环境友好型经济体系的建立和完善有赖于环境经济政策的不断试错。环境管理体系的调整和适应取决于对环境活动的监管。其次，环境经济政策的作用会阻碍制度变迁的进程。作为一般政策的一部分，环境经济政策由一套规则、标准、指令、法规等组成，受监管的组织必须遵守这些规则、标准、指令、法规等。对非正规经济体系外部结构的副作用可以通过环境政策的统一制定和逐步实施来减少经济体系改变的时间和成本，主要影响政治经济学制度框架内的正规经济体系内部。再次，环境经济政策的实践和变化可以成为创建新经济体系的内在驱动力。环境经济政策通过推动传统制造业转型升级，还可以带动新能源、低碳环保、环境服务等新兴产业的发展，开辟新的经济增长点，增加供应商和供应商利润。总之，经济增长不仅取决于资源的数量、质量以及环境的贡献，还取决于资源的有效利用和配置，以及环境的制度安排，而有效的环境制度安排是经济发展的关键。

第三节　环境经济政策促进能源工业绿色转型的
作用机理

环境经济政策促进能源工业绿色转型的作用机理如图3-2所示，本节将主要从政府角色、环境税费政策、排放权交易政策、绿色金融政策进行分析。

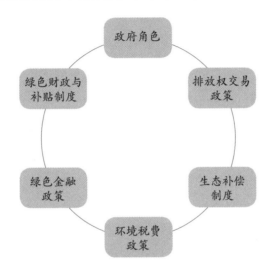

图 3-2　促进能源工业绿色转型的作用机理的因素

一、政府角色在能源工业绿色转型中的作用机理

（一）地方政府

党的十九大报告明确提出要培育先进制造业集群，加快推动制造业绿色低碳高质量发展。中国制造业要实现绿色低碳高质量发展离不开地方政府产业政策的支持，政府补贴作为地方政府最有效的产业政策调控工具，是引领经济结构调整和推动产业结构转型升级的关键手段。地方政府是能源工业绿色转型中的主力军。在转型过程中，地方政府既需要扮演监督者的角色，也需要作为被监督者接受中央政府的监督与审查，其中地方政府竞争对能源工业绿色转型会产生关键性影响。从方向上看，地方政府竞争可分为纵向竞争和横向竞争。纵向竞争主要是指上下级政府和职能部门之间的竞争，而横向竞争是指同级政府和职能部门之间的竞争。

一方面，地方政府竞争易于形成倒逼机制，对能源工业绿色转型产生倒逼作用。在政治集权和经济分权的制度安排上，中央或上级政府集中了对下级人员和政府官员的任用权，导致了地方政府之间的晋升竞争。落实地方政府在绿色转型的责任主体地位，明晰责任归属问题并进一步完善官员的考核体系是推进能源工业绿色转型的保障。工业绿色转型的外部性使企业自身的社会价值无法用货币来准确衡量，采用经济产值结果作为衡量工业绿色转型的指标是不精确的，因此政绩考核指标要在能源工业转型过程中做出相应的变动。这些政绩考核既可以有效反映政府实施政策的阶段适应性，又可以作为反馈机制，有利于建立以高质量发展为导向的地方政府竞争机制，进一步推动能源工业绿色转型。

另一方面，地方政府的竞争也易于形成导向机制，引导能源工业绿色转型朝着更好的方向发展。将环境保护指标纳入政府绩效考核体系后，各地政府以及政府部门之间的竞争在一定程度上促进了能源工业绿色转型支出的增长，而政府财政支出预算结构的合理性与能源工业绿色转型的进程存在着正相关的关系。因此，地方政府的竞争机制有利于将地方政府财政支出与能源工业绿色转型相结合，形成有效的导向机制，进而影响工业绿色转型的效果。

（二）中央政府

中央政府与地方政府能源工业绿色转型目标不一致，因此，在能源工业绿色转型的过程中，中央政府和地方政府有着不同抉择。中央政府最终目标是建成全面的工业绿色转型，促进经济环境与资源协调发展，而地方政府的目标更倾向于促进地方短期内的经济发展。在能源工业绿色转型的过程中，地方政府短期利益最大化政策理念与中央政府最终目标的政策理念产生冲突，需要中央政府对其进行纠偏。中央政府作为全面深化改革的实际掌控者和动力源泉，必须按照这一要求进行改革。中央政府如何履行经济职能，对经济发展至关重要，对促进社会主义现代化建设、把握党和人民的关系、维护国家政权稳定也具有重要作用。

中央政府在能源工业绿色转型的过程中起到统领全局的主导作用。中央政府往往通过建立激励约束机制激发地方政府在能源工业绿色转型的积极性。相较于中央政府，地方政府会更多地参与能源工业绿色转型，中央政府不具有完全的能源工业绿色转型信息，导致地方政府将以发展地方经济为由与中央政府展开议价，这在一定程度上削弱了中央政府对地方政府行为的控制。因此，中央对地方经济发展的考核指标侧重于绿色发展，把能源工业绿色转型作为政绩目标之一，有利于转变地方政府的发展理念。同时，将中央督查与经济社会反馈有机结合，利用能源工业绿色转型主体的信息优势，约束地方政府行为，建立政府、企业与第三方市场主体多方共同参与的监督反馈机制，能够使地方政府的短期目标不偏离能源工业绿色转型的大方向。

此外，在能源工业绿色转型过程中，中央政府还需要对地方政府进行有效的指导，提高不同辖区政府之间的政策互动性，减少能源工业绿色转型在涉及跨区域资源整合调配时的浪费。中央政府在转型过程中所出台的相关法律法规以及对地方政府实施的财政转移支付制度，有利于形成不同地方政府辖区之间能源工业绿色转型的补偿机制，使地方政府在执行能源工业绿色转型相关政策的同时，也有配套的财力支持，促进地方政府在能源工业绿色转型过程中形成良性竞争，推进构建区域间的合作机制，规范跨区域能源工业绿色转型协议的实施。环境经济政策对能源工业绿色转型的作用机理如图3-3所示。

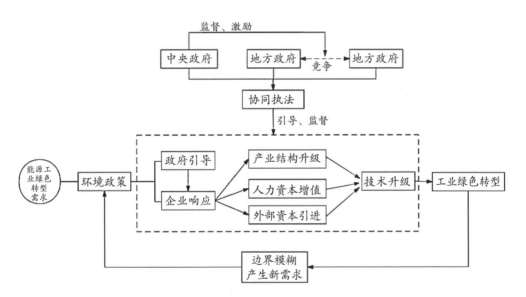

图3-3　环境经济政策对能源工业绿色转型的作用机理

二、环境税费政策在能源工业绿色转型中的作用机理

环境税费是基于庇古理论施行的治污手段，其基本原理是在私人成本和社会成本不一致且市场失灵的情况下，针对排污行为征收适当税收以解决外部环境成本内部化的问题[106]。从20世纪50年代开始，发达国家在面对工业化发展所

造成的严重污染问题时，广泛采用征收排污费的方式进行治理，这被认为是最早的环境税费。随着各国治污实践的不断深入，我们将实现环境保护、清洁生产发展与绿色消费一同征收的税费总称为环境税费。从OECD各国建立的税费体制来看，环境税费可大致分为环境税、排污费以及税收优惠3类。目前，我国的环境税费主要是指排污费。

20世纪70年代，我国在《环境保护工作要点》中规定建立以排污收费为原则的污染物排放收费制度，以增加国家税收和环境管理储备资金。1982年，国务院颁布《排污费征收暂行办法》，正式承认排污费制度为我国环境管理的一项基本制度。此前，国家从立法层面严格保障排污费制度的实施，但缴纳排污费的做法早已被削弱。2002年国务院发布《排污费征收使用管理条例》，向水体排放污染物超过规定的排放标准的，加倍缴纳排污费。在实践中，它已逐渐成为我国重要的环境管理工具。2018年出台的《中华人民共和国环境保护税法》规定，空气、水、固体废物和噪声等污染物，以前由环境保护部门作为废水收费征收，现在由税务部门作为环境税征收。

我国环境税制建设进入新阶段。环境税费是基于市场的环境政策工具，与行政命令型环境规制不同，不是用强制性的排放标准来约束企业生产行为，而是通过市场信号来刺激企业进行环境治理。环境税从两个环节影响环境污染排放。首先在中间投入环节征收环境税，比如对资源开发、原材料等，会导致企业生产成本提高，由此推动企业提高能源利用效率，从而减少污染排放。其次在终端环节征收环境税，这会直接体现在商品价格上面，而商品价格的提高会降低商品的市场竞争力，倒逼企业进行技术创新，降低污染排放。为进一步阐述环境税费对企业环境行为的影响，笔者构建如下数理模型进行说明。假设企业 i 投入要素 x_1, x_2, $\cdots$, x_n，产量为 y_i，污染排放量为 e_i，政府向企业征收税率为 t 的环境税，p_{y_i} 和 p_{x_j} 分别表示产品价格和生产要素价格，a_i 表示企业依靠现有技术所能实现的污染减排量，单位减污成本为 p_{a_j}。则企业利润的表达式为：

$$\pi = p_{y_i}y_i(x_1, x_2, \cdots, x_n) + \sum_{j=1}^{n} p_{x_j}x_j - te_i(x_1, x_2, \cdots, x_n; a_i) - p_{a_j}a_i \quad (3.1)$$

企业选择不同的污染减排量以实现自身利润最大化，满足 $\frac{\partial \pi}{\partial a_i} = 0$ 可得：

$$p_{a_i} = t\frac{\partial e_i}{\partial a_i} \quad (3.2)$$

由式（3.2）可得，当政府征收环境税时，企业边际治污成本等于边际治污收益，企业实现利润最大化。在该均衡点上，企业针对税费政策做出不同的反应，选择减产治污或者缴纳环境税。假设D为企业排放污染对社会造成的损失，若$t=\frac{\partial D}{\partial a_i}$，即企业私人成本等于社会成本，那么企业排污造成的负外部性便会内化为企业成本。

三、排放权交易政策在能源工业绿色转型中的作用机理

排放权即排污权，是指排放污染的主体在获得排污许可证后，按照规定的排污额定量向外界排放污染物的权利。与此相对应，排放权交易是在产权界定清晰和市场完备的情况下，将企业的排放权视同商品一般，可以买入和卖出。通常情况下，排放权交易是与总量控制制度结合在一起的，有关环保部门首先确定全国和各地区的环境质量目标，然后计算最大污染物排放量，随后将排放量依据标准规划分给具体的排放单位，即若干排放权。政府可通过公开拍卖、招标或无偿分配等方式，在一级市场首次配置排污权，并建立排污权交易市场，实现合法的权利交易。排放权交易思想是Dales于1968年提出的，他认为把排放权作为稀缺商品进行拍卖，建立相应的市场机制便可达到科斯定理的产权明晰要求，进而实现环境资源的最优配置[107]。排放权交易具有如下3个特点：首先，排放权交易是"排污权利"商品化后的结果，这一活动将环境容量而非环境资源本身视为一种可交易的资源，环境容纳污染物的最大负荷量是环境容量，而环境容量具有可流失性和稀缺性的特点[108]。其次，企业将污染排放到自然环境中，环境容量将被占用，因此，将排放权商品化是这一权利在全社会范围内的一次再分配，通过市场的调节作用使环境资源配置达到最优状态[109]。最后，排污许可制度，作为一种命令控制型环境规制是排放权交易制度的施行基础，是将排放权可交易化的硬件条件[110]。排污许可证制度意味着凡是需要向自然环境排污的组织或个人都必须在达到基本的生产技术条件、不触发排污红线的基础上向有关部门申请排污许可证，然后才有权利向自然环境排放污染物，这一制度规定了排放权交易参与单位的准入门槛。

排放权交易政策是科斯定理在现实生活中的实际应用。科斯第一定理认为，只要权利的交易费用接近零或不存在时，无论交易开始时将产权赋予谁，最后整个社会都将随着市场供需价格的调整而达到资源的最优配置。这表明政府初次分配排放权的方式不会影响市场的最优配置结果，通过市场交易与分

配，能够使各市场参与者的利益最大化，并最终实现污染负外部性的内部化。排放权的市场机制如图3-4所示。

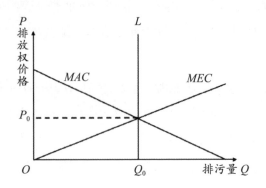

图 3-4　排放权的市场机制示意图

在图3-4中，横轴代表污染水平和排放权，*MAC*表示边际治理成本，*MEC*表示边际外部成本。排放权总供给曲线*L*与横轴垂直意味着排污许可证发放的数量不随价格变化而变化，这是总量控制制度下的合理体现。污染排放者对排放权的需求取决于其边际治理成本，故边际治理成本*MAC*也是排放权的总需求。企业权衡排放权价格和边际治理成本大小做出利益最大化选择。当排放权价格高于企业边际治理成本时，企业选择自己治理污染；当排放权价格低于企业边际治理成本时，企业选择购买排放权。

为进一步阐述排放权价格对企业环境行为的影响，笔者采用数理模型进行说明。以排放权为例，假设企业i的污染排放权初始额定量为q_i^0，所有企业污染排放初始额定量的加总等于总量控制下全社会的最大污染排放量。设企业i在未进行污染减排举措时的污染排放量为e_i，依靠自身技术所能实现的污染减排量为r_i，对应的成本为C_i，令p表示单位污染排放权的价格，那么企业的决策函数可表示为下式：

$$(C_i)_{min}=C_i(r_i)_{min}+p(e_i-r_i-q_i^0) \tag{3.3}$$

企业的最优决策条件为：$\dfrac{dC_i}{dr_i}=0$，经过整理可得：

$$\frac{dC_i(r_i)}{dr_i}=p \tag{3.4}$$

由式（3.4）可知，当企业的边际治污成本与排放权的市场价格相等时，企业治污成本最小。企业在自身利益的驱动下，将调整污染排放量，直到其治污成本等于污染排放权价格，实现以最低的成本完成环境保护目标。

为揭示排放权交易的市场机制，笔者通过如下简化形式进行说明。假设整个市场由3个污染排放企业组成，分别为企业1、企业2和企业3，其边际治理成本曲线分别为MAC_1、MAC_2、MAC_3，需要削减的污染排放量为$3Q$，政府等量分配初始污染排放权给3个企业。根据污染排放权价格的差异，市场将会出现如下3种情况，如图3-5所示。

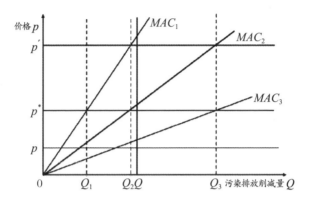

图 3-5　排放权的市场交易示意图

由图3-5可知，当污染排放权价格与企业的边际治污成本进行比较时，有如下情形：

当排放权价格为p时，$p<MAC_1$，$p<MAC_2$，$p>MAC_3$。对于企业1和企业2来说，排放权价格低于其边际治污成本，此时会选择购买排放权而非进行自主治污；对于企业3来说，排放权价格等于其边际治理成本，企业没有额外动力加大自主减污力度，而出售剩余排放权。因此，从整个市场来看，只有买方没有卖方，排放权交易不能发生。

当排放权价格为p'时，$p'=MAC_1$，$p'>MAC_2$，$p'>MAC_3$。对于企业2和企业3来说，排放权价格大于其边际治理成本，此时企业会加大自主减污进度以节省排放权，并将剩余的排放权进行出售；对于企业1来说，排放权价格等于其边际治理成本，企业会选择自主治污而非购买排放权。因此，市场上只有卖方没有买方，交易活动不会发生。

当排放权的价格为p^*时，$p^*<MAC_1$，$p^*<MAC_2$，$p^*>MAC_3$。针对企业1和企业2而言，它们的减污策略是分别自主减污Q_1、Q_2，而后在市场分别购买$Q-Q_1$、Q_1-Q_2的排放权；对企业3来说，它将加大自主减污量到Q_3，而后出售多余排放权Q_3-Q。可以看出，当$Q_1Q_2+Q_2Q=QQ_3$时，市场将达到平衡，交易能够顺利进行。

综上所述，在污染排放总量和排放权数量恒定的情况下，通过排放权交易能够使自主治污能力弱，治污成本高的企业以较低成本完成减污任务，同时激励治污能力强、治污成本低的企业进一步开发新的治污技术，以最小的社会总成本实现污染减排的任务。

四、绿色金融政策在能源工业绿色转型中的作用机理

绿色金融的发展具有普遍性和系统性，其发展受到诸多因素的制约，不仅与政府部门、金融机构、商业组织和公众的监管有关，也与环境质量水平有关。与经济活动相协调，在产业结构优化升级、经济增长方式转变中发挥作用[111]。绿色金融为中国经济稳定发展作出了贡献，可持续发展战略始终是我国社会主义发展的重点[112]。近年来，这一理念体现在社会发展的方方面面[113]。国家越来越注重经济发展的整体质量，而绿色金融正是为此而生并在国际上迅速传播的一个全新概念。此外，引入绿色金融符合时代精神，是金融业发展的必然趋势[114]。绿色金融是支持碳减排和实现碳中和目标的重要工具。实施碳上限和碳中和的过程，就是构建资源高效利用、绿色循环、低碳排放的经济体系的过程，是解决资源环境约束和尚未解决的资源问题的必然选择。金融作为实体经济的核心和脉络，通过创新制度安排和市场化原则，提供多元化、专业化、差异化的金融服务，引导更多社会资本投向绿色低碳领域，推动经济增长的同时加强环境治理，实现"双碳"的目标[115]。

绿色金融是深化金融体制改革的重要内容，全面促进碳达峰和碳中和是一项系统性、长期性工程，将在更深层次、更大范围内积极推动中国经济社会改革。深化金融体制改革，发展绿色金融，是实现"双碳"目标的必然要求[116]。绿色金融是实现金融改革与经济转型高质量协同、环境与经济相互促进的重要载体。它不仅完成了增强现代金融体系适应性、竞争力和普惠性的重要任务，而且成为探索绿色复苏路径、创造新的经济增长点、增强经济抵御风险能力的强大动力。

（一）政策引导机制

政府利用激励政策和财力，建立绿色金融管理机制，促进产业转型升级。随着我国经济进入新常态，绿色金融正逐渐成为经济增长的新热点和绿色转型

的重要推动力[117]。发达国家和发展中国家发展绿色金融存在明显差异——前者主要依靠市场原则，而后者则依靠政策。一是营造有利于绿色金融发展的环境，鼓励和引导金融机构履行绿色责任，加大对绿色项目和产业的支持力度。政府应制定绿色金融政策，指导金融机构区分传统产业和国家重点扶持产业，并落实相关产业扶持将绿色发展理念融入资本融资全流程，实现企业融资绿色化，促进传统产业转型。此外，绿色金融政策通过其特有的"信号"功能，可以有效引导社会资金流向环境友好、创新型绿色发展企业，支持产业发展转型[118]。二是银行等金融机构积极响应国家绿色发展号召政策，优化推出绿色金融产品和服务。同时，政府正在倡导绿色理念，制定绿色金融政策和法规，鼓励金融机构持续开发绿色金融产品和服务，引导行业可持续发展。

同时，发展绿色信贷、碳金融、绿色投资、绿色证券等绿色金融产品，优化信贷服务体系，提升银行等金融机构服务质量。此外，通过金融产品推动绿色金融创新，促进提升社会资本参与绿色金融体系的效果，促使企业更加关注绿色环保，实现绿色发展。银行等金融机构将实施差异化授信政策满足企业的信贷需求，助力企业实现绿色转型目标。金融机构可向低能耗、高生产率的绿色产业提供低息贷款和优惠还款政策，降低企业发展风险；而对污染程度高和能源强度高的行业采用不同的方法，提高企业信贷手续费或暂停向这些企业贷款。由于差异化绿色金融政策的推出切断了"两高"企业的部分资金来源，限制了企业的扩张和发展，企业要想获得绿色金融服务，必须进行技术改造和清洁生产，减少环境污染和资源消耗，使企业发展向环境友好、环境导向类型转变。绿色金融促进了资本从资金需求量大的公司向绿色公司的流动[119]。绿色环保企业在政府支持政策下，推动环保项目的发展，在获得足够资金后，继续优化升级其他产品。

（二）资金导向机制

金融机构正在建立资本驱动机制，通过改变融资渠道和规范信息披露来促进行业绿色化[120]。资金是企业生产的支柱，很多企业在创新、发展和壮大的过程中都需要银行、创投等金融机构的资金支持。在我国，外部融资已成为企业重要资金来源，其中银行贷款是最重要的融资渠道。在绿色低碳发展背景下，金融机构应承担社会责任，逐步发展和完善绿色金融体系，设置企业融资门槛，开发多种绿色金融产品和服务，重点关注能源的种类，区别对待排放企业，通过实施资本融资战略，推动生产向低能耗、低污染和高生产率方向发展。例如，绿色信贷通过适当的规模和方向管理，使资金在短时间内向绿色产业集中，从而促进绿色产业的快速发展。绿色债券融资成本低，可以为企业经营提供更大的资金支持，促进节能环保企业的发展。一方面，传统高污染企业被切断了融资渠道，倒逼它们走上绿色发展的道路；另一方面，随着第三方估值机构对债券的绿色度进行评估并披露相关信息，投资者了解后更愿意投资更绿色的债券，这也可以促进传统高污染企业的绿色转型。政府也可以设立绿色产业投资基金，引导社会资金投向节能环保项目。绿色金融提供多种手段，有效解决资源节约型和环境产业融资难问题，在一定程度上抑制了高耗能、高污染产业盲目无序发展，促进了国家实体经济的繁荣与行业的可持续发展。金融机构将提供与新能源企业相关的绿色金融产品和服务，通过低息贷款和优惠无偿支付等方式，为新能源企业的技术创新和业务发展提供金融支持政策，减少新能源企业发展风险，帮助新能源企业扩大规模，提高管理效率。

（三）节能减排机制

绿色金融政策约束高污染企业发展，实现产业发展绿色转型，形成节能减排机制[121]。当地企业的环境绩效在很大程度上决定了当地环境的质量，国内目前的污染物排放绝大部分来自工业厂房。"两高"产业的快速发展加剧了环境的恶化，对环境造成了负面的外部影响。绿色金融的一个重要特征是引导资金投向绿色产业，特别是在环境保护和适应气候变化等领域，促进产业结构优化调整，实现环境与经济的协调发展。近年来，银行、保险公司、证券等金融机构积极引导高污染、高耗能企业通过多种方式积极节能减排，减少污染和碳排放。同时，推行"保护环境一票否决制"，减少对严重污染破坏环境的企业和项目的资金支持，鼓励传统企业节能减排。绿色金融在配置资源支持绿色发展和环境改善方面发挥了重要作用，绿色金融政策的出台，能够制约高污染企业发展，"倒逼"行业减排，推进企业清洁生产。作为市场上规模最大、最成熟的绿色金融工具，绿色信贷对节能减排的作用不容忽视。绿色贷款的直接作用是限制银行贷款流入"两高"企业，抑制"两高"发展，同时增加资金流向环保、节能减排项目、技术改造项目，限制污染物排放。绿色贷款提高了企业对环境风险的重视程度，标志着绿色生产的推进。企业管理层可以在深思熟虑的基础上改变投资方式，减少高污染投资，逐步增加环保项目的投资，这样有利于在提升企业竞争力的同时提高投资回报。绿色信贷通过信贷渠道动态调节环境污染的机会成本，内化污染行为造成的负外部性，使企业主动减少污染投资，实现清洁产业转型发展的目标。

第四章　促进我国能源工业绿色转型的环境经济政策体系构建

第一节　环境经济政策体系研究

一、国内研究

环境经济政策是顺应市场经济体制改革、解决我国生态环境问题、促进经济社会发展的重要举措。党的二十大报告制定了深化和完善环境经济政策体系的新任务，为按照更加科学完善的市场机制推动生态、低碳、高质量的环境发展和保护，应努力加强环境经济政策改革，推动环境经济政策创新。近年来，学术界对中国的环境经济政策体系进行了更深入的研究。本节重点介绍我国的环境经济政策体系及其发展。

（一）我国环境经济政策体系演进历程

新中国成立至今，我国经济飞速发展。然而，其以高投资、高能耗、高排放为特征的粗放型增长模式，给资源和环境带来了沉重负担。针对日益严重的生态环境问题，我国政府制定了一系列环境经济政策，把"生态文明"纳入中国特色社会主义事业的总体布局，着手建设美丽中国，完善了绿色税收、绿色投融资、环境资源价格等关键政策机制，使其日益成为生态文明建设的重要手段，有效服务于我国的绿色、低碳、高质量发展。

我国的环境经济政策是一个自主体系，先后共经历了3个阶段，分别是体系启蒙初创阶段、体系建立阶段和体系深化阶段（见表4-1）。

表4-1　我国环境经济政策体系的3个阶段

序号	阶段	年份	标志事件
第一阶段	体系启蒙初创阶段（2006年前）	1972年	参加第一次联合国人类环境会议
		1973年	第一次全国环境保护会议召开
		1982年	《排污费征收暂行办法》
		1983年	第二次全国环境保护会议召开
		1984年	实行税收优惠政策
		1989年	第三次全国环境保护会议召开
		2002年	实行特许经营制度
		2006年	环境和经济领域推出试点措施
第二阶段	体系建立阶段（2007—2018年）	2007年	《关于落实环保政策法规防范信贷风险的意见》《关于环境污染责任保险工作的指导意见》
		2008年	《关于加强上市公司环保监管工作的指导意见》《高污染和环境危害产品名录》《中华人民共和国循环经济促进法》
		2017年	党的十九大报告中首次提出包括"污染防治"在内的三大攻坚战，我国环境保护进入新阶段；碳排放权交易市场在全国启动；排污权有偿使用与交易制度基本建立
		2018年	《中华人民共和国环境保护税法》
第三阶段	体系深化阶段（2018年至今）	2019年	中央明确提出要"坚持和完善生态文明制度体系"
		2021年	水土保持补偿费、地方水库移民扶持基金、排污权出让收入等移交至税务部门征收；生态环境部正式实施《排污许可管理条例》
		2022年	党的二十大提出"推动绿色发展，促进人与自然和谐共生的现代化"

1. 第一阶段：体系启蒙初创阶段（2006年前）

在体系启蒙初创阶段，环境经济政策工具主要以政府管控为主，经济手段为辅。1972年，我国开始密切关注国际环境政策，并参加了第一次联合国人类环境会议。1973年，第一次全国环境保护会议召开，保护环境的工作正式启动。1983年，第二次全国环境保护会议召开，将"环境保护"纳入基本国策。1989年，第三次全国环境保护会议召开，会议整合了"预防为主、防治结合，谁污染、谁治理，强化环境管理"三大政策和八项管理制度。

在环境经济政策方面，国务院于1982年颁布了《排污费征收暂行办法》，正式实行排污费制度。1984年，实行税收优惠政策。1989年，第三次全国环境保护会议召开，会议形成了"三大环境政策"，即环境管理要坚持预防为主、谁污染谁治理、强化环境管理三项政策。2002年开始实行特许经营制度，允许民营资本和外资进入污水、垃圾处理和供热领域。2006年，在环境和经济领域推出试点措施，如生态补偿、绿色信贷、绿色保险和绿色债券。

2. 第二阶段：体系建立阶段（2007—2018年）

在体系建立阶段，环境经济政策转向设计和普及阶段。2007年，国家环境保护总局下发《关于环境污染责任保险工作的指导意见》，逐步建立和完善环境污染责任保险制度。2008年，国家环保总局出台指导意见，对上市企业强化环保审核制度，强化环保信息披露；国家环保总局还发布《关于加强上市公司环境保护监管的指导意见》和《高污染和环境危害产品名录》；同年8月，全国人民代表大会常务委员会通过《中华人民共和国循环经济促进法》。

2017年，习近平总书记在党的十九大报告中首次倡导包括"污染防治"在内的三大攻坚战，这标志着我国环境保护进入新阶段；同年，中国基本建立碳排放权交易市场、排污权有偿使用制度与交易制度，并基本完成试点运行[122]。2018年，《中华人民共和国环境保护税法》正式实施，并在全国开始试点运行[123]。

3. 第三阶段：体系深化阶段（2018年至今）

随着环境经济政策的创造性发展，体制的深化也在逐渐到来。2019年，中央明确提出要"坚持和完善生态文明制度体系"，并对进一步完善环境经济政策体系建设、推进政策改革创新做出了宏伟部署。水土保持补偿费、地方水库移民扶持基金、排水权转让收入等自2021年1月被移交至税务部门征收。同年3月，生态环境部正式出台《排污许可管理条例》，这是促进环境管理制度和财政现代化的重要内容。

党的二十大报告中要求"推动绿色发展，促进人与自然和谐共生"，该项要求包括了四项内容：加快发展方式绿色转型，深入推进环境污染防治，提升生态系统多样性、稳定性、持续性，积极稳妥推进碳达峰和碳中和。这表明，环境经济发展政策的不断优化应从4个方面着手——环境经济政策法制化、促进产业生态化、按市场优化资源环境要素配置、促进优质生态环境共建共享。这对于探索未来环境经济政策体系的方向、确定新的政策领域、探索新的增长需求点有着极大的帮助。

综上所述，环境经济政策创新与发展应遵循创新性、问题导向性、系统性原则，这便于服务高质量的发展，支持建立绿色、低碳、循环经济体系。还应优化环境经济政策体系，强化绿色发展的政策激励，促进更高质量的绿色产品供给，推动绿色环境共享繁荣，完善市场经济政策体系。以加强政策手段的统筹协调和优化为重点，以提高政策的科学性、先进性和法制化水平为保障，环境经济政策将朝着更加科学、系统、高效、完善的方向深入发展，在中国式现代化新征程中发挥更加重要的作用。

（二）我国环境经济政策体系内容

我国环境经济政策的主要研究课题分为政策体系的内容和阻碍政策体系完善的因素两方面。除此之外，当前另一个重要课题是在能源产业绿色转型过程中如何构建环境经济政策体系。

最具代表性的是王金南等[124]修订的《市场机制下的环境经济政策体系初探》中首次提出的"市场经济体制下的环境经济政策体系"，这为未来发展奠定了坚实的基础。接着，他们在明确经济政策对环境保护历史转型的支撑作用的基础上，又从建立制度框架、完善环境融资和税收、试行生态补偿措施、产业和区域排污权交易、资本市场的绿色发展等方面讨论了环境政策体系[125]。随着研究的深入，王金南等将研究视角转向生态补偿制度，主张建立体现生态价值和代际平衡的资源使用有偿制度和生态补偿制度，并建立体现保护地方发展权和生态产品贡献的生态补偿政策，加强对贫困落后地区和弱势群体的补偿[126]。

在政策实施过程中，一些学者借鉴以往的观点，进一步分析了政策制度的完善所面临的障碍并提出了相关建议。譬如，张振文等[127]建议陕西省的环保政策体系应从试点环保费改税、资源价格政策、生态补偿工作机制、排污权有偿使用及交易、绿色金融政策、法治建设6个方面入手；郝春旭[128]等将实地调研与政策分析相结合，从标准化、运行机制和风险控制等方面对2021年环境经济政策的实施情况进行了较为系统的评估。张立等[54]根据改革开放以来有关环境治理的主要政策和研究成果，总结了我国环境政策的演变历程，并从庇古法和科斯法两个角度分析了其治理逻辑及机制。

另外，还有一些学者把研究视角转向污染内容，例如从水源污染、大气污染和城市垃圾等特定污染的角度，深化城市生态环境的建设。以王建明[129]为例，他认为垃圾污染存在面源污染、责任难以界定等特点，应设计独特、具体化、精细化的经济管理方法，构建综合、完整的环境经济管理政策体系；张志麒等[130]根据中国城市处理工业大气污染问题的实际情况，提出了一种综合的环境—经济政策方案，以解决各地区大气污染问题。

在能源产业绿色转型的背景下，董战峰[131]等认为健全的资源环境生态权益交易机制，有利于环境经济政策体系的构建。他们认为，应考虑市场原则在资源和环境生态优化配置中的功能和作用。同时，应建立产权制度，支持资源环境中的生态权益交易。具体措施主要是继续推进排污权交易，在全国推广碳交易，促进资源权益交易，推动能源产权制度改革。

二、国外研究

经过几十年的发展，国际环境经济政策研究已经取得了长足的进步，从环境研究者的领域拓展到全社会的广泛监督和参与。同时，国际环境经济政策研究存在着环境政策研究比重较低、子学科分布不均且零散、缺乏综合性和战略性研究等问题。因此，开展国际环境经济学研究，分析国际环境经济学的趋势和特点，对于准确把握国际环境经济学研究的方向具有十分重要的意义。

欧美等地区的发达国家在生态经济政策体系构建方面积累了丰富的经验。本书以德国、法国、日本和澳大利亚4个国家为代表进行介绍（参见表4-2）。

表4-2　国外环境经济体系研究

国家	年份	环境经济体系	地位
德国	2009年	修订《可再生能源法》	世界上的工业大国之一，致力于通过能源转型的策略，提供可靠的、高效的动力支持
	2014年	引进溢价补贴的市场机制	
	2015年	可再生能源占电力消费的比重超60%	
	2017年	补贴额度的确定方式全面转变为招标竞价	
法国	1999年	推行"污染活动一般税"	法国一直致力于核能发展，并把它当作国家的基本能源。法国是全球第一核电大国
	2001年	能源税在法国正式落地	
	2005年	政府对生产商和销售商规定年销售生物燃料的最低限额，未完成目标的企业需要缴纳污染活动一般税	

国家	年份	环境经济体系	地位
日本	1970年	推行"阳光计划",安装太阳能发电系统的居民家庭可收到近安装成本半数的补贴	日本推广绿色能源方面,绿色金融体系非常出色,其主要经济做法有绿色金融和加强资金补贴
	2010年	编制《环境与金融:金融部门在建设低碳社会中的新作用》	
	2011年	发布《21世纪金融行动原则》	
澳大利亚	2012年	对年碳排放超过2.5万吨主要排放源征收碳税	澳大利亚是全球第一个制定可再生能源发展目标的国家。澳大利亚拥有专门绿色金融投资机构,是世界上重要的绿色融资市场
	2017年	出台《能源保障计划》	
	2019年	出台《气候解决方案》	

(一)德国环境经济体系

德国是世界工业大国之一,它致力于通过能源转型的策略,提供可靠的、高效的动力支持。其能源中心经历了"煤—石油—核能—可再生"的转变。德国在削减排放指标和环境压力的双重作用下,已制定了到2030年前退出煤炭市场的时间表。在油气阶段,德国对石油和天然气的依赖程度较高[132],因此,石油资源丰富地区动荡不安的政治形势对其产生了一定的影响。另外,德国也是全球首个完全放弃核计划的国家。随着煤炭、石油和核能的相继结束,德国的能源领域也出现了新的可再生能源。在绿色能源转型中,财政补贴、绿色金融、竞价机制、环境税等是促进可再生能源发展的主要措施。

德国可再生能源的推广在电力领域取得的成效尤为显著。2009年修订的《可再生能源法》提出可再生能源占电力消费的比重需在2020年之前达到30%,但在2015年德国对这个目标的完成程度就已经超过了60%[132]。早期德国采取的是可再生能源固定电价机制,虽然法律的强制性规定保证了可再生能源优先、全额上网,但随着可再生能源发电规模的扩张,逐年上涨的电价成本让消费者难以承受[133]。为进一步优化可再生能源电力在供需市场上的资源配置,德国于2014年引进了溢价补贴的市场机制,又在2017年将补贴额度的确定方式全面转变为招标竞价,通过市场的力量控制绿色电力领域的超额利润,以此支持国内绿色转型,同时推动欧洲清洁能源电力市场的构建[134]。

（二）法国环境经济体系

自20世纪70年代以来，法国一直致力于核能发展，并把它当作国家的基本能源。法国是全球第一核电大国[135]，核电占全球总发电量的比重超过70%。在电力生产领域，政府打算增加可再生资源的竞争性，以获得额外的津贴[136]。在生态投资上，法国环境署打算在未来3年内投入数十亿欧元，以确保实施绿色增长能源转型项目[137]。为了实现《绿色发展能源过渡法案》所述的减排指标，法国政府于2015年启动了碳预算系统，该系统规定了5年一次的碳排放限额，用于各个工业部门[138]。

法国的生态税改革对能源转型也起到了非同小可的作用，该国从1999年开始推行"污染活动一般税"（简称TGAP），对原有的环境税费进行整合与简化，取消原归于环境与能源控制署管理的与大气、噪声、原油、垃圾等方面相关的5个税种，并将TGAP这个新税种纳入法国关税总局的管辖范畴[139]。2001年，能源税在法国正式落地，政策规定只对每年能源消费量超过一定限额的企业征税，而对居民家庭及农林渔业、交通业实施免税策略，符合条件的企业还可享受利用该部分税收抵减劳动税的福利[140]。为促进生物质燃料的发展，从2005年开始，政府对该行业的生产商和销售商规定了每年销售生物燃料的最低限额，未完成目标的企业需要缴纳污染活动一般税[141]。法国环保税专款专用的程度很高，大部分都用于环境污染与治理项目，这也是其环境税改革成功的重要原因。

（三）日本环境经济体系

由于地域、地理条件等因素的制约，日本的能源自给率一直处于较低水平，而福岛核事故则是日本核电发展计划受阻的重要原因，在该事件后，可再生能源在政府的推动下大力发展。日本政府通过绿色金融和财政补贴两方面来进一步推动绿色能源的发展。日本通过建立碳交易市场和征收碳排放税收等经济手段来控制一次能源的碳排放。日本目前的碳交易体系分为中央与地方两级，除中央政府部门运行碳交易系统外，一些积极的地方政府也建立了各自辖区范围内的碳交易系统[142]。日本的碳税收和法国、德国一样，都是用来保护环境，但是与法国不同，日本的公司和居民都要承担同样的碳税责任[143]。

在推广绿色能源方面，推行绿色金融、加强资金补贴是日本政府采取的主要经济做法。日本的绿色金融体系非常出色，在政策层面，环境省在2010年专门编制了《环境与金融：金融部门在建设低碳社会中的新作用》以协调金融部门与环境部门之间的关系，并于次年发布了《21世纪金融行动原则》以加强金融工具对环保事业的推动作用[144]；在实施层面，日本金融机构对环保研发活动、环境保护项目、环保达标企业均提供低息贷款优惠，同时环境省和环境协会均设立了绿色基金为企业提供环保资金支持，政府也会为某些特定的环保项目提供担保以降低企业风险，此外，政府和金融机构在绿色债券的发行与推广上同样不遗余力[145]。在氢能、太阳能等新能源的推广方面，日本主要采取了加强财政补贴的做法。政府设有对清洁能源汽车和相关加氢站的补助金，购置氢动力汽车的车主还可享受减税优惠，另外经济产业和贸易省和环境省等部门每年也会对氢能研发提供大额资金支持[146]；日本曾在20世纪70年代开始推行"阳光计划"，安装太阳能发电系统的居民家庭可收到接近安装成本半数的补贴[147]。

（四）澳大利亚环境经济体系

澳大利亚长期以来一直以煤和天然气为主要能源，与上述几个国家在不同程度上面临资源匮乏的状况不同，澳大利亚的一次能源储量十分丰富。尽管良好的自然环境保证了其能源安全，但也使其在短期内无法从传统能源中解脱。澳大利亚是全球第一个制定可再生能源发展目标的国家[148]，初期阶段澳大利亚就已经意识到了能源转换和保护环境的重要性，频繁发生的山火等自然灾害也让该国的环保问题备受关注。澳大利亚拥有专门绿色金融投资机构，是世界上重要的绿色融资市场[149]。在经济政策上，澳大利亚在绿色金融、绿色认证交易等领域具有先进的经验。除了绿色债券，澳大利亚还在全国范围内推行绿色电力证书交易制度，并根据电力规模的大小将其分成两类。第一类针对大规模发电设备，第二类针对屋顶太阳能等小型发电设施。高耗能用户需要购买一定量的绿色电力证书配额来完成可再生能源目标。

虽然在政策设计上取得了一些先进经验，但是澳大利亚的能源转型问题却有较强的政治关联性，而且政党间的争斗也使其在实施能源经济政策时遇到了阻力。应于2011年推出的碳税制度在2014年新一届政府上任后很快被废止，前总理极力推崇的《能源保障计划》也于2018年被废除，能源政策俨然成为党派之间博弈的政治工具。虽然2019年政府推出了新的《气候解决方案》作为《能源保障计划》的替代品，提出了设置减排基金等应对措施，但对可再生能源的发展并不十分积极，停止对能源转型项目的研究资助、开发新的煤矿项目、建设燃煤发电厂等一系列负面行为使得该国的能源转型之路迷雾重重[150]。

一般来说，自工业革命以来，西方工业化国家的环境和经济问题都呈现出区域性和地方性。在工业发达国家，基于当地资源和交通等产业链前向和后向联系的有利条件和因素，形成了具有不同功能的产业集群、工业中心和城市群，使得工业中心和传统工业区容易产生污染。西方发达国家的发展模式是轻工业阶梯化向重工业渐进式发展，在简化生产模式、污染源和污染因素较少的基础上，伴随着技术的进步，呈现出从轻工业向重工业逐步转变的趋势，从而呈现复合型污染较少的现象[151]。

世界主要经济体正在逐步制定减碳政策以应对气候变化。在过去的30年里，环境经济政策在国际层面上迅速发展。随着环境问题变得更加复杂，纯粹的监管或规定性手段往往会造成新的扭曲，导致无效和低效的措施。相反，市场的手段在成本效益、灵活性和科学性方面具有明显的优势，可以有效降低环境管理的成本，提高行政效率，减少政府公共补贴。经济效率是环境问题的一个重要特征，环境问题的解决至少在经济层面是以环境质量目标的实现来衡量的。

三、环境经济政策评价模型方法

本书第三章已对环境经济政策促进能源工业绿色转型在市场机制下的作用机理做出了论述。如果要使能源工业和环境经济政策措施的实施效果达到最大化，还应从量化角度对其进行评价，从而为相关政策的制定提供合理的参考和建议。构建环境经济政策评价模型是实现定量分析的较为理想的工具。从国内外已有的相关研究看，在对能源工业绿色转型和环境经济政策进行评价时，所选用的模型方法的优点和缺点并存，适用的研究对象和范围也有所不同。因此，为了能够综合评价分析我国的能源工业绿色转型和环境经济政策实施效果，笔者梳理现有研究中所使用的评价方法，综合各类评价方法的特点，构建适合本书分析框架的评价模型。以下将对各类模型方法的特点分别进行描述。

（一）现有研究方法梳理

1. 参数前沿分析法

参数前沿分析法，它先要定义函数，接着根据函数的参数加以预测，然后通过函数来运算。目前，随机前沿方法（SFA）、自由分布方法（DFA）和厚前沿方法（FA）在学术界占主导地位。SFA的运用较为普遍，它定义了生产成本、收益、投资、环境保护等各种因素的函数形式，并把工业生产过程中的随机误差考虑其中。

基本模型：$y = f(x; \beta) \cdot \exp(v-u)$ 　　　　　　　　　　　（4.1）

式中，y为产量；x为矢量投入，β为待计算的矢量参数，$(v-u)$为误差项，v服从$N(0, \sigma_v^2)$分布，u为非负值，表示仅对一个决策单位所产生的冲击。技术效率为$TE = \exp(-u)$，当u等于零时，研究标的正要处于生产前沿面上；若u大于零，研究标的则处于非技术效率状态。

但是由于采用数理统计的方法，首先要获得大量的样本，其次要确定清楚产品功能，而且不能很好地解决多产出的问题，因此目前的环境经济政策评估研究中，仅有少数学者采用这种方法进行评估。以连冬[152]为例，他运用SFA对辽宁省的环境效益进行时间和空间的差异性和环境经济的协调发展进行了评价。

2. 非参数前沿分析法

不需要界面、前沿形状和边界的非参数边界分析方法以数据包络分析（DEA）和自由处置包（FDH）为代表。DEA是一种基于"相对效率性"的线性法，其可用多个指标作为输入，进而输出多个指标来评估相对有效性。

两个主要的DEA基本模型是CCR模型和BCC模型。这两个模型的主要区别在于，前者以规模效应为基础，产生总技术效率（TE）；而后者以规模效应为变量，产生纯技术效率（PE）和规模效应（SE）。

笔者在对现有文献进行整理的基础上，发现目前的文献研究大多集中在传统产业效率方面，而代理指数则以全要素生产率为主导。然而，传统的全要素生产率输出仅考虑了预期产量，忽视了对环境、资源等因素的影响，而产业的绿色转型主要集中在"绿色"上，因此，一些学者将绿色全要素生产率纳入环境绩效中，以此来衡量产业的绿色转型。

3. 三阶段DEA模型

DEA模型于1978年由著名运筹学研究学者Charnes等提出，后续被Banker等扩展为规模报酬可变BCC模型。但经研究发现，由于决策单元（DMU）受到外部环境和其他随机因素的影响，容易存在效率偏差问题，Fried等在传统DEA模型的基础上引入了SFA，通过排除DEA模型中外部环境和其他因素的影响，进一步提高了DMU的效率。接着，通过DEA模型中计算被排除的投入值/产出值，进而提出了一个三阶段的DEA模型，作为反映真实性的效率评价。

第一阶段：传统DEA模型。Reinhardt等使用数学编程和统计数据来确定相对有效的生产前沿面，在投入和生产保持不变的情况下，评估每个决策单位偏离DEA前沿的程度。通过比较，可以对决策单元的输入和输出的相对效率进行评价。但是，传统的DEA模型无法区分导致效率低下的主要原因，也无法消除外部因素对效率得分的影响。

第二阶段：SFA模型。结合第一步的传统DEA约束条件，效率值和每项输入的松弛变量值在一定程度上会受到来自外部环境的随机干扰，这可能导致计算出的效率值出现偏差。这一步的主要任务和目标是调整原有的输入变量以反映实际存在的效率偏差，从而使多个决策单元的外部环境相对一致。第二阶段初先建立模型，在这个模型中，该模型的因变量取自第一步的评价结果中提取输入的松弛变量，该模型的自变量为环境因素。

第三阶段：调整后的DEA模型。输入变量$X_{ni,t}^A$是在第二阶段后获取的（没有外部环境和随机干扰项）。在三阶段DEA模型中，$X_{ni,t}^A$被用来代替第一阶段的输入变量$X_{ni,t}$，并根据传统DEA模型使用BCC-DEA再次测量。因此，三阶段DEA模型排除了外部环境和随机干扰项，其结果更加真实和科学。

4. 全要素生产率（Malmquist）指数法模型

1994年，Fahle将Malmquist指数与DEA方法相结合，分析了从t期到$t+1$期的全要素产出水平的变化。根据DEA模型（BCC），DUM主要通过综合技术效率、纯技术效率和规模效率来区分地区差异，但在指标在衡量过程中，DEA模型缺乏过程分析和动态趋势。近年来Malmquist指数与DEA法相结合，成为国内外学者普遍采用的评价方法。Malmquist指数又叫马姆奎斯特TFP，它衡量了生产时间序列中DMU生产率的增长，经常被用来评估目标的动态效率，因此，研究DMU在各个阶段的效率演变过程，可以应用全要素生产率变化指数的理论和方法。

DEA-Malmquist指数法模型还能对多个省市的绿色全要素生产率进行测算，其主要原因是：该方法在实际测量中只需确定输入、输出变量，无须进行定价，有利于提高时间效用和降低误差引起的成本效用。

Chung等提出了综合能耗与环境问题的*ML*指标，并将其视为要素投入与非预期产出，并以*t*为基准，*t*+1期的绿色全要素生产率即为技术效率变化指数（*EFFCH*）与技术进步指数（*TECH*）的乘积。而*EFFCH*是纯粹技术效率变化指标（*RECH*）与规模效益变化指数（*SECH*）的乘积。

$$ML_t^{t+1} = EFFCH_t^{t+1} \times TECH_t^{t+1} \tag{4.2}$$

$$ML_t^{t+1} = \left[\frac{1+S_0^t(x^t, y^t, b^t, y^t-b^t)}{1+S_0^t(x^{t+1}, y^{t+1}, b^{t+1}, y^{t+1}-b^{t+1})} \cdot \frac{1+S_0^{t+1}(x^t, y^t, b^t, y^t-b^t)}{1+S_0^{t+1}(x^{t+1}, y^{t+1}, b^{t+1}, y^{t+1}-b^{t+1})} \right]^{\frac{1}{2}} \tag{4.3}$$

（二）评价方法选取

参考上述研究方法，笔者最终选择由压力—状态—响应（PSR）和驱动力—状态—响应（DSR）模型发展得出的驱动力—压力—状态—影响—响应（DPSIR）评价指标体系模型。在选择合适的指标后，选择了使用熵加权、灰色关联分析和TOPSIS模型的综合评估方法。

1. PSR模型的评价体系

PSR模型是由OECD和联合国环境规划署（UNEP）开发的可持续发展指标概念模型。OECD环境行为评估的核心指标是PSR框架的外延。PSR框架是为了在一定程度上减轻能源活动对自然环境造成的压力，使自然环境的破坏最小化，从而改变经济政策状态的框架。因此，可持续发展指标体系为分析人类社会关于生态和环境问题的政策提供了解决手段。如图4-1所示，PSR框架中确定了压力、状态、响应等3个指标。

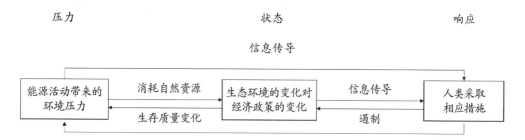

图 4-1　PSR 模型评价体系

一般来说，PSR框架主要用于描述人类活动和生态系统之间的相互作用，并从不同角度衡量其影响。该框架不仅反映了真实情况，而且具有较强操作性。由于其操作性和解释力，世界银行等权威机构在进行环境绩效评估时都采用了这一概念模型。PSR模型本质上可以对环境指标进行分类，但很难对环境指标进行详细分类。因此，该模型需要进一步优化。

2. DSR模型的评价体系

联合国可持续发展委员会在20世纪90年代末推出的DSR模型，是PSR结构模型的优化和扩展。简言之，DSR和PSR模型的主要区别在于，DSR模型使用"驱动力"指标，而不是PSR模型的"压力"指标。在这里，"驱动力"指标不再仅仅是人类活动，还包括能源活动与环境状态变化之间的互动所产生的变化"状态"。因此，"驱动力"指标比以前的"压力"指标更广泛，可以包括一系列的政策变量，如经济增长、人口总量、税收制度和能源消耗所引起的政策变动。因此，对环境状况的描述从环境本身延伸到政策、经济和非制度方面，如图4-2所示：

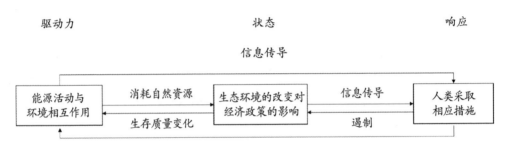

图 4-2　DSR 模型评价体系

3. DPSIR模型的评价体系

OECD在20世纪90年代提出的DPSIR模型，被欧洲环境局用作评估环境质量的标准，成为被广泛用作建立环境质量保证体系的主要模型。DPSIR模型可以被视为PSR和DSR模型基本逻辑的外延，并进一步优化了DSR模型。其与DSR模型主要区别在于加入了"影响"指标，以更清楚地显示环境变化与人类生活之间的强烈关联性。这一改进是由于普遍认为使用状态指标来描述环境变化过于笼统，没有系统地反映能源活动对生态环境造成的外部影响。总的来说，与PSR和DSR模型相比，DPSIR模型更详细地描述了生态环境和能源活动之间的关系，即能源活动是连接生态环境压力的驱动力，导致原有"状态"变化，对人类社会产生系列"影响"，最后产生了遏制负外部"响应"的措施，这就是DPSIR模型完整的因果关系链，如图4-3所示：

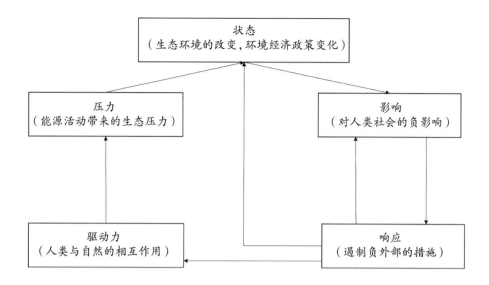

图 4-3　DPSIR 模型评价体系

本书认为,影响工业绿色转型的因素可以归纳为5个方面:驱动力、压力、状态、影响和响应。从系统分析的角度来看,这5个方面提供了人类与生态系统相互作用的概况。因此,本书拟应用DPSIR模型构建能源工业绿色转型评价指标体系,系统客观地评价我国工业绿色转型的进程以及方向。以下介绍本书DPSIR模型下3种评价方法。

(1)熵权法

熵权法是一种客观赋权法。"信息熵"是用来表征信息系统的混乱程度,是随机变量不确定度的量度,如式(4.4)所示。信息熵的概念被提出后,由于该方法可以完全客观地对各个评价因素的分布进行评价,排除了由评价者主观原因造成的对评价结果的偏差,被广泛应用到了各个行业中。其中S为信息熵,p_i $(i=1, 2, \cdots, n)$为信息产生的几率,一般而言,S值越小,无序程度越小;反之,则越大。

$$S = \sum_{i=1}^{n} p_i \ln p_i \qquad (4.4)$$

(2)灰色关联分析法

灰色关联分析是根据灰色系统内影响因素的灰色关联度来确定对系统的贡献程度的一种指标。通过比较系统内影响因素的灰色关联度的大小,可以确定因素和参考变量之间的主要和次要关系,来把握事件的主要特征。从灰色系统理论衍生出来的灰色关联分析，衡量了一个项目中各因素或情景之间的动态样本的相对密切程度，其结果是直观的和普遍的。

（3）TOPSIS法

TOPSIS方法是一种多原则、多目标和多决策的客观评价方法，它为每个评价指标构建一个最优方案和一个劣质方案，并按照与最优方案的接近程度进行排序。该方法计算每个方案与正、负理想方案之间的距离，以及每个方案与最优方案的相对接近程度。正面的理想方案对应于选择方案中指标属性的最佳值，而负面的理想方案对应于选择方案中指标属性的最差值。

笔者选择了DPSIR评价指标体系的模型，并综合运用上述3种评价方法——熵权法、灰色关联分析法和TOPSIS法。具体原因是：其一，消除主观影响；其二，获得客观有效的指标和评价结果的权重，从而使评价过程更加科学、严谨和客观。

四、环境经济政策评价指标体系构建

为综合评价我国主要环境经济政策对能源工业绿色转型的效果，本书构建了环境经济政策指标评价体系，通过对现有评价指标进行梳理，并结合我国环境经济政策及能源工业绿色转型的背景要求进行指标初选，进而对我国现行环境治理体系做出科学、客观的评价。

（一）评价指标体系框架设计

在众多的指标体系中，本书选择了一个综合的评价指标体系，该体系由若干指标组成，这些指标具有相关性，结构复杂，范围广泛，描述性强，适应性强，能够有力地表达能源活动、经济活动与环境之间的关系。例如，欧洲议会在2002年引入的可持续发展指标体系包括42个涵盖欧洲国家的指标。这个指标体系倾向于反映区域可持续发展目标和关键问题[154]。然而，综合指标类型众多，覆盖面广，难以准确把握指标与总体目标的相关性、权重和阈值，导致综合程度不高，影响评估工作的开展。为此，本书对指标的选择提出了较高的标准，以确保指标选择的科学性和全面性，以及指标的发展和代表性。

基于DPSIR模型的理论，以及转型效果的角度，本书构建的我国能源行业主要环境经济政策对能源工业绿色转型的评价指标体系框架主要包含3个层次。第一个层次是目标层：表达了指标体系的总体目标。第二个层次是准则层：囊括了影响环境经济政策指标评估的5个主客观因素——驱动力、压力、状态、影响和响应。第三个层次是指标层：根据目标层和准则层构建了一套具体的指标。每个层次的含义将在下文中逐一解释。

目标层主要用来描述我国能源工业绿色转型的方向目标，也反映了我国能源工业绿色转型的现状，以定量反映我国能源工业绿色转型的总体效果和趋势。该评价体系是对于能源工业绿色转型过程中社会系统、经济系统、资源系统和生态环境系统协调发展的综合反映。

准则层主要用来描述我国能源工业绿色转型综合评价指标体系，由5个目标指标组成：驱动力、压力、状态、影响和响应。我国能源工业绿色转型综合评价指标体系按标准层进行分类。同时，准则层还反映出能源工业绿色转型的相关指标不是单一的独立存在，而是一个系统性的指标体系，具有很强的因果关系。

指标层主要包括能源工业绿色转型过程中各主体的行为状态和系统功能结构等因素。指标层既是描述能源工业绿色转型的基本指标，也是具体指标，位于指标体系的底层。我们可以清楚地了解如何评估每个主体的治理有效性，以及哪些指标最能反映转型效果。

因此，我国能源工业绿色转型综合评价指标体系框架如图4-4所示。

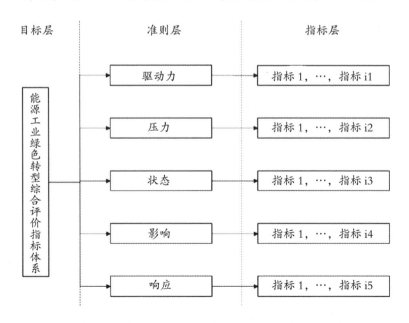

图 4-4　我国能源工业绿色转型综合评价指标体系

（二）能源工业绿色转型影响因素

在构建我国能源工业绿色转型综合评价指标体系时，不能仅仅突出能源工业对于生态环境保护类指标，同时也要统筹兼顾经济的可持续发展相关指标，最终形成协调能源工业转型与绿色经济社会发展的综合指标体系。因此，要明确哪些是能够影响指标体系构建的主要因素，从而更加科学、精确地统计和筛选指标。

1. 生态承载力

承载力的概念起源于生态学。其一，指的是生态系统子系统和资源能力，以及生态系统的自我调节和保护能力，代表了生态系统承载力的承载部分。其二，是指生态系统内社会经济子系统的可持续发展能力，代表生态系统承载能力的压力部分[155]。生态系统的承载能力决定了人类活动的性质和规模，建设能源工业的绿色发展离不开生态系统的支持。生态系统的承载力为自然资源的利用和生态系统的污染设定了下限，也可作为能源工业绿色转型的标准和参考。因此，生态承载作为能源工业绿色转型的基础与参照，决定了地方政府对生态文明建设发展的重点以及在能源工业绿色转型过程中发展生态文明所要付出的努力的依据。

2. 生态环境水平

生态环境是指人类赖以生存的整个环境的总称，包括土壤、空气和水。人类的发展以消耗自然资源为基础，这不可避免地会对生态环境产生负面影响。为了消除这些负面影响，必须加强对生态环境的管理，以保证人类社会的可持续发展，而资源消耗和生态环境管理共同决定了生态环境的水平。生态环境水平包括人类对环境的影响、人类对环境的管理和环境的质量。它是能源行业绿色转型过程中生态文明发展对环境影响的综合体现，是衡量能源行业绿色转型高水平的重要标准。因此，综合评价我国能源工业绿色转型的一个重要指标就是将对生态环境质量影响的最重要指标纳入评价体系。

3. 绿色经济发展

经济建设始终是我国政府工作的中心，是保持国家繁荣和社会和谐、稳定的基础。随着经济的发展，人民的生活水平也在不断提高。人们在追求物质条件的同时，更注重提高生活质量、生产方式和生态环境。营造天蓝、地绿、水清的生态环境，成为公众关注的焦点。没有经济发展，就没有人民物质条件的改善，就没有综合国力的提高，就没有能源工业的绿色转型。但是，如果我们只关注经济发展而忽视生态环境，就会走上西方发达国家重污染轻治理的老路，不利于我国的长期可持续发展。因此，在对我国能源经济绿色转型的总体评价中，经济系统的评价指标首先要从GDP的评价方法中解放出来，更加关注能源经济的发展结构和基于生态规律的生态效益，以及生态经济、循环环境和可持续发展的新模式等指标因素。在生态环境形势严峻的情况下，应倡导生态经济、循环经济、绿色经济的新模式。保持适度的经济发展速度，重视提高资源利用效率、减少污染物排放、开发替代能源的绿色经济发展模式，进而为评价指标提供重要依据。

4. 制度规范

全面评估我国能源行业绿色转型的重要环节是评估不同地区和行为体在绿色转型中所做出的努力和取得的成果。制度框架包括不同的政府、市场和社会管理制度，是对环境经济政策协调的补充，反映了不同行政机构在环境经济政策过程中的具体行动，为环境经济政策的协调发展提供了重要保障。制度保障还必须有严格的执行标准和良好的实施条件。因此，对我国能源行业绿色转型的整体评估，可以从以下3个方面考虑。第一，目前建立的经济政策体系是否有利于我国能源经济的绿色转型和环境发展；第二，不同地区环境经济政策的具体目标、任务和重点是否明确；第三，企业和公众对环境经济政策的认识和参与程度如何，例如公众对我国的环境经济政策是否满意，企业和公众是否有足够的渠道参与和表达他们对当地环境政策的意见。

（三）指标选取原则

1. 科学性原则

科学性原则要求指标体系的设计要科学、合理。指标体系是全面评估我国能源行业绿色转型的一个目标点，并在一定程度上指导能源行业内各企业的行为。因此，一个科学合理的指标体系是环境管理活动合理化和正当化的重要准则。党的二十大要求"推进绿色发展，建设人与自然和谐共生的现代化"，中国建设生态文明和保护环境的新法规也已出台，包括推动污染防治、碳中和、碳达峰等环境政策。

近年来经济面临的转型压力逐渐增大，使得保增速、稳增长再次成为各地政府的工作重心。但是，考虑到绿色发展已经成为我国长期坚持的战略路径，在我国能源工业绿色转型综合评价指标构建过程中，还是应当凸显指标设计的科学性。首先，所选取的指标要包含经济发展、能源发展和民生发展等领域的相关指标，为了尽可能地反映环境经济政策发展的全貌，故而涉及的具体指标数量不宜太少，但过多指标又将极大地提高工作量与分析难度。其次，在数据搜集、权重确定、计算以及分析等环节需要有依据支撑。整个我国能源工业绿色转型综合评价指标体系必须能够客观反映环境经济政策与能源工业转型的内涵，以求能客观、真实地反映我国各地区能源工业的发展、环境治理和经济发展的真实结果。

2. 系统性原则

第一，系统性原则要求指标体系的设计要从全局出发，契合我国能源工业绿色转型的要求，能够整体体现环境经济政策的真实水平。能源工业绿色转型是一项涉及多个领域、需要多元主体协同参与的复杂动态系统，指标之间应是相互协调统一的整体，既有具体指标、总量方面的指标，又有资源利用的过程指标，还有状态、潜力指标与相应的管理指标等。第二，系统性要求各指标之间具有一定的相互关联性，同时，指标要能够突出重点。能源工业绿色转型评估指标复杂多元，我们无法穷尽所有的指标，那么指标设计就要突出重点，反映工业绿色转型的本质。第三，指标系统必须具备统一性。环境协同治理绩效评价体系中选取的各项指标具有一定统一性，这里主要体现的是对于治理目标和结果的统一。

3. 通用性原则

通用性原则对于我国能源工业绿色转型评价体系的指标选取的要求是可比性的基础。因此，从一方面来看，我国能源工业绿色转型评价的指标体系设计通用性是进一步推进环境经济体系建设的基础。如果各地采取不同的方式对自身环境治理绩效进行考核（根据实际情况，调整个别具体指标或特殊指标除外），则不能得到反映各能源工业主体绿色转型优劣的横向比较结果。这不利于各治理主体根据评价结果精准地发现自身不足，更无法对自身环境治理方式进行进一步的调整和优化。从另一方面来看，能源工业绿色转型评价的指标体系设计也是在考虑和尊重行业、地域等差异的基础上，最大限度地基于各治理主体和各社会部门的相似性，在可得性和通用性符合条件的前提下选取相关指标数据。

4.可行性原则

选取指标的可行性原则，是整个能源工业绿色转型评价的指标体系的落脚点。指标的可行性原则要求在能源工业绿色转型及环境经济政策评价指标体系设计过程中遵循两方面内容。一是指标的设计和选取要具有针对性。由于评价范围覆盖全国，各地域自然资源、经济发展程度和基础设施条件存在很大差异，所以在指标设计和分析的过程中需要有针对性地对区域进行划分，对问题进行筛选，抓住能够突出各地能源工业绿色转型的职能和经济政策效应，凸显各主体绿色转型的特色优势、主要领域和重点内容。二是指标的设计应当具备可操作性。指标数据应具有收集方便、计算简单且能够尽量避免主观臆断的特征。目前国内能源工业绿色转型相关的测度指标繁杂多样、重复交叉比较明显，并且难以获取全面有效的监测数据，往往是通过数据估算、替代乃至经验性分析得出评价结果，使得指标评价体系的可信度和准确度大受影响。总之，构建我国能源工业绿色转型评价指标体系要求具有可操作性，能够在科学定性的基础上进行定量评价，达到客观、准确、科学的标准。

（四）评价指标初选

本书首先对我国能源工业绿色转型的定义和相关指标做分析以确定指标选择的范围。以能源工业、绿色转型、生态文明建设、环境经济、环境经济政策和环境经济政策评价等为关键词在中国知网、维普、谷歌学术、百度学术等文献数据库进行相关国内外参考文献的搜索，结合相关著作进行指标搜集，初步拟选指标，并以DPSIR框架模型建立我国能源工业绿色转型评价指标库（具体可见表4-3），进而选择和确定相关指标。

表4-3　我国能源工业绿色转型评价指标库

目标层	准则层	指标层
能源工业绿色转型发展	驱动力16	人均GDP、工业增加值、R&D效率、人口增长率、城镇化率、城镇居民恩格尔系数、农村居民恩格尔系数、第三产业增加值、高耗能产业比重、排污费、绿色税收政策强度、清洁能源比、城镇土地使用税、城市维护建设税、资源税、就业率
	压力18	单位GDP能耗、人均耗电量、煤炭占总耗能比重、人口密度、工业碳排放量强度、人均碳排放量、工业烟粉尘排放强度、单位能耗、国内生产总值能耗、人均能源能耗、能源强度、工业氮氧化物排放强度、工业废水排放强度、产业结构、二氧化硫税、水污染税、噪声税、固体废物税和垃圾税
	状态9	工业增加值、工业成本费用利润率、化石能源的消耗总量、工业劳动生产率、工业增加值水耗、工业增加值电耗、能源消耗的碳排放、可再生能源的利用情况、人口总数
	影响9	科学技术支出、创新人才强度、公众对环境的满意度、R&D项目投入强度、产品创新效率、环境空气质量优良率、污染直接经济损失、人均水资源量、城市建成区绿地率
	响应11	环境污染治理投资总额占GDP比重、工业污染治理投资总额、环境污染治理投资总额、环境保护支出、环境空气质量优良率、环境经济政策支持力度、政策完善度、再生资源循环利用率、资源环保财政转移支付比例、绿色投融资所占比例、清洁生产

（五）评价指标体系的确定及解释

1.指标选取步骤

笔者基于DPSIR框架模型，遵循问题驱动与因果关系的范式，对影响我国能源工业绿色转型的因素与途径进行比较深入与全面的调查分析，查阅相关的研究成果、文献资料和实践案例，结合目前能源工业绿色转型的现状、问题与发展趋势之间的关系，构建环境经济评估指标体系。

海选指标：定性与定量相结合。定性：德尔菲法、文献研究。定量：灰色关联分析、熵权和TOPSIS模型。

筛选指标：根据科学性原则、系统性原则、可操作性原则，剔除无法获取相关数据的指标，利用灰色关联分析法选取主要指标。

补充指标：利用定量分析方法计算出指标体系，咨询专家意见，定性弥补定量，选取具有典型性和代表性的指标。

修正指标：分析指标的合理性，进行修正。

2. 指标选取的方法

（1）熵权TOPSIS法

通过熵权TOPSIS法，可以有效地确定指标权重，而熵值赋权法则是一种更加客观、准确、科学的方法，它可以克服主观因素，更加全面准确地反映指标数据所隐含的信息和规律，并且可以显著提高指标数据间的对比度和分辨率，有效避免因指标数据差异过小而导致分析评价困难等问题。因此，熵值赋权法是一种有效的多目标决策分析问题的数学模型[156-157]，它可以有效地反映指标信息的效用值。

（2）灰色关联分析法

灰色关联分析是灰色系统理论的一个重要部分，被用于工业、农业和社会经济学等许多领域。它在非线性、离散和动态数据的定量分析和评估等领域具有独特的优势。它基于曲线形状的相似性确定一组曲线是否密切相关，曲线越接近，相应系列之间的相关性就越大，反之亦然[158]。计算过程如下：

设系统行为序列

$$X_0 = (X_0(1), X_0(2), \cdots, X_0(n)) \tag{4.5}$$

$$X_1 = (X_1(1), X_1(2), \cdots, X_1(n)) \tag{4.6}$$

$$\cdots\cdots$$

$$X_i = (X_i(1), X_i(2), \cdots, X_i(n)) \tag{4.7}$$

$$X_m = (X_m(1), X_m(2), \cdots, X_m(n)) \tag{4.8}$$

对于 $\varepsilon = (0, 1)$，令

$$\gamma(X_0(k), X_i(k)) = \frac{\min\limits_{i}\min\limits_{k}|X_0(k)-X_i(k)| + \varepsilon\max\limits_{i}\max\limits_{k}|X_0(k)-X_i(k)|}{|(X_0(k)-X_i(k)| + \varepsilon\max\limits_{i}\max\limits_{k}|X_0(k)-X_i(k)|} \tag{4.9}$$

$$\gamma(X_0, X_i) = \frac{1}{n}\sum_{k=1}^{n}\gamma X_0(k) - X_i(k) \tag{4.10}$$

式中，$\gamma(X_0, X_i)$ 符合灰色关联公理，ε 称为分辨系数。$\gamma(X_0, X_i)$ 为 X_0 与 X_i 的灰色关联度[159]。根据上文系统行为序列分别求各序列的均值像，X_0 和 X_i 的均值像对应分量差的绝对值序列，$\Delta_i(k)=X'_0(k) - X'_i(k)$，$\Delta_i=(\Delta_i(1), \Delta_i(2), \cdots, \Delta_i(k))$，$i=1,2,\cdots, m$ 的最大值和最小值，计算关联系数，最后即可求出关联系数的平均值。

根据备选指标库，剔除不可得数据的相关指标，获取备选指标60余项，按照灰色关联分析法对上述数据进行筛选，最终共提取了28个主要指标，与前文运用熵权TOPSIS法选取的指标大部分相同。两种方法分别从客观数据分析和专家主观选择层面对指标进行选取，最终得出的结果类似，因此，可以认为该指标初选具有一定的可靠性。

3. 工业绿色转型综合评价主要指标

根据指标库选取的相关指标，结合《中国统计年鉴》《中国环境统计年鉴》《全国环境统计公报》以及各省、市、自治区统计年鉴，国民经济和社会发展统计公报以及财政预决算报告等对指标数据的可获得性、连续性进行考察，剔除无法收集到连续年份的相关数据指标，并分别运用熵权TOPSIS法和灰色关联分析法对指标进行二次筛选。结合笔者前期调研各地区实际情况以及专家访谈咨询材料梳理，对个别指标进行调整，最终确定我国能源工业绿色转型综合评价指标体系。评价指标体系中共包含28个指标，见表4-4，所有指标均为来源于官方数据库或通过技术手段爬取的客观指标。

表4-4　我国能源工业绿色转型综合评价指标体系

目标层	准则层	指标层	指标方向	指标权重
能源工业绿色转型发展	驱动力	R&D效率	正	0.042
		高耗能产业比重	负	0.033
		清洁能源比	正	0.032
		排污费	正	0.045
		绿色税收政策强度	正	0.043
		城镇土地使用税	正	0.043
		城市维护建设税	正	0.042
		资源税	正	0.042
	压力	工业碳排放量强度	负	0.047
		人均碳排放量	负	0.046
		工业烟粉尘排放强度	负	0.025
		单位能耗	负	0.046
		工业氮氧化物排放强度	负	0.041
		工业废水排放强度	负	0.034

目标层	准则层	指标层	指标方向	指标权重
能源工业绿色转型发展	状态	工业增加值	正	0.036
		工业成本费用利润率	正	0.026
		工业劳动生产率	正	0.026
		工业增加值水耗	负	0.021
		工业增加值电耗	负	0.021
	影响	科学技术支出	正	0.047
		创新人才强度	正	0.022
		R&D项目投入强度	正	0.022
		产品创新效率	正	0.021
	响应	环境污染治理投资总额占GDP比重	正	0.044
		工业污染治理投资总额	正	0.045
		环境污染治理投资总额	正	0.045
		环境保护支出	正	0.043
		环境空气质量优良率	正	0.020

4. 能源工业绿色转型综合评价指标详细说明

基于本书提出的观察转化效果的视角，拟选择DPSIR模型，在驱动力、压力、状态、影响和响应5个方面中选择对应指标，构建评价指标体系，作为实施分类评价模型的参考[160]。本书选择了由1个目标层、5个准则层和28个指标层组成的指标体系。

（1）"驱动力"分析

DPSIR模型中的"驱动力"是指促进环境治理的最原始驱动因素，即环境变化和经济结构调整的潜在原因。它是对人类经济社会发展、人口增长等生产生活方式变化的描述，以推动生态保护和经济发展。

推动能源工业绿色转型的因素包括技术创新、结构优化、能源效率和环境政策4个主要维度。技术创新方面拟选择R&D效率作为衡量指标；结构优化方面拟选择高耗能产业比重作为衡量指标；能源效率方面拟选择清洁能源比作为衡量指标；环境政策方面拟选择排污费、绿色税收政策强度、城镇土地使用税、城市维护建设税、资源税5个指标来衡量约束型环境经济政策和引导型环境经济政策。

（2）"压力"分析

"压力"指标是指人们在生产生活活动中对自然资源的消耗和利用、污染物的排放、自然环境和人类日常生活改变环境所造成的威胁和压力；或者说这种"压力"来自社会经济发展过程中相关产业发展及各种经济活动以及与之对应的生活消费形式对生态环境所造成的外部性影响，当然，这种外部性通常情况下属于负外部性。因此，"压力"指标是主要涵盖生活消费、生产消费及其他消费形式来带动其他环境状态改变的相关变量。

在此，有必要厘清"压力"与"驱动力"的区别。从逻辑上看，驱动力与压力存在因果关系。其中，压力是指直接导致环境变化的压力因素，即人类活动对生态环境的影响；驱动力是指导致环境变化的人类行为，是环境变化的根本原因。

这方面反映了工业活动对资源和环境造成的压力程度。所选的6个指标是：工业碳排放量强度、人均碳排放量、工业烟粉尘排放强度、单位能耗、工业氮氧化物排放强度、工业废水排放强度。

（3）"状态"分析

"状态"指标是指在某一时间点和某一区域层面上，生态环境在压力下的实际状态。更确切地说，"状态"指的是工业发展的现状，它是"驱动力"和"压力"共同作用的结果。所选的5个指标是：工业增加值、工业成本利润率、工业劳动生产率、工业耗水增加值和工业耗电增加值。

（4）"影响"分析

"影响"指标是指与应对环境变化对社会经济和人类生活的影响有关的指标。更确切地说，它是指在"驱动力"和"压力"的影响下，工业发展现状中对创新的需求。所选的4个指标是：科学技术支出、创新人才强度、R&D项目投入强度、产品创新效率。

（5）"响应"分析

"响应"指标是指公民为预防、减少、缓解和适应环境变化而采取的措施，这些措施主要是由相关部门通过实施宏观调控的经济、政治、技术和法律管理制度，加大对绿色技术保护的投入，提高科研能力，加强执法力度来实施的。"响应"能减轻环境破坏的压力，促进生态环境建设，打破环境—经济二元对立的魔咒，实现生态持续改善和经济持续发展的双赢局面。

"响应"是指政府和企业通过市场手段和创新活动，为减轻工业活动对资源和环境的破坏所采取的行动。所选的5个指标是：环境污染治理投资总额占GDP比重、工业污染治理投资总额、环境污染治理投资总额、环境保护支出、环境空气质量优良率[161]。

5. 环境经济政策评价体系说明

根据指标权重的排名结果可知各类指标对于能源工业绿色转型的作用效果相对大小和重要程度，但是无法准确地表示各类指标对于能源工业绿色转型效果的作用曲线。因此，在对表4-3的指标进行筛选后，为准确衡量特定环境经济政策工具的作用效果，本书拟用排污费来衡量环境补偿政策，用绿色税收政策强度来衡量绿色税收政策。环境收入政策则用城镇土地使用税、城市维护建设税和资源税来表示，环境支出政策使用环境保护支出、环境污染治理投资总额和工业污染治理投资总额3个指标来表示，环境支持政策用科学技术支出说明。环境权益交易政策着重考虑工业碳排放量强度和人均碳排放量，环境资源价值核算政策用单位能耗来表示，环境金融政策则用环境污染治理投资总额占GDP比重来表示。具体指标体系如图4-5所示。

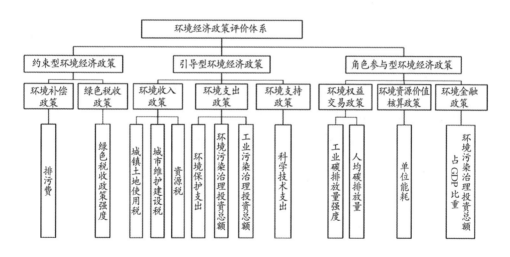

图 4-5　环境经济政策评价体系

第二节　环境经济政策体系改革研究

一、环境经济政策体系改革形式与需求

新时期，为了解决经济发展困境，促进经济高质量发展，我国大力推进经济社会体制改革，努力建设能更好发挥市场机制作用的现代经济体制。

为了贯彻落实党中央提出的"五个发展"思想，切实推动国民经济结构调整，提高经济发展质量，以资源环境刚性约束推动产业结构深度调整成为必然选择。当前，在习近平新时代中国特色社会主义思想的引领下，我们全面贯彻党的十九大精神，实践习近平生态文明思想，坚持稳中求进工作总基调，立足新的发展阶段，全面、准确、完整地落实新发展理念和新发展方案。从国家实际出发，加快构建清洁、低碳、安全、高效的能源体系，推动能源发展质量和经济社会发展全面绿色化，为按时实现"双碳"目标、建设现代化经济体系提供充分科学的保障。

经济发展与环境保护是关系到社会发展的两个重要因素，任何一方在公共政策上的偏差，都会引起社会问题。在促进区域经济持续发展的同时，各地的环境调控政策实施也不能脱离党中央的宏观决策，更不能脱离区域发展实际。党的十九大提出了我国社会主要矛盾的转变，即人民日益增长的美好生活需要和不平衡不充分的发展之间的矛盾，提出社会主义现代化建设是人与自然协调发展。因此，我们既要创造更多物质财富和精神财富，满足人民日益增长的美好生活需要，又要提供更多优质绿色产品，满足人民日益增长的优美生态环境需要。

美丽中国和生态文明建设对环境经济政策改革创新提出新需求。当前，我国的环境经济政策仍处在健全和完善的阶段，而且主要集中在资源和生态的"主战场"，在全面融入社会、经济、政治、文化等方面的政策上，还存在着一些不足，其效果还没有完全发挥出来。"十四五"期间，我们要以习近平生态文明思想为指导，充分发挥环境经济政策改革的核心作用，不断深化适应新时代生态文明建设要求的改革，为推动生态文明建设发挥重要作用，为建设美丽中国开好局起到积极的作用。

环境质量持续改善对环境经济政策改革创新提出新挑战。我国生态环境质量持续好转，呈现稳中向好趋势，但成效并不稳固。与此同时，我国经济社会发展的动力转换、绿色发展结构的转变，也给我国的发展带来了新的时代要求。"十四五"期间，生态环境质量将会迎来一个上坡时期，环境与环境质量的改善必须密切配合，必须更加科学化、精细化，能够支撑环境质量目标的管理，必须坚持以提高环境质量和促进高质量发展为核心，推进提升生态环境质量。

环境经济政策体系建设尚需要通过改革创新再上新台阶。当前，生态环境保护的主要措施是行政手段，而市场机制不完善，导致了生态补偿、绿色金融等不完善的生态经济政策。"十四五"期间，要继续推动建立行政引导、市场导向的环境经济长效政策体系，进一步整合现行环境经济政策，合理定位和协调各种政策工具的作用。环境经济政策链能够促进企业形成政策协同，加强政策的协调和技术支持，加大政策的利用力度。

在我国经济高质量发展的转轨时期，必须以新的动力推动我国的环境与经济体制的改革。京津冀协同发展、长三角一体化、长江经济带发展、粤港澳一体化，建立了四地协同发展的总体格局。"十四五"期间，必须利用环境经济政策改革为转型注入新动力，突出发展政策的生态化、绿色化，以同步治理的模式解决生态环境问题，特别是发挥环境市场经济手段的决定性作用。要在国家发展战略的指导下，对创新要素进行有效的聚集和整合，加强区域规模的环境经济政策创新，促进多个地区的协调发展，促进实现绿色发展。

二、能源工业绿色转型现阶段标准

（一）绿色转型总体目标

推动能源工业绿色转型，实现工业绿色高质量发展，最重要的是推动能源产业结构优化升级，制定以技术升级为导向的能源工业绿色升级的实施方案。深化能源体制机制改革，强化科技创新，大幅提升能源利用效率，严格控制化石能源消费。此外，要加快发展战略性新兴产业，建设绿色制造体系，致力于推进现代信息技术与绿色低碳产业深度融合，构建绿色供应链，同时推动能源工业绿色转型与城乡建设协同发展。最后，基于能源工业绿色转型区域异质性这一特征，需要优化不同区域能源工业转型的资源配置，市场与政府作为资源配置的主要参与者，对于区域绿色转型发展与布局走向的作用不言而喻。

简言之，优化不同区域的资源配置是推进能源工业转型的重要路径。一方面，要配合市场化机制的作用原理，加快完善绿色能源市场建设。另一方面，要通过构建能源工业绿色转型的政策体系，整体谋划，科学有序统筹跨区域生态、工业等功能空间的使用，推动国家重大区域发展战略与能源工业绿色转型协同发展。同时，要健全财政、物价等相关政策，加强技术引进和技术研发，增强产业绿色转型的引导功能。

（二）绿色转型分解目标

1. 生态保护与修复

在过去20多年里，我国持续深入推进生态保护修复工作，加强制度顶层设计，推进生态保护修复体制改革，加大生态保护修复投入，生态保护修复监管能力稳步提升，为保障经济社会可持续发展奠定了坚实的生态安全基础。生态系统是人类社会发展的基础和基本支撑。它具有多种属性，为自然资源和生态系统服务。加强生态环境保护和修复，是实现美丽中国的重要任务，是加快推进生态文明建设的重要举措。

20世纪80年代以来，我国先后经历了几次重大自然灾害，特别是1998年长江特大洪涝灾害和2000年大范围的沙尘暴，使我国的生态保护和修复工作受到了极大的关注。《全国生态环境建设规划》《全国生态环境保护纲要》的相继出台，加速了我国的生态保护与修复工作。

同时，生态保护与修复的职责、内容和组织形式发生了很大变化，特别是经过多轮机构调整，责任分工逐步理顺，政策体系逐步完善，生态保护修复由局部、单一要素保护修复向区域山川林田湖草综合保护修复推进。生态保护和修复支撑国家和区域生态安全的地位更加突出。

党的十九届五中全会通过的《中共中央关于制定国民经济和社会发展第十四个五年规划和二〇三五年远景目标的建议》（下称《建议》），提出了到2035年全面实现社会主义现代化的长期目标和"十四五"期间的主要任务。为今后一个时期的生态文明和生态环境保护工作指明了方向。《建议》提出，坚持绿水青山就是金山银山理念，坚持尊重自然、顺应自然、保护自然，坚持节约优先、保护优先、自然恢复为主，守住自然生态安全边界。深入实施可持续发展战略，完善生态文明领域统筹协调机制，构建生态文明体系，促进经济社会发展全面绿色转型，建设人与自然和谐共生的现代化。

2. 污染防治

我国必须加强重点污染物清洁生产技术改造，推广绿色基础制造技术，减少污染排放，推进实施大气、水、土壤污染治理。

首先，要减少使用毒性和危险的材料。修订国家有毒有害原料替代标准，引导生产企业采用无毒、无毒、低毒、低毒原料，达到减少或消除污染、促进有毒有害物质替代的目的。限制电器、电子、汽车等关键行业的有毒有害物质的使用。继续减少高危污染物排放，加强汞、铅、剧毒农药等替代措施，逐步扩大实施范围，降低对环境的影响。

其次，要积极推动技术革新，实现清洁生产。针对氨氮、烟气等主要污染物，积极引导重点行业企业进行清洁生产技术改造，逐步建立基于技术进步的清洁生产高效实施模式。组织京津冀、长三角、珠三角、东北等重点区域的钢铁、建材等重点工业降低烟（粉）尘的排放。组织开展长江和黄河七大流域重点行业的清洁生产改造项目，减少工业企业的污水排放量和化学需氧量、氨氮等污染物的排放量，促进工业领域污染源头防治。

此外，要加大节约用水和减少污染的力度。重点在钢铁、化工、造纸、印染、饮料等高耗水行业，实行节水龙头行动，推动节水技术改造，推广工业节水工艺、技术和装备。加强高耗能企业生产工艺用水管理，严格按照取水定额相关要求，围绕高耗能行业和缺水地区开展工业节水专项行动，提高工业用水效率。同时，大力发展水资源的再利用和工业污水的回用，实现水资源的梯级优化和污水的集中处理。大力发展非传统水、再生水、海水等非传统水源，并为非常规水的产业化示范项目提供资金支持。

我国的环境法治建设，是指各种环境法规和资源法规相互联系、相互补充、内部协调一致的统一整体。按照不同层次，环境法体系可分为环境保护标准法、环境基本法、单行法、行政法规和部门规章、环境资源法律法规。我国参加的其他部门法律中的环境和资源法律规范以及我国参加的国际法规范也经常包括在内。该体系有利于理解不同环境法规范式的效用层次关系，而无法正确地反映其调节目标和内部的协调关系。

3. 低碳减排

2003年，英国能源白皮书《我们的能源未来：创造低碳经济》首次正式提出了"低碳经济"的概念，并在巴厘岛的发展路径图中进一步确认。2007年，胡锦涛主席在亚太经合组织会议上提出了大力发展低碳经济。2008年，世界环境日以"改变传统理念，推广低碳经济"作为主题，2009年"低碳经济"的概念因九三学社在两会上提交的《关于发展低碳经济的建议》而得到了进一步发展。在之后的十年中，低碳经济渐渐成为世界关注的焦点，低碳发展也逐渐成为全球大势。

而今天，"双碳"目标确立后，低碳减排已成为全社会的共识。"十四五"把"推动绿色发展，促进人与自然和谐共处"作为国家发展战略的重要内容。在国家发展战略指导下，我国正在逐步形成以转方式和调结构为内生动力的绿色、低碳经济发展方式。

工业要达到2030年的总体达峰目标，就必须在加强工业节能的基础上，采取多种措施，推动部分行业和园区率先达到峰值。

其一，推进重点行业低碳转型。根据各行业的特征，制定节能减排技术的主要实施方案，推动新技术、新工艺、新设备、新材料的推广和应用。研究制定钢铁、建材、有色、化工等重点工业的碳减排指标和措施，提高重点工业的碳产能。在重点领域，选取具有较大减排潜力、高成熟度、先进适用的节能环保技术，引导行业降低碳排放强度。

其二，控制工业过程温室气体排放。减少二氧化碳、一氧化二氮、氢氟碳化合物、全氟碳化合物、六氟化硫等主要污染物在工业过程中的排放，并对在生产水泥、钢铁、石灰、电石、己二酸、硝酸、化肥、制冷剂等工业过程中产生的温室气体排放加以控制。发展水泥的原材料，以非碳酸盐为原料，如工业固体废弃物，生产水泥，降低生产中的二氧化碳排放量。同时，大力发展高碳产品替代，鼓励新型低碳水泥替代传统水泥、新型钢铁材料、可再生材料等，降低高碳排放的产品的消耗量。

4.清洁生产

能源是人们赖以生存发展的必要物质条件，是经济发展的重要引擎，而能源消耗使得碳排放成为经济发展过程中不可避免的"副产品"。在资源环境约束日益趋紧的新常态下，突破资源环境瓶颈制约，积极发展清洁能源，实现传统能源消费模式转型，促进能源消费结构优化，已成为我国乃至全球经济高质量发展的方向。

党的十九大报告明确提出，我国经济已经从高速增长阶段转向高质量发展阶段。我们正在转变发展方式，优化结构，转变发展动力。其中，产业结构成为经济增长的重要推动力，还承担着"资源转换器"和"环境控制器"的作用。从我国产业结构"退二进三"的升级过程看，改革以重工业为主导的产业结构体系，促进技术密集、人才密集型产业发展，进而综合审视近年来我国能源消费结构和产业结构优化的变动过程，在推动经济高质量发展的进程中，二者已逐步形成协同共进的演化趋势。推动环保经济发展的不断深入，对中国的绿色、低碳经济发展的品质产生了重要的影响。

我国是世界上最大的能源生产国，同时也是世界上最大的能源消耗国。"双碳"目标的制定，对我国的能源工业发展具有重要的指导意义。能源产业在实现绿色转型的进程中起着举足轻重的作用，肩负着国家能源供给与消费的低碳转换的重任。

一方面，在我国的一次能源中，煤炭消费占比超一半以上，清洁能源消费占比较少。要达到"双碳"的目标，必须大幅降低化石能源比重，大幅提高非化石能源比重。要大力推进传统油气业务低碳转型升级，积极构建氢能、风能、太阳能、地热等多种绿色能源供应体系，不断增强绿色能源供给能力。

另一方面，以保障能源和电力安全为目标，电力系统具有清洁低碳、安全可控、灵活高效、智能友好、开放互动等特点。2021年3月，国家电网发布了碳达峰、碳中和行动计划，提出加强输电渠道建设，提升已建输电通道利用效率，推动建立跨省区输电长效机制，提高输送清洁能源比重，为建设安全高效的新型电力系统做好准备。

5. 提升能效

以节能为先，以节能为导向，提高行业能源利用率，促进企业降低成本，加快绿色集约化生产方式，增强制造业核心竞争力。依法调控和治理经济是社会主义市场经济的本质要求，因此需要把握和尊重经济规律。而市场经济必然是法治经济，法治经济要求依据并有效地实施法律，通过规范和约束政府行为，保障市场经济的自由交换，弥补市场失灵，以规定社会主义市场经济的方向、目标、政策与利益关系。能源发展作为经济发展的重要分支，需要遵守经济发展的普遍规律，即依法治理。

首先，以供给侧结构性改革为导向，推进结构节能。以优化产业结构和能源消费结构为重点，强化节能评估与评价，进一步提高能耗、环保等准入门槛，对高耗能产业进行严格的限制。积极运用环保标准、能源标准、技术标准、工艺标准、质量标准和安全标准，依法淘汰和化解过剩产能。大力发展低能耗、低污染的先进制造业和战略性新兴工业，推动从生产到服务的转型。

其次，以先进适用技术装备应用为手段，强化技术节能。大力推进传统行业节能技术改造，推进重点行业和重点企业节能专项行动，大力推广先进技术，持续推进通用设备能效提升工程。以能源密集型产业为重点，加速技术创新，推进系统节能改造，推动节能技术整合优化应用，推动工业节能由局部、单一节能向全流程、系统节能转变。

最后，以能源管理体系建设为核心，提升管理节能。落实强制性能源标准，推进重点企业能源管理制度建设，将能源管理制度贯穿企业生产全过程，定期开展能源计量评审、能源审计、能效诊断和对标，挖掘节能潜力，构建能效提升长效机制。以中小型企业为中心，构建一个公共服务平台，提高中小企业的能源管理意识和能力。加强省、市、县三级节能监测系统的建设，加强硬件设施建设，开展业务培训，发挥监督作用。

6. 科技进步

在这场前所未有的巨变中，能源产业也迎来了巨大的变革机会。习近平总书记深刻地把握了时代潮流，提出了"四场革命、一个合作"的新战略。在这一战略中，能源技术革命是促进我国能源高质量发展的战略选择。《能源技术革命创新行动计划（2016—2030年）》是国家能源局发布的指导性项目文件。

要实现工业绿色转型，必须顺应科技革命、产业变革的趋势，加快推进绿色技术创新，加强重点共性技术的研究，改善绿色科技成果有效供给，充分发挥科技创新对产业绿色发展的引领作用。

第一，加快传统产业绿色改造关键技术研发。围绕绿色转型重点产业，围绕新一代清洁可重复使用技术设备，与国家科技重大工程、重大科技专项等相结合，突破一批工业绿色转型核心关键技术，研制一批重大装备，支持传统产业技术改造升级。

第二，支持绿色制造产业核心技术研发。针对节能环保、新能源装备、新能源汽车等环保产业的技术要求，加强关键技术研究，建立技术体系，推动绿色制造发展。节能与环境保护工业的发展主要包括：煤炭清洁利用、高耗能工业节能新技术、易燃气体在线分析仪、高浓度氨氮废水处理、化工废盐焚烧处理等环保技术及装备。新能源装备的发展主要包括核心部件制造、并网、电网调度与运行管理等。

第三，鼓励研发支持产业绿色发展的通用技术。坚持产品生命周期理念，在绿色设计、绿色材料、技术装备、废旧产品回收再制造等领域加强共性技术研发。重点解决绿色产品的轻量化、模块化、集成化、智能化等绿色设计的共性技术。

三、能源工业绿色转型的环境经济政策体系构建难点

党的十九大为我国的发展规划提供了一张"顶层设计蓝图"。党的十九大报告将能源问题分为"生态文明"和美丽中国。在"绿色发展"指导下，提出转变能源生产和消费方式，构建清洁、低碳、安全、高效的能源体系和环境经济体系。一是反映了能源系统的核心内容是"绿色发展"，这是新时期发展思想的必然要求；二是反映了新一轮的环保、经济、安全、高效等多个层面，而非单一的目标；三是反映了在建设生态经济的政策体系中要从生产、消费两个方面进行全方位的努力；四是反映了生态经济政策体系的建构并非简单的自然而然，而是一种"革命"。

能源产业的绿色转型，其环境与经济制度的基本要求是：其一，生态文明的基本需求。中国全面建成小康社会后，在发展电力方面，要坚持"在发展中保护、在保护中发展"的理念，为从根本上改善我国生态环境质量作出贡献。其二，推动人类命运共同体的建设。低碳发展与人类的命运紧密相连，全球应对气候变化（各国之间的职责相同，但也存在差异）。能源产业的绿色转型是中国政府应对气候变化的主要内容和主导策略。而目前促进能源工业绿色转型的环境经济政策体系构建难点主要集中在如下5个方面。

第一，煤炭发电的环境保护和低碳发展的政策系统仍然是由指令控制的。电力是我国能源产业实现绿色转型的关键。由于我国的环保政策以及电力企业的国有性质，煤炭企业的环保管理主要是由国家的宏观调控和政府的命令来进行。环境经济的政策措施越来越受到关注，但是它仍然是政府的一种辅助手段。

第二，政府和企业的利益关系还缺乏有效的响应。在电力系统安全、社会责任、重大事件供电保电、强制结构调整等诸多指标的作用下，电力系统的发展与运营目标往往会受到非市场因素的影响。

第三，行政管理、决策能力滞后于市场信号。长期以来，我国的行政管理、行业管理、企业管理都缺乏对市场机制、经济政策的适应能力。集中管理和决策审批机制的特点，使得决策行为滞后于市场信号，机制设计不利于市场化运行。这些也是制定和执行环境经济政策的困难。

第四，环境管理政策措施没有落实。如煤电联动机制一直未能有效落实，且2015年来电力产品价格明显上升且维持高位状态时，燃煤发电项目发电量对应的成本增加不能得到弥补。再以环境保护电费问题为例，在具体实践中，一是在市场竞争的前提下，环境保护电费在国家核算电价过程中仍存在问题；二是有些地方的电费对于很多煤电机组而言都无法抵扣成本或费用，如热电厂供暖方面的环保成本并不列入国家补贴电价范畴内，除个别省外，该问题仍未能有效化解。

第五，我国的环保和经济政策还处在不断地调整与改进之中。在我国实际运用的各种环保政策中，有些是行政法规或类似的政策（如排污收费），有些是政府的政策（如财政补贴、电价政策），有些是一般的政策。但在体制改革过程中，各部门之间往往缺少必要的交流，导致政策体系的系统性、完整性和有效性都有很大的缺陷，多重政策存在交叉和冲突等问题。

四、先进的环境经济政策体系构建经验

（一）强化法治建设，健全转轨体制保障

制度的最高层次设计是一个国家能源结构变革的重要抓手，而其实施的重点在于法治建设，而完善的体制则是关系到绿色能源发展的根本。纵观德国、日本等发达国家，都在不断完善相关的法律制度，加速能源的绿色转变。我国已出台多项有关能源转型的法规，但缺乏引导能源转型的基本法规。此外，我国的能源转型政策涉及多个部门，不同部门的法规不统一，使得政策执行起来更加困难。为此，必须进一步完善《中华人民共和国能源法》的制度设计，加快落实，并在相关部门间加强协调和交流，防止各自为政。

（二）改革政策实施模式，推动高效率的能源转换

立法是政策改革实施工作的基础，但要使政策体系有效地运作，必须要有相应的实施机制。因此，有关部门不仅要完善法律，还要制定相应的实施措施，以使政策的实施更加有效。在我国的能源转型政策实施中，现行的激励机制一直没有得到足够的重视。德国则采取经济措施，加强对清洁能源和节能减

排的吸引力，并利用环保税收等措施来减少传统能源的经济性，从而达到绿色转型的目的。企业的品牌效应是一种无形的财富，对于那些对政府政策的反应积极的企业，我们应该给予一定的奖励。企业的品牌效应，配合国家政策的执行，可以促进社会对能源转型的认识，从而推动一个健康、合理的市场环境和市场规则的形成。

（三）重视市场治理体制转变，优化资源转型配置

在可再生能源发展的早期阶段，通常采用政府补助来增加其使用频率。但此方法不宜长久，一是会加重政府的经济负担，二是容易造成可再生能源的盲目扩张。当前我国可再生能源发电补贴存在资金支付延迟、补贴缺口扩大等问题，弃风、弃光等问题也一直保持在较高水平。

目前，我国政府正努力从补贴驱动阶段向市场调控阶段转变，并在市场机制改革、绿色电力证书交易等方面进行了一些尝试，但总体上，政府依然处于主导地位，市场对能源转型的调控作用发挥得不够。为此，我们应该在借鉴国外先进经验的基础上，在加快补贴退坡的同时，积极引入市场化的机制，并参照日本的模式，进一步完善我国的碳交易市场，以市场化的方式来减少一次能源的比例，并使市场机制在能源转型的进程中起到最大的作用，调整供需矛盾，优化能源资源配置。

（四）加大政策组合效应，因地制宜稳扎稳打

从各国能源转型的经验来看，经济政策绝不是单一的，将财政、税收、金融等经济手段结合起来，以"组合拳"推进能源转型，这是非常普遍的。不同的经济政策具有不同的侧重点，税收政策可以根据环境效益的正负来调节各种能源的使用费用，财政政策更倾向于政府的资金支持，市场机制更注重资源的优化配置，而环境会计则能算好能源转型的"经济账"和"环境账"。

从整体上看，当前我国的能源转型政策倾向于财政扶持，需要借鉴国外的经验，以完善其税制，同时环境会计体系也需要不断完善。此外，也有一些研究显示，能源转换效率与经济发展、人口增长等区域环境密切相关。我国幅员辽阔，各地区的能源发展情况和发展速度都有很大差别。

因此，在具体的经济政策执行中，要因地制宜地进行结构调整，坚持党的全面领导，以适应地区发展规律，降低人民生活负担为优先，充分发挥政策合力，促进能源转型进程。

图4-6为环境经济政策体系改革研究框架图。

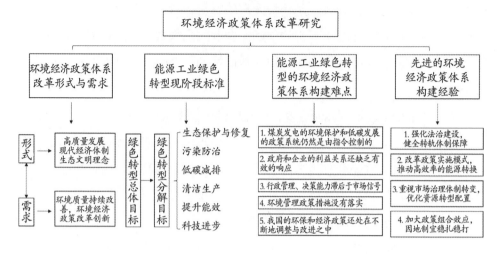

图 4-6　环境经济政策体系改革研究框架图

第三节　促进能源工业绿色转型的环境经济政策体系构建

一、环境经济政策改革思路与框架

"十四五"期间，我国环境经济政策的改革与创新应从3个方面着手。

一是环境经济政策改革要着力抓好4个"突出"——突出环境质量持续改善激励，突出经济过程全链条调控，突出政策手段优化协调，突出政策执行能力保障。要促进"两山"通道畅通，建立多元多层次绿色市场，充分发挥市场经济体制对生态环境资源优化配置的基础性作用。

二是环境经济政策改革要坚持处理好"存量""增量"与"变量"。要合理利用"存量"，注重对现行的环境经济政策的优化；要不断推进"增量"的改革，在区域流域、结构调整、空间控制等新问题和新领域推进环境与经济政策的创新；要进一步加强"变量"的调控，不断深化政策的调整，以适应新的形势和新的环境保护工作的不确定因素。

三是把握好环境经济政策改革目标定位。要建立以"产权明晰、市场健全、财税优惠、收费合理、报酬公平、资本绿色"为目标的环境经济政策体系，充分发挥环境经济政策在转方式、调结构、稳增长中的作用。形成协调生态环境保护与经济转型发展的长效动力机制，促进生态环境保护政策与经济社会发展体制和政策的融合共生，形成合力，推动环境治理能力和治理体系现代化。

"十四五"环境经济政策改革框架如图4-7所示，包括生态环境财政制度、绿色税费价格机制、生态补偿机制、环境生态权益交易机制、绿色金融体系等重点政策领域。

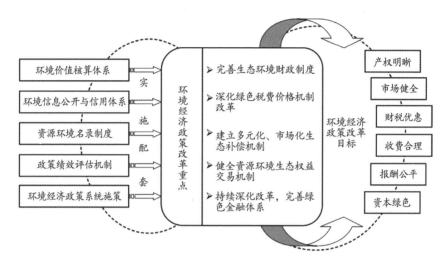

图 4-7　"十四五"环境经济政策改革框架

（一）完善生态环境财政制度

"十四五"期间，生态环境财政体制改革主要是以生态文明和生态环境保护为基础，建立健全生态环境财政预算支出制度，提高财政资金用于改善环境质量的绩效，通过奖补等资金使用方式更有效地发挥财政资源的激励导向作用。一是健全生态环境财政预算支出制度。对能源和环境保护的财务核算进行了改革，将其从"节能环保"科目中调整到了"生态环境"。坚持以中央、地方为主体的生态环境治理体系改革，建立健全的中央与地方生态环境保护关系。二是建立生态环境质量改善绩效导向的财政资金分配机制。坚持生态环境改善目标导向、奖惩双向激励、资金配置绩效导向，以中央财政转移支付为基础，完善生态环境质量改善激励机制。对水、大气、土壤、生态功能区生态环境质量明显改善，生态系统修复保护成效显著的地区，加大财政转移支付激励力度。三是继续强化财政奖补资金引导激励。财政投入方式应符合市场规律，并与货币、补偿、信贷、保险、信用评价、名录等政策形成合力，提高生态环境技术创新应用。实施超低排放环保电价补贴政策。综合考虑到燃煤电厂降低污染物排放的费用，鼓励技术创新，调整现行环境保护价格，研究完善火力发电的环境保护政策，推进脱硫、除尘、超低排放等绿色电价，研究将脱汞纳入环保电价。继续推动非电力工业的超低排放，并给予一定的奖励。继续实行农村家庭清洁供暖补贴，扶持资金不足的北方地区开展清洁生产，加大对北方地区农村家庭清洁取暖的扶持力度，减少居民散煤和小型燃煤锅炉、窑炉消费量。研究生态系统主要生态功能区统一定价，并采取相应的补贴措施，以减少区域间的差别。

（二）深化绿色税费价格机制改革

"十四五"期间，绿色税费定价机制的改革思路是：持续完善环保税制，通过税收范围、征收方式、税收激励等方面的改革，进一步发挥税收政策对环境保护的指导作用；完善资源、环境收费和价格形成机制，使市场在开发、保护和发展过程中发挥更大的作用。

一是要进一步深化环境税改革，调整环境税的征收范围，将挥发性有机物等污染物列入环境保护税的征收范围，将二氧化碳列入环境保护税的征收范围，完善固体废物和污水处理厂的环境保护税收政策；强化环保税与保险、信贷等经济政策的协调，充分发挥环保税在促进环境质量和防范环境风险方面的作用。二是在资源税改革中引入生态环境的外部费用，扩大资源税的征收范围，向石油、天然气、煤炭、金属矿产、其他非金属矿产、盐类等领域拓展，推动建立反映生态资源稀缺的税收制度。三是扩大水资源税试点区域，将地表水和地下水纳入征税范围，实行定量征税，对将地下水用于高耗水行业、超计划用水和地下水过度开采适当提高税率。四是完善汽车相关税费政策，将汽车油耗、排放标准作为汽车购置税、车船税、消费税改革的基础，通过增加使用环节的费用，根据燃油质量，对汽油、柴油产品设置低质高税、高质低税的差别税率，将征收环节逐步向消费端转移。五是要加大对节能、环保行业尤其是环境污染的第三方治理企业的税收优惠，积极探索增值税等相关税种的优惠政策，以绿色税制改革为主要支持，推动生态环境服务业"提质上档"。

完善环境基础设施公共服务供给收费政策。推动建立全成本覆盖的污水处理收费政策。根据东、中、西部地区经济发展、经济条件和财力状况，实行差异化的动态调节机制，减少财政环境开支的负担；京津冀、长三角、珠三角地区，根据环境保护等因素，进一步提高污水处理费。通过对全国"无废城市"试点工作的总结，探索建立有利于促进废物分类，"减量化、资源化和无害化"的税收优惠政策，探索建立覆盖费用、实现合理收益的固体废弃物处置收费机制。

进一步健全环境资源定价机制。要加快价格体系和产业结构的调整和升级，要构建以市场需求为基础的要素定价机制。在工业领域，继续实施差别化电价、水价等激励和限制政策，促进经济结构转变。按行业分类修改和严格执行强制性能源消耗限额，对超出能源消耗限额、环境污染超标的企业实行惩罚性电价、水价等限制措施；构建差别化的电价激励机制，建立排放绩效导向、阶梯激励和差别补贴的超低排放补贴。在农业和农村方面，一要完善农药、化肥和地膜补贴的政策。对现有的农药、化肥、地膜补贴政策进行调整，把补助资金投向绿色、环境友好的生产资料，探索低毒性、低残留农药、有机肥、可回收地膜等补贴政策，可以参考上海等地方的做法，对农民实行直接补助。二要探索农业补贴的多元化和差别化的激励机制。为确保绿色生态农业的投资效益，应探索建立财政补助基金的绩效评估机制。建立健全土地利用补偿和奖励机制，实行耕地轮作休耕。加强对耕地、草原、渔业水域等重要农业生态系统的保护。推行电价优惠政策，推动绿色农业、农村生活污水处理设施建设。研究制定有机肥厂、大型沼气项目、畜禽粪便处理第三方用电补贴，落实畜禽规模养殖场内养殖相关活动农业用电政策。推行农村污水处理的优惠电价，促进农村生活污水处理设施用电实行居民用电或农业用电。在交通行业，开发和落实沿海电力的奖励政策。大力推行岸电技术在近岸船舶中的应用；推进沿海地区电力市场的利用，鼓励沿海地区实行大工业电价、免收容量（需量）电价；根据电力市场价格与电价之间的倒挂关系，设计与实施电力市场电价补贴政策；充分利用现有融资渠道，建立与岸电设备使用效率挂钩的资金激励机制，通过"奖励补偿"，推动其在我国的应用和发展。

（三）建立多元化、市场化生态补偿机制

"十四五"期间，我国将继续深化生态补偿制度，并将其与自然保护地、生态环境相结合。落实重要生态功能区，以及"三线一单"等生态空间管控要求，完善重要生态功能区域的财政转移支付补偿机制；继续推进流域、海洋等分领域生态补偿，推动实施横向生态补偿机制，探索创新补偿政策手段与方式，不断完善多元化、市场化补偿机制，提高补偿资金的适用绩效，构建以"谁开发、谁保护、谁受益、谁补偿"为主体的利益调整模式，并构建体现生态价值和代际补偿的生态补偿机制。

一是完善重要生态空间补偿机制。建立基于重点生态功能区域生态系统服务贡献的动态调节机制。加快实施《国家重点生态功能区转移支付计量办法》，加强对重点生态功能区转移支付的监督评估，加大对区域转移支付的监督和评估。从区域发展定位、改善生态环境等方面来看，把生态补偿作为"三线一单"实施的一项重要的制度和机制，并以生态补偿机制的利益调节作用来维护该地区的发展权。

二是继续推进跨省界流域上下游生态补偿机制建设。推动建立长江经济带生态补偿机制，鼓励有关省（区、市）建立区域内上下游之间、不同主体功能区之间的生态补偿机制；建立长江经济带生态补偿基金；形成政府主导、企业和社会各界参与、市场化运作、可持续发展的生态补偿投融资体制；积极探索多种补偿手段，如水权交易、排污权交易，推动建立"资金、技术、人才、产业、交流"五位一体的补偿机制。

三是积极推进市场化、多元化生态补偿。加快建立"绿色发展基金"，加强对"生态补偿"的扶持力度，充分利用金融投资的"导向性"和"杠杆"作用。深入推进生态综合补偿，引导各地探索建立保护区以及重点区域的生态补偿资金，统筹协调、统筹利用。通过PPP、特许经营、政府购买服务等多种市场化的补偿手段，引入市场机制和社会资本。要积极协调相关单位，推动绿色标识、绿色采购、绿色金融、绿色利益共享等方面的工作，并引导社会投资者向保护对象提供补偿。积极推动政策创新，扩大政策补偿、场外发展空间补偿、智力支持等补偿形式。推进生态产权的交易，如排污权、能源权、碳排放权等。

四是积极推动海洋生态补偿。研究建立海洋生态环境损害赔偿责任制度，积极鼓励地方开展多元化海洋生态补偿试点探索，引导沿海地区探索生态补偿模式，通过税收优惠、绿色信贷等方式推进海洋生态补偿工作。

五是完善生态补偿技术方法体系。要研究生态补偿的指标体系，按照生态空间的定位来划分补偿级别，科学确定生态补偿的实施原则、指标体系和测算方法，并将其纳入各个方面。

六是指导推进地方开展多样化生态补偿探索。研究制定《生态补偿技术指引》，引导和推动各地不断深化广泛、多元化的生态补偿探索。鼓励地方整合森林、湿地、水流、草原生态补偿，设立生态补偿基金，实施区域生态补偿；鼓励各地因地制宜进行流域生态补偿，生态环境质量补偿，并积极推动地方制定相应的法规。

（四）健全资源环境生态权益交易机制

"十四五"期间，继续健全资源环境生态权益交易机制，充分发挥市场在资源环境生态优化中的功能和作用。同时，要建立资源、环境、生态利益交易中的产权制度，为资源、环境、生态利益的交易提供依据和保证。

一是要持续推进排污许可交易。创新排污权交易方式，建立跨区域、跨污染物、点源和非点源交易制度，激发二级市场的活力。

二是在全国范围内推开碳交易市场。通过碳排放总量和强度的双重控制，推动全国碳市场建设和运行，促进碳排放峰值。在我国率先开展碳排放权交易后，逐步将参与的领域扩展到钢铁、水泥、化工等重要领域；进一步扩大交易主体，扩大交易种类，逐步建立健全环保资产交易MRV（监测、报告、核查）监管机制，健全全国的碳交易平台与交易市场。

三是推进资源权益交易。推进水资源使用权市场化交易，完善水资源合理分配和有偿使用制度，加快水资源流转、转让、租赁。进一步加快推进节能量、用能权、用水权和绿色电力证书等交易制度探索，不断扩大试点的区域、行业或交易主体。同时以此为基础，制定产能置换指标交易的实施方案，推广地方政府引导、企业自愿、市场运作的方式，促进淘汰落后与发展先进的良性互动；建设全国产能置换指标供需信息平台，为产能置换提供信息服务。

四是加强协调，建立和完善能源、水权、排污权和碳排放权的初步分配机制。要充分发挥市场对资源的决定性作用，并建立起节约资源、保护环境的长效机制。

五是坚持推进自然资源物权体制的改革。健全自然资源、生态环境产权制度，做到权属明确、责任明确、流转顺畅、保护严格、监管有效。制度创新是指在环境产权界定、资源配置、交易、保护等方面进行协调创新。通过建立环境产权定义体系、健全产权界定规则，明确产权与权利主体权利，促进生态效益的可持续发展。

（五）持续深化改革完善绿色金融体系

"十四五"期间，我国绿色金融政策的改革已经步入新的发展阶段。随着"两山"建设的不断深化，必须加大对绿色金融的投资力度，加大对生态产品的投资力度，为生态产品的市场化和价值化提供政策支持和激励，为企业实施绿色发展转型与落实环境责任提供行为激励，形成完善的绿色资本市场。

一是推动建立绿色发展基金或环境基金。针对以地区为基础的绿色发展基金、以地方为重点的环境基金，突出统筹、优化使用和引进资本市场。在长江等重要流域、粤港澳大湾区等重要地区，积极引导和支持建立绿色发展基金，促进区域协调发展和保护。进一步推动设立省级污染防治基金，按照"谁污染、谁买单"原则，明确责任主体，调动政府、企业、金融机构、社会资本等各方积极性，形成多元化的资本投入模式。通过设立多式联运产业基金，拓宽投融资渠道，促进我国交通运输结构优化，促进多式联运发展。

二是健全绿色资本市场。实施绿色金融激励政策，强化财政税收政策与绿色金融的协同，建立绿色投融资财政支持机制，对绿色金融活动给予税收优惠，出台支持绿色债券的财政激励政策，补贴绿色债券的发行。通过强化环境责任的立法，把环境责任纳入法律体系，以消除环境伦理约束的不确定以及在履行环境责任过程中的"搭便车"现象。研究制定《环境污染责任保险》的投保指导方针，使其明确责任和义务，帮助承保单位在购买时正确地选择保险条款。为指导承保单位对环境污染责任保险进行风险评价，研究制定环境污染强制责任保险的管理办法，推动各地因地制宜地探索环境保护的范围、配套机制、费率等，以提高环境风险监管和损害赔偿的效果。研究环境保护税税收优惠支持企业实施环境污染责任险的方式，强化企业调控市场经济政策的联动。

三是完善绿色金融实施的信息机制，打通企业环境信用信息在银行等金融部门间的数据壁垒，在排污许可证信息系统平台基础上，实现银行等金融部门的实时信息共享，支持金融机构建立绿色金融数据中心。

二、促进能源工业绿色转型的环境经济政策体系构建

（一）加强环境与经济政策制度的顶层设计

尽管我国在推动气候变化方面一直坚持依法治国，但是，关于低碳发展的法律制度还不完善，缺少制度的顶层设计。加强顶层设计，一是要加快制定有关气候变化、低碳发展的专项法律，完善各项制度；二是要协调能源发展、污染治理、产业协调等法律关系，降低冲突；三是要与政府机构改革相结合，加强政府对气候变化的统筹协调，理顺各部门职能，加强部门间的协作；四是要在规划、标准等方面统筹协调各项低碳发展指标和节能指标。

（二）基于地域异质性构建协作监管机制

1. 协同执法机制

各级政府在环境经济方面的协调，应在法律的框架下进行，在构建和实施协调机制时，要明确各自的责任，从而在一定程度上降低行政机关的权力越位和缺位，防止因责任不清而导致的政策效果偏离。如果仅仅行使职权而忽视问责，则会导致权力的滥用，而仅仅负责却不执行，则会对地方政府的威信产生一定的冲击。相应地，我国能源行业的绿色转型协调执法机制不能突破体制约束，也不能回避其规定的权利和义务。总之，当环境经济政策实施过程中发生问题时，相关部门或个人应当对此负责，也就是说，当地政府在实施环境经济政策过程中要做到权利与义务相适应，从而使其在法律框架下得到恰当运用。通过对地方政府职责的界定，实现权力与职责的统一，确保环境经济政策的顺利实施。

2. 监管体制建设

环境经济政策的实施是一个复杂的体系。作为环境经济政策的实施主体，各级地方政府在实施环境经济政策时，其权力与执法行为缺乏有效的监管，而权力的滥用与角色的不合理又会导致地方政府在实施环境经济政策时与中央政府的要求和目标背道而驰。针对以上问题，要建立健全监管体制，必须坚持问题导向，充分利用协调机制，使监管和协调机制协调起来。

一方面，要保护好消费者的信息权利。政府应当及时披露有关情况，并要求企业向公众提供实施效果方面的指标信息，以便为公众提供一个有利的外部环境，以监测环境经济政策的实施。另一方面，要改进环保监管的政策手

段。从政府的视角来看，监督的方法应该是"刚柔"并济、"严宽"并重，要兼顾"协调"与"监督"的关系，必须建立"政府内部监督""新闻媒体监督""公众监督"的"三大监督"机制。

（三）制定系统完善的环境经济政策

1. 构建环境经济政策体系的基本思路

能源行业的绿色转型实质上就是要推动能源行业的经济与环境协调发展，这与国家发展密切相关，从而达到可持续发展的目标。在制定环境经济政策的过程中，要兼顾差异性、协调性、互补性和适用性，使其具有激励约束并重、系统完整、符合能源产业的绿色转型要求的特征。因此，在今后的政策制定和实施中，本书拟提出以下3点建议：一是加强引导，协调各种环境经济政策。各种环境经济政策相互协调，建立"事前防范—事中控制—事后处理"的政策体系，使环境经济政策能够更好地起到促进作用，促进产业的绿色发展。二是要根据实际情况，建立跨地区的战略协作平台。在区域异质性的基础上，要根据不同的地域特征，制订相应的环境经济政策体系。三是要对能源工业进行优化调整，加快能源工业的发展。各地要通过政策措施，对"三高"产业进行合理的控制，淘汰落后产能，支持低碳产业和节能环保产业，推动企业技术革新，减少发展能源消耗，实现产业结构合理化和高度化发展。

2. 构建环境经济政策体系的主要方向

第一，健全财政环境补偿制度。在实施环境经济政策时，要充分考虑不同类型、不同地区能源企业的适用范围，并根据不同产业绿色转型的不同阶段，制定相应的政策。能源的绿色转型，由于其覆盖面大、时间跨度较长，在不同的地区、不同的时间阶段，常常会与能源产业的转型目标产生矛盾，因而在制定相应的制度和政策时应考虑到时间、地点和企业类型等因素，从而为能源产业的绿色转型提供更为合理的制度和政策支持。为此，必须明确各级政府在能源企业的绿色转型中的财权，并根据区域的异质性，确定不同地区的生态补偿标准，对其进行适当的调整。特别是要加强对以能源企业为主的城镇和生态功能区的转移支付。

第二，推进工业绿色转型信贷政策。在加快绿色转型的进程中，要通过与各地区的银行、证券、保险等金融机构的合作，建立能源企业的信用信息，建立能源企业绿色转型的评级体系；对于积极进行绿色转型且资金周转压力大的能源企业，给予本区域正在转型的能源企业财政上的倾斜，实行市场化融资，并推动政策性金融机构对绿色转型项目提供长期稳定、低成本的资金支持，推进企业金融绿色债券以及地方政府绿色债券。利用以上方法，不仅可以鼓励能源企业在工业绿色转型过程中从根本上获得政策上的补偿，同时也可以降低政府干预市场行为的程度。

第三，健全企业环保信息强制性披露政策。当前，我国能源企业的环境信息公开大多是自发的，缺乏强制性的信息公开制度。而我国能源企业的绿色转型有赖于政府和社会各界的大力支持，建立健全完善的能源企业碳排放报告公示制度和环境信息披露制度，通过借助网络、新媒体等手段，适当向与工业绿色转型相关的市场参与者公开制定的准则。积极推动能源企业的环境信息公开，促进碳市场交易和碳排放权交易的协调，有利于促进市场主体在绿色转型过程中的信息交流。

第四，调节能源绿色转型相关税收政策。在国家统一的政策体系框架下，进一步深化环境保护税、资源税和消费税的改革，并进一步扩大各种税收政策，包括产业的绿色转型。无论是从国外引进技术，还是推动国内企业的技术提升，都将极大地推动我国能源企业的绿色转型。同时，鼓励地方基于区域异质性，对健全环境保护、生态建设、新能源开发利用的税收优惠政策实施地域差异化调整。推动跨区域、跨部门环境政策的制定与实施，并加强政府对能源企业是否合理恰当地使用绿色税收政策的监督和考核，定期对政府实施的环境政策执行力度与执行效果开展考核评价，保障能源工业绿色转型有序、健康地展开。

（四）促进能源工业绿色转型的环境经济政策体系构建路线图

本书系统分析促进能源工业绿色转型的环境经济政策体系改革需求、思路和重点，研究提出促进能源工业绿色转型的环境经济政策体系构建路线图（表4-5）。从生态环境财政政策，绿色税费价格政策，多元化、市场化生态补偿机制，资源环境生态权益交易机制和绿色金融政策等领域对环境经济政策改革路线图进行系统谋划，改革路径推进分为两个阶段：2021—2023年、2024—2025年。

表 4-5　促进能源工业绿色转型的环境经济政策体系构建路线图

政策领域	2021—2023 年	2024—2025 年
生态环境财政政策	建立中央环保财政资金的生态环境质量改善绩效机制；建立环保投入稳定增长机制；建立生态环境保护财政账户；完善生态环境保护补贴机制	推进中央和地方生态环境财权和事权相匹配的财政体制机制改革；补贴从生产端为主调整到消费端为主，补贴方向调整为针对生态环境技术创新应用
绿色税费价格政策	持续推进环境税制改革，推进挥发性有机物等特殊污染物的征收，研究将二氧化碳列入环境保护税的征收范围，研究完善固体废物和污水处理厂的环境保护税；加大对节能环保企业、环境污染第三方治理、生态环境保护PPP项目的税收优惠激励；优化机动车相关税收政策；继续推进资源税改革，扩大消费税征税范围；完善资源要素价格形成机制	建立政府引导下全成本覆盖的污水处理收费政策；建立健全覆盖成本并合理盈利的固体废物处理收费机制；对具有重要生态功能的区域确定统一的生态产品价格；建立由市场供求所决定的要素价格体制；同步推进价格体制与产业结构调整升级
多元化、市场化生态补偿机制	推动出台国家重点生态功能区转移支付测算办法；研究出台生态补偿机制实施技术指南；研究出台生态补偿标准制定技术指南；研究出台生态补偿条例；推进跨省界流域上下游生态补偿机制建设，探索建立长江、黄河流域以及京津冀等区域性补偿机制；推动建立国家绿色发展基金；推动海洋生态补偿，研究建立海洋生态环境损害赔偿责任制度；建立生态综合补偿资金机制	建立体现生态价值与代际补偿的资源有偿使用制度和生态补偿制度；建立完善的重要生态功能地区的发展权补偿机制；基本形成健全的多元化、市场化生态补偿机制；不断健全海洋、湿地等要素领域生态补偿机制；研究出台生态补偿法
资源环境生态权益交易机制	继续推动排污权交易，探索建立区域间、不同污染物间，以及点源与面源之间的二级市场交易机制；研究推动碳市场行业范围拓展到钢铁、水泥、化工等其他重点行业，完善全国碳交易平台和市场；探索资源使用权市场化交易；建立水资源取用权出让、转让和租赁的交易机制	推进粤港澳大湾区和长三角区域建立区域碳交易市场；推进节能量、用能权、用水权和绿色电力证书等交易制度探索；研究制定产能置换指标交易实施办法；协同建立健全用能权、用水权、排污权、碳排放权初始分配制度；继续完善资源产权体系，建立健全清晰的自然资源产权体系，明确权责，顺畅流转，严格保护和有效监管

政策领域	2021—2023 年	2024—2025 年
绿色金融政策	引导鼓励长江等重点流域以及粤港澳大湾区等重点区域探索设立绿色发展基金；推进省级地方设立土壤污染防治基金；鼓励企业、金融机构发行绿色金融债券；推进环境污染责任保险立法工作；研究制定环境污染责任保险投保指南、环境污染责任保险风险评估指南、环境污染强制责任保险管理办法；鼓励银行金融机构设立绿色金融数据中心；构建与绿色金融政策相配套的项目库	不断健全绿色信贷指南、企业环境风险评级标准、上市公司环境绩效评估等标准和规范；出台支持绿色债券的激励政策；健全环保信用评价制度，将环境信用作为企业信贷、发行绿色债券等的基础条件；推动建立长江经济带、京津冀等重点区域"互认互用"评价结果机制；健全上市公司环境信息强制性披露、定期报告披露机制

三、能源工业绿色转型的环境经济政策体系配套实施

（一）构建生态环境核算体系

生态环境核算是生态环境市场经济政策实施的能力基础。需要加强生态环境价值核算方法体系研究，推进出台相关核算技术指南，指导和鼓励地方开展生态环境价值核算探索，建立生态产品价格形成机制。必须加强对生态环境的微观监控和会计核算，加强对生态环境的宏观核算。持续推动自然资源资产负债表的编制和协调。核算对象优先选择产权明晰的自然资源，估价方法的选择应充分考虑资源要素的社会、经济和生态价值。

（二）推动环境信息公开和信用体系建设

环境信息披露是生态环境经济政策得以落实的一个重要先决条件。一是要健全企业的环保信息公开体系，使其更加多元化，更加全面。完善上市公司环境信息强制披露和定期报告披露制度，督促上市公司和发债企业全面披露环境信息。二是完善绿色信贷评估体系，以绿色信贷作为企业信贷、发行绿色债券等的基本条件；推动建立长江经济带、京津冀等重点区域"互认互用"评价结果机制。打通信用评价和信息披露，推进同步公开。三是引入第三方评价机构，制定差别化的环境监管政策机制，并针对不同信用的企业制定不同的监管和激励措施。实施对环保领域失信企业联合惩戒、守信企业联合激励制度。建立企业环境信用评价和违法排污黑名单制度。

（三）继续深化资源环境名录研究与应用

持续加大环境综合名录、节能环保名录等环境保护名录的制定和执行，完善环境综合清单在贸易、税收、金融等领域的应用，提高环境综合清单在促进结构调整和绿色发展中的作用和效果，为环境经济政策创新运用提供平台和出口。完善绿色技术清单或名录工作，加大对技术创新的财税优惠激励，推动企业积极研发绿色技术，并同步建立科学的技术评估体系和专家能力。特别是，将"双高"产品列入环境综合名录。建立合理的环境费用补偿机制，减少"双高"产品的大规模生产和使用对环境造成的危害，扩大绿色产品、技术和工艺的市场。持续推动绿色采购清单的改进。政府机构采购优先考虑取得环境管理体系和能源管理体系认证的企事业单位，优先采购通过绿色产品认证和绿色能源制造认证的产品。

（四）建立环境政策执行绩效评估机制

评价环境政策执行情况，可评价其对生态环境的保护和经济发展的最优效应，这对于提高环境决策的科学性具有重要的意义。为实现向高质量发展的转变，必须加强对环境政策执行绩效的评价，其评价应包含两个层面，即生态环境效应和绿色发展效应。生态环境效应包括污染减少、环境质量改善、生态保护与修复效果等；绿色发展效应包括产业结构优化调整、绿色产业增长效应，以及绿色就业增加、生态扶贫、绿色资本整合等。设计科学合理的政策绩效评估标准体系，建立系统全面的政策绩效评估指标体系，完善评估结果反馈机制，推进政策滚动修订机制。引入机动评估机制，建立政策风险防范机制，以妥善应对外部环境的变化与挑战。

（五）强化环境经济政策优化组合调控

加强组合调控、协同增效是提高环境经济政策成效的一种重要途径。在推动企业环保行为调整和结构调整的过程中，政府应当强化对企业现有的各项环保经验和经贸优惠政策的总结与优化，进一步完善企业各项经济、政策手段的综合利用与综合调整。同时结合政府环保行政或环境保护社会管理的方式，推动企业行业优化、行业结构调整、招商引资、对企业环保活动的经营激励。完善财税、财政等综合鼓励政策措施，并继续推动生产效率、水效、环保等"领跑者"制度的建立，形成机制，积极指导中小企业进行绿色制造；积极引导生态商品供应区域和供货单位向其供应最优质的生态商品，并推动形成鼓励生态商品供给的经济政策制度；积极推动形成绿色供应商环境管理体系，形成对绿色供应商环境管理体系的评估准则和评价机制；推动形成绿色供应链管理体系，形成对绿色供应链环保治理的考核指标与评价体系，将绿色供应链管理衔接为环保诚信、环境综合名录制度，并加大对资金、财税等优惠政策的鼓励推动。

第五章 能源工业绿色转型中的协同执法机制构建研究

第一节 协同执法机制

鉴于我国的行政区域划分与环境方面的流域与大气运转区域的不同，地方政府与中央政府的协同执法机制将成为环境相关管理政策执行实践过程的重要组成部分之一。因此，为了保证促进能源工业绿色转型的经济政策体系能够具有独特于其他经济政策体系之外的环境整合性与行政区域合作性，保证地方政府之间以及各环境管理部门之间的合作效率，协同执法成为必然。为了突出和说明能源工业绿色转型过程中环境经济政策体系在实践过程中的要点与特点，笔者特针对其中的协同执法机制做出介绍与说明。

一、协同执法概述

（一）协同执法的概念

为了突出行政执法主体的整体性，让各行政部门在执法过程中形成合力，协同执法机制成为相关机构和同级政府之间合作执法的必要选择。

行政协同执法从广义上看，其主体包括行政机关和民间机构，执法内容包括所有行政事务，协同意味着具有地方特色执法的主体能够在执法过程中实现法治统一的目标。作为地方治理的一种模式，行政协同执法包括在规范体制、技术手段、人员、标准以及效果评价等方面实现协调一致。

（二）协同执法机制的意义

在我国多部门条块分割的环境行政管理体制模式下，虽然各个执法机构分工明确，但部门之间常常出现职能重叠、执法权限冲突的情况。在能源工业绿色转型过程中，协同执法机制的本质就是处理好中央政府与地方政府、地方政府与地方政府之间的关系。

中央政府与地方政府在能源工业绿色转型目标上的差异和地方政府基于地方特色而实行的区域政策差异，都会一定程度影响能源工业绿色转型的水平。因此，能源工业绿色转型需要构建基于区域异质性的协同监督机制。地方政府相较于中央政府而言，对当地工业绿色转型进程更加了解，中央政府应该充分发挥地方政府在工业绿色转型过程中的积极性，给予地方政府相应的事权和财权，助力地方政府结合地域资源优势，在管辖范围内因地制宜地制定和落实符合本区域能源工业绿色转型的政策与制度。而地方政府之间的协同执法主要表现在解决跨辖区多部门重复执法情况。在考虑地方政府联合执法的基础上，可以借鉴政府为治理淮河水污染而专门设立与之相关的河流治理法律的成功案例，在能源工业绿色转型的过程中也应设置相关规范来应对能源工业绿色转型中的复杂问题。

二、协同执法主体

在厘清协同执法机制的概念与意义后，基于其实践意义，下面对协同执法中的参与角色划分以及理论依据进行梳理和介绍。

（一）政府角色理论

在经济学和政治学领域中，国家在经济发展中应该扮演什么样的角色是一个长久争论的话题[162]。一类观点以古典自由主义为代表，另一类观点以凯恩斯主义为代表。

古典自由主义特别重视个人的主权，认为"国家和社会是所有个人的总和，国家利益是其所有公民的合法利益的相加"，因而必须尊重所有个人基于平等的自由，只有这样才能维护国家利益。个人财产的所有权被视为个人自由最重要的部分，强调自由放任的政策。17世纪中叶到18世纪中叶，资产阶级强烈要求实现自由竞争和自由贸易，这一时期的古典经济学和经济自由主义思潮的兴起正反映了他们的愿望。在这派观点看来，国家政府不应该涉足私人经济活动领域，应该放任自由。

凯恩斯主义是从宏观经济学的角度论证市场失灵和政府宏观干预的必要性的。凯恩斯主义的经济政策制定的目的是加强国家对于经济的干预程度，最大限度地避免市场失灵的弊端。第二次世界大战后西方国家没有发生类似20世纪30年代的大萧条这类严重的经济危机和社会动荡，国家的经济干预无疑发挥了决定性作用。但是同样值得注意的是，过度的国家干预经济行为同样导致了经济效率低下、经济增长停滞的困境。对于这种困境，学术界将其总结为政府失灵[163]，即赋予政府太多的经济职能进而破坏了市场功能的发挥。

从历史发展的历程看，关于政府经济角色的思考是一个历久弥新的课题：一方面，需要充分尊重经济自身的规律，最大限度地发挥市场经济体制在资源配置的高效率；另一方面，国家对于经济的干预仍然是必不可少的，但是要避免政府失灵。从这个意义上讲，在经济发展中确定国家合适的角色定位将是一个颇具挑战的难题。它需要在国家权力和市场自由之间寻求适当的平衡，将二者的优势结合起来，同时避免二者的弊端。

从上述简要的理论梳理中，我们得到如下启示：第一，国家权力与市场并不是完全的对立关系，而是存在着相互依存的关系。从各个国家发展的历史来看，经济发展中仅仅依靠市场或国家都会导致各自的失灵状态。就此而言，传统的二元对立的认识是僵化的。第二，市场缺陷决定了政府必须干预经济，以维护社会经济秩序；政府失灵又需要市场对资源起基础配置作用。尽管当今普遍的国家干预经济造成了不良的后果，但是通过更好的制度设计和改革举措，上述后果是能够被克服的。对于当代而言，在现代市场中政府的经济职能必须以市场配置资源的基础性作用为前提，把市场和政府结合起来，调节社会经济，推动社会经济的发展。第三，经济的转型升级过程不仅仅是一个纯粹的经济过程，同时会涉及大量的社会层面的问题。国家在推动经济转型的过程中，需要积极有效地应对由此产生的社会问题，从而为经济活动创造良好的社会条件。

（二）政府角色理论应用

1. 保障工业绿色转型

要实现工业绿色转型，就需要进一步提高企业内部资源的使用效率，但由于转型具有复杂性、跨界性的特点，还需要注重进行绿色工业技术和多领域协同创新，如此才能让绿色转型深度融入工业发展过程。由于工业绿色转型发展对环境收益有明确诉求，对企业有技术外溢和环境收益公共性"双重外部性"问题，然而企业自身难以做到，那么政府环境规制及制度创新的推力和社会创新的拉力就显得尤其重要。因此，政府在加快完善工业能效、水效、排放和资源综合利用等标准的基础上，还需促进工业绿色转型的技术创新，助力企业突破核心关键技术，并出台配套政策，促进工业绿色转型协调发展。政府要循序渐进、先立后破，加快示范项目的部署，实施科技创新示范工程，引导工业企业加大资金投入，加快实施技术改造，形成强大的国内市场。

目前，我国已经迈入了互联网时代，各类先进技术也得以在各行各业中实现应用，对于工业来说也是如此。传统的工作方法现如今已经不能满足工业发展的需求，例如将大数据技术应用在工业数据统计核算中已经是形势所需。因此，政府还可以推动相关技术和绿色产业持续融合，通过对工业绿色转型企业展开数据核算，实时捕捉技术升级过程中企业需求的变化情况。同时企业可以借助智能数据采集设备对工业用水、用电和用气等进行数据收集分析，这有利于预测工业发展方向，为实现工业节能减排提供良好的数据支持，以便政府及时调整转型政策。

2.激励相关利益主体

能源工业绿色转型具有正外部性，可以带来较大的社会效益，但这部分社会效益难以在市场上以货币形式准确衡量，一定程度上抑制了部分能源企业转型的动力，这就需要政府采取相关激励措施，提高转型相关各方积极性，激励工业绿色转型向好发展。企业自身的基础和条件是影响转型升级的首要因素，但政府的政策支持是企业转型升级的关键因素。

随着财税政策在国家治理中的基础性作用越来越被认可，借助财税政策工具激励企业研发创新，助推企业转型升级就显得尤为重要。财税激励政策主要可以在吸引创新人才、促进技术进步、优化产业结构等方面助推企业转型升级，其中，税式支出和财政补贴是较为常见的两种财税激励工具。具体而言，政府需要在研发成本税收优惠、资金补贴等激励政策上予以企业支持，其中可以对符合绿色转型要求的企业给予绿色发展基金优先申请权及其他财政补贴。另外，政府也可以将绿色转型产品或服务作为政府采购的优先备选名单，减少绿色转型企业的库存积压问题，也可以通过支持工业绿色转型企业发行专门金融债券、鼓励商业银行适当降低工业绿色转型企业银行贷款的利息率或延长信贷年限等手段降低工业绿色转型企业的融资成本。遏制高耗能、高排放、低水平项目盲目发展，完善健全工业节能有关政策、法规、标准，强化节能监督管理和诊断服务，夯实工业能效提升基础。

3. 强化监督机制

我国对政策实施效果的监督主体较多，且各监督主体的职责存在一定程度的重叠，各监督主体间并不是严格意义上的主从关系，在工作中往往各自为政，缺少行动上的一致性。

保障监督部门的独立性，既能提高环境政策执行的透明度，也能使其免受相关政府机构的影响，防止执行主体权力的滥用。当前，在地方政府的部门设置中，有些部门既是环境政策的执行者又是环境政策的监督者，这导致了监督部门的缺位，也就使监督逐渐流于形式。为了有效监督环境政策的执行，监督部门要预防政策执行前的利益冲突，解决执行过程中的利益冲突，做好执行后的成果反馈。而这些都需要法律制度上的明确和保障，才能提高地方政府执行环境政策的效率，使中央政府制定的环境政策得到有效执行。

可见，在能源工业绿色转型中政府是一个不可或缺的角色。在工业绿色转型中，电力、交通和供热三大传统能源企业对制度构建、政策引导及管理监督等方面的需求迫在眉睫，如何找准政府角色定位，增强各方转型动力急需答案。

三、协同执法客体

法律意义上，一件法律事务必有主体与客体共同存在，因此，在能源工业绿色转型的过程中，由于在经济政策体系中具有诸多相关利益方，协同执法客体的组成也是相对复杂的，下面进行简要列举说明。

（一）相关利益主体

能源工业绿色转型中协同执法作用的对象为能源企业。政府为改善生态环境、规范治理环境资源市场、推动工业绿色转型，实施财政科技支出，激励工业企业通过创新活动实现转型升级，同时出台严格的环境规制政策监督约束工业企业节能减排以推进工业绿色发展。可见，政府作用于能源企业的方式主要有两种，总体来看分为具有强制性约束力的行政手段和在市场经济体制下拓展的经济手段。在行政手段方面，政府制定了包括环境禁令、污染物排放标准、废弃物减排标准在内的命令控制型政策[164]，运用"看得见的手"直接或者间接地干预能源企业的行为方式；在经济手段方面，政府制定了许可证制度、排污费环境税征收标准、碳排放的市场交易、能源消耗的梯度定价等市场激励型政策，通过"看不见的手"调整分配环境资源，以此引导能源企业参与绿色转型。

命令控制型政策主要依靠管理机构通过法律和行政手段，制定并执行各种不同的标准改善环境质量。总体来看，命令控制型政策能较快地控制污染排放但缺乏实施效率，不利于企业技术创新。由于多为强制性要求，其准入门槛较高、实施标准较为严格。政府根据污染程度的不同制定不同产业企业的排放标准，一方面对现存污染企业提出新的环境治理要求，增加无形门槛；另一方面也会对潜在进入者提出更高的环保标准，增加其进入成本。如果企业现有的生产模式不符合环境标准，或者环评报告无法通过政府的审核，则需要投入高额的固定成本以更新设备和技术，或者关闭污染物排放量较高的生产线，否则将无法进行正常的生产经营活动。另外，政府限制高污染产品的产量，减少市场中的供给，将推动相关下游产品价格的上涨。短期来看，政府的环境政策将直接或间接地增加企业的生产或治污成本。除了减排技术门槛外，排污许可证的发放也属于命令控制型政策的重要工具，是对工业企业排污量的一种强制约束机制。若污染企业的排放量持续较高，则难以通过环保部门的监测和考核，排污许可证也就成为企业进行正常生产经营活动的重要壁垒，不达标的企业将被淘汰，而通过技术创新取得良好治污绩效的企业将获得良好的生存环境。

市场激励型政策主要是通过环境保护税的征收和碳排放的交易，将企业的排污成本内部化，从而影响企业的生产经营活动。市场激励型政策的设计可以使私人在追求自己利益的过程中同时实现环境政策目标，取得良好的社会效益。征收环境保护税，能够较为直接地影响企业的排污水平。理论上，政府通过调整环境税的税率使环境监管和治理污染的边际成本等于对生态环境的边际污染，即可达到环境税的最佳标准。企业作为生产主体可以决定产量及产生的污染物排放量，选择不同的清洁生产技术和污染治理技术，因此企业的最低治污成本的条件为边际治污成本等于环境税。另外，政府通过授予污染企业排放配额，推动建立碳排放交易市场，允许污染排放量超标的企业向排放额度剩余的企业购买排放额度。如果企业通过技术创新，更新旧设备，改变原有重污染的生产模式，有效减少污染物的排放，那么可以将节省的排放额度放在市场中交易，取得相关利益以弥补治污成本。

当企业排放污染物较多时，如果不更新技术设备，可以通过缴纳较多的环境税和购买碳排放的配额进行合法合规生产。如果企业的这些成本低于可获取的利益，企业会继续选择高排放的生产方式；若所需缴纳的环境税和购买配额成本高于可获得的利益，那么企业将选择新型节能减排技术和污染治理技术降低生产成本和治污成本。能源工业多为重污染企业，仅通过向政府缴纳高额环保税和购买配额不足以支撑其长期发展，因此在现有转型政策下，能源企业更倾向于更新技术获得长久利益。

鉴于技术创新和先进技术扩散是减少环境污染、降低资源消耗、提高产品技术含量的关键因素，决定着工业绿色发展进程，政府还通过实施创新驱动战略，大力支持高新技术产业的发展，提升区域整体创新能力和水平，为区域内工业绿色转型提供良好环境。政府的财政科技支持集中于工业企业的技术创新和技术改造领域，不仅能够有效填补工业企业技术创新的资金缺口，而且能够降低企业创新面临的风险，形成杠杆效应，激励工业企业增加研发投入，进行技术创新和技术改造。

（二）产业结构

能源工业绿色转型协同执法作用于能源企业，而能源企业对政府相关政策的响应，最终体现在能源产业结构调整上。因为要想实现绿色转型，能源企业就需要提升自身整体效益，而有效提升效益的关键就在于提升企业技术升级能力。具体而言，在转型政策影响下，为实现整体效益最大化，能源企业将积极推动高污染模式的产业结构向绿色模式进阶，完成产业结构升级。

产业结构调整可以理解为各种生产要素在不同产业之间的重新分配[165]。在政府环境政策的约束下，被规制的行业企业不得不承受相应增加的生产成本和合规成本。由于每个产业部门获取信息的能力和技术水平不同，因此不同产业部门的生产成本和产出结构存在较大差异，进而反映在价格差异中，这将逐渐降低被规制行业企业的竞争力，同时也会改变生产要素流动方向，投入要素也从原来的重污染的资源投入转为低污染的知识技术投入，这将改变产品的产出结构，最终高污染的产出和使用比例也不断降低，清洁型产业规模逐渐扩大，产业结构也随之优化。

此外，由于每个行业的成本结构不同，企业承受转型成本的能力也不同。在改变投入要素结构的过程中，企业不仅要承担调整成本，也要承担高昂的沉没成本。如果企业的转型成本高昂，且无法获得相应的收益补偿，那么企业很可能丧失通过技术创新实现转型的意愿和能力。在成本收益原则下，此类企业将选择退出市场，或向环境政策较为宽松的区域转移，从行业角度来看，也属于对现有产业结构的更新和升级。

产业结构升级对能源企业效益的提升主要通过形成规模经济、聚集效应来发挥作用。产业结构升级伴随着产业规模的扩大和经济效益的提升，一方面，基于"污染避难所"假说，承担高昂调整成本和沉没成本的污染企业可以通过产业转移，与其他企业形成集聚效应，由此产生的技术外溢可以大大降低单个企业的边际治污成本和转型成本，进而提升能源效率。另一方面，企业可以通过根据自身情况进行技术上的模仿和创新，来逐渐舍弃传统的高污染生产模式，向节能减排的绿色技术靠拢，增强关联生产部门的技术外溢效应，提高治污能力，最终实现绿色转型。

与此同时，产业结构升级意味着资源要素在各个产业之间的自由流动性加强，能源要素从低效率部门向高效率部门进行转移形成结构红利，从而保证能源效率的提升。除此之外，产业结构的不断升级可以在产业内部"释放"出更多资本，促进产业技术优化革新，扩大生产可能性边界，等量成本可以带来更多的经济产出，从而降低了能源强度，提升了能源效率。

（三）外商投资

外商投资直接转移了过剩资源，平衡了贸易收支，是跨国投资的重要手段之一。长期来看，外商带来的先进技术和管理经验会促进国内产业结构的转型升级，我国要想尽快实现产业结构合理化、高级化，仅仅依靠自身力量是不够的，还需要引进外资，借助外部力量完成能源企业绿色转型。

鉴于此，政府在大力提倡并进行政策扶持。目前，我国吸引外商投资有两种方式，一是直接投资，二是其他投资。其中，直接投资是一种长期投资，表现为资本的直接长时间跨国转移，大致分为资金货币和实体资本两种形式。外商直接投资是工业绿色转型过程中外商投资的主要方式。

知识溢出效应，是指企业从身边其他公司获取新的知识，并且将自己的知识和新取得的知识相结合。根据该理论的内容可以得知，当市场环境比较自由且竞争较为充分时，企业需要通过不断学习整合新知识，并将学习到的新知识运用于实际生产经营活动中，改进生产流程和技术，为客户提供能力范围内最专业的产品或服务，以期获得较强的竞争优势。而知识具有非竞争性和不完全排他性，所以企业在创新运用知识过程中，新知识将逐渐扩散到其他同行业的企业，进而被其他主体进行创新利用，如此就产生了"知识溢出"效应[166]。

外商直接投资会给国内企业带来技术溢出，跨国公司在当地进行经济活动时将有意识或者无意识地流出优于本土企业的要素禀赋，利用这一特点可以在技术创新上对我国工业企业产生一定的积极影响。目前学者们普遍认为外商投资技术溢出主要通过竞争效应、示范效应和人员流动效应这3种渠道来实现。当前，我国工业行业长期粗放型发展导致大部分能源企业技术创新能力不强，投入产出比较低，而跨国公司通过设立分公司或者分支机构进入国内市场，将带来技术溢出效应，这些会对本土企业产生一定的积极影响，最终将转化为技术水平的上升和企业管理能力的提升。

若采取合资方式引入外商，资本的流入将缓解本土企业的资金困境，同时外资股东将直接参与经营管理活动，有利于优化企业内部管理制度，改善经营状况，提高企业高层对技术创新的重视程度，有利于加大科研力度，推动技术创新。外企的先进技术和高质量的人力资本等竞争优势，也将倒逼本土企业加强自主研发，以实现内部创新。

（四）国家技术升级，社会工业绿色转型

可以看出，工业绿色转型主要有两种途径：一是传统产业通过技术创新，改变要素投入，运用绿色节能技术提升自身生产效率和资源利用率，推动产业结构朝着清洁化方向发展；二是取缔传统产业，引进新兴绿色行业，进而提高清洁型产业在工业行业中的比重[167]。因此，无论何种方式实现工业绿色转型，都需要以技术创新为基础。

总的来看，能源工业绿色转型协同执法作用的客体之间都是存在关联性的，能源企业要实现绿色转型，就需要在政府政策的指导下在内部进行产业结构调整和升级，学习和创新节能减排的绿色技术实现企业整体效益的提升而达到转型；同时能源企业还需要通过政府引进外商投资，利用这一过程来缓解资金困境、学习同类型能源企业的绿色创新技术，进而达到最终转型的目标。

工业绿色转型作为绿色经济的重要组成部分，是一个能源资源利用节约、环境影响降低、可持续发展增强的过程。随着资源的紧俏和环境保护发展的约束，推动工业绿色转型成为一种必然要求，而在这过程中政府是必不可少的角色，为此政府从多个角度制定了相关政策以大力推动能源工业绿色转型。在这一过程中，主要的利益相关主体即为能源企业，而能源企业对政府转型政策的响应，实际上最终体现为对本企业技术升级能力的提升。具体而言，在转型政策影响下，为实现整体效益最大化，能源企业将积极推动高污染模式的产业结构向绿色模式进阶，完成产业结构升级，而在此过程中，高质量人员投入和充足资本支撑则是确保工业绿色转型顺利推进的重要因素。

四、协同执法机制中政府对能源工业绿色转型的作用机理

在协同执法机制中，主体多为相关政府以及政府部门，因此，在明确了主体与客体的基本要素的概念之外，在协同执法机制的运行实践过程中，厘清和深入相关政府在整个能源工业绿色转型过程中的作用机理，对协同执法乃至整个经济政策体系的建立和完善都有所助力。

（一）中央政府作用

党的二十大报告指出："必须牢固树立和践行绿水青山就是金山银山的理念"，我们深入贯彻习近平总书记生态文明建设理念，着眼于国民经济的支柱产业——能源工业。在能源工业绿色转型的整个过程中，中央政府起到统领全局的主导作用，其最终目标是建成全面的工业绿色转型，促进经济环境与资源协调发展。工业绿色转型发展关系到我国的发展全局，中央政府需要从宏观角度对各级地方政府和企业等进行合理调控，从而激发各层级对于能源工业绿色转型的积极性。由于中央政府的把控具有宏观性，对于各层级间的信息并不能做到完全了解，其控制力在一定程度上受限于地方政府，所以中央政府亟待采取相应措施来应对该局限性。

首先，中央政府是绿色转型理念的倡导者。工业绿色转型是中央政府从整体层面对生态环境的规划部署，中央政府需要率先对该理念进行呼吁倡导。由于我国具有各省市地域广、分布分散的地理特点，要求中央政府对各地区、各企业都有详尽了解，并不符合我国的实际国情。因此，中央政府需要借助外部的力量对其进行合理约束，将绿色发展与经济发展相结合，将工业绿色转型纳入政绩考核指标，加快地方政府发展理念的转变。此外，将绿色转型纳入考核

指标，也在一定程度上能够对地方政府的能源转型进程做出及时反馈，使得中央政府能够对工业绿色转型总体进程有一个宏观的了解。

其次，中央政府是推动绿色转型的监督者。能源工业绿色转型不能仅依靠企业的主观能动性，还需要中央、地方、企业多方环环相扣，形成利益共同体，以此来对地方政府和企业发展进行有效监督。有效的监督不仅在短期内能够保障地方政府和企业的发展目标与绿色转型目标具有大方向的一致性，还在一定程度上约束了地方政府和企业的行为，有利于加快我国能源工业绿色转型的步伐。

再次，中央政府是资源配置的调控者。在能源工业绿色转型的过程中，难免涉及各区域间的资源整合，因此需要中央政府对其进行合理的宏观调控。中央政府可以通过增强各区域政府连接的紧密性，使其成为一个有机整体，从而更合理地对跨区域资源进行调配，尽可能地避免资源配置过程中出现浪费现象。

然后，中央政府是相关法律法规的制定者。借鉴国外能源转型的成功经验，可以得知法律法规的出台在很大程度上推动了工业绿色转型的发展。德国的生态税、法国的碳税征收额度提高，以及日本和澳大利亚等国家推崇的各项环境法条，都对本国的能源转型起到了主导作用。因此，中央政府可以对积极进行绿色转型的地方和企业给予一定的政策支持和补偿，对于一味追求经济利益而无视社会生态环境的地区和企业采取提高税率或加征其他税额的政策，以促进地方政府和企业在绿色转型过程中形成良性竞争，加快实现我国的能源绿色转型步伐。

最后，中央政府是工业绿色转型的统筹者。中央政府从宏观角度进行统筹规划，为了激励和约束地方政府的绿色转型行为，建立了实质性的配套保障机制。中央政府不仅对相关环境机构进行垂直管理，还协同了区域划分，从而避免地方政府间黏性合作中出现舞弊现象。此外，中央政府需要根据地区差异性划分地方政府的责任分工，尽可能地避免地方政府行为效率低下、职责混乱不清等问题，同时形成差异化的生态资金补偿，促进地方政府协同治理的可持续性[168]。

（二）地方政府作用

从经济发展的角度来看，地方政府的目标是地区的短期经济发展，实现可观的经济效益。因此在能源工业绿色转型的整个过程中，地方政府与中央政府的目标存在着一定程度的偏差。"十四五"规划中已经明确指出了我们要优化产业布局、控制煤炭消费总量等要求，因此地方政府需要采取措施，来协同改善社会环境，并且朱万里[169]、甄志勇[170]等也在文献中体现出制造业绿色创新与地方政府的行为之间存在关联。从我国经济发展的各层级来看，地方政府具有多重身份，承担着多重责任，起到了各层级间承上启下的作用，是整个转型过程的中流砥柱。

首先，地方政府是绿色转型的推动者。中央政府将绿色转型纳入政绩考核指标后，地方政府之间为了凸显政绩以便在之后的晋升中获得优势，就会积极践行中央政府提出的各项决策，从而形成政府间的竞争，这加快了能源工业绿色转型的实施。同时各地方政府间的竞争还会激发各地企业绿色转型的主观能动性和技术创新性，从而增强自身的竞争力，进一步推动能源转型的发展。

其次，地方政府是企业的监督者。中央政府只能从整体角度下达关于能源转型的各项决策，对于各个地区差异，只有地方政府能够有针对性地进行推进。在企业的日常经营中，地方政府能够及时地了解各企业的能源转型情况，针对各企业发展对环境的影响做出评判。对企业的实际行为进行及时监督，很大程度上能够避免企业发展方向与能源绿色转型方向相悖。

此外，地方政府还是绿色转型的引领者和扶持者。如果单从经济发展的角度来看，地方政府可能会出现为了经济效益而降低当地的环境标准的情况。但是在中央政府的监督下，地方政府则会更关注自身行为对当地企业的影响，为了在当地起到引领模范作用，地方政府会对中央政府的决策做出积极回应，这不仅有利于获得中央政府的政策支持，还有利于带动当地企业的积极响应，为当地的企业发展获得有利的政策支持。企业能源绿色转型除了企业自身对于可持续发展的追求外，一定程度上也取决于地方政府给予的资金支持和转型补贴。为了响应国家号召，尽可能地享受国家的福利政策，减少企业税收，企业需要从技术层面进行突破，这也意味着企业需要大量的研发资金投入，仅靠企业自身的资本是很难完成的，因此地方政府给予的资金支持和转型补贴可以在一定程度上缓解企业在能源绿色转型过程中的资金压力，从而提高企业自身的积极性。

最后，地方政府对企业绿色转型路径选择具有主导作用。地方政府的行为在一定程度上影响着工业绿色转型的路径选择，又反作用于中央政府的决策制定，地方政府是企业与中央政府之间必不可少的一环，起到了关键性作用。地方政府的行为和政策决定着当地的经济发展与资源环境是否能够相适应，也体现出工业绿色转型如何推进下一步。

（三）推进导向机制

地方政府之间的竞争会形成导向机制，引领能源工业绿色转型的发展。政府积极主动践行环境政策，一定程度上促进了能源工业绿色转型方面的财政支出。政府财政支出预算结构的合理性与能源工业绿色转型的进程存在着正相关的关系，因此政府竞争也使得地方财政支出与能源绿色转型进行有机结合，形成有效的导向机制，进而影响能源转型效果。

在能源绿色转型进程中，大多数学者普遍认为市场导向是绿色技术创新最高效的途径。并且国家发改委、国家科技部在2019年印发的《关于构建市场导向的绿色技术创新体系的指导意见》中也明确指出"要建成市场导向的绿色技术创新体系"，因此如何合理推进市场导向机制是能源工业绿色转型的重中之重。

市场导向在一定程度上反映出消费者的社会需求。随着消费者受教育程度的提升，大多数消费者树立了良好的环境保护意识，因此在同等水平的经济成本下，消费者更愿意为绿色产品买单。同时随着收入水平的提升，为了环境可持续发展的目标，消费者也愿意为绿色产品承担一定的额外经济成本。在该导向下，政府和企业就会在能源转型方面投入更多的成本，以此来满足消费者的社会需求，从而加速能源绿色转型。但是这也要求企业在进行能源转型的过程中，注重产品额外效用的增加，仅贴有绿色标签而无额外效用的高价产品也无法得到消费者的青睐。

市场导向与产品质量和消费者忠诚度密切相关。市场导向是以消费者需求为核心，而消费者需求和产品质量息息相关，在市场导向机制下，企业往往将产品质量作为自身的竞争优势。同时在市场导向的机制下，企业可以很好地预测消费者需求，从而提供相应的产品和服务，以此提高消费者的忠诚度。较高的产品质量和消费者忠诚度有利于形成企业的竞争优势并维持企业的长期稳定发展，此外主动发现消费者的潜在需求还可以为企业带来巨大的经济效益。因此，企业出于经济效益最大化的目标，也会积极主动地响应市场导向机制，从而加快企业内部的能源工业绿色转型。但是推进市场导向机制不能完全依靠市场，还需要一定的政策支持，政府出台相关的绿色技术标准可以有效地推动绿色技术的产生、传播和应用，加速能源的转型，但也需要注意尽可能地避免创新模式的固化，形成单一的创新路径依赖[171]。

市场导向在资源配置方面也具有决定性作用。因此，推进市场导向机制，加之政府组织的合理引导，构建公平开放、有效竞争的能源市场体系，为能源工业绿色转型营造了良好的发展环境。

除市场导向外，我们还需以国家能源战略为导向，强化国家能源规划的统领作用。在能源导向机制下，明确自身的能源绿色转型目标和任务，在各区域间协同共建，使能源绿色转型水平得到整体性提升。

（四）监督管理机制

监督管理机制是指政府采取多种手段对下级政府和企业进行监督管理。目前，我国地方政府无法完全有效地执行中央政府的相关环境政策的一大原因就是我们目前的监督体系缺乏有效性。因此，为了更好地推动我国的能源绿色转型，需要建立完善的监督管理机制。

首先，监督管理机制为工业绿色转型营造了良好的外部环境。现阶段大多数人对于环境保护政策的了解仅仅停留在表面程度，无论是在中央政府的制定阶段还是地方政府的实际执行阶段，可能都缺乏参与感。因此，政府可以提高整个过程的透明度，公开环境政策的制定和执行过程，保障各监督主体的知情权，提升监督主体的参与感，并且及时公开相关信息。有效的监督体系为环境政策的制定和执行营造了良好的外部环境，监督主体具有较强的自发性，在一定程度上推动了能源绿色转型。

其次，监督管理机制实现了监督主体的多元化。监督是自上而下的，不能仅依赖政府，为了加速能源工业绿色转型的进程，我们需要多元化的监督主体。除了政府的内部监督，更重要的是发挥社会媒体监督和人民监督的力量。政府监督很大程度上只能流于表面，存在局限性，并不能够从细微处发现转型过程中存在的问题和阻碍，但是随着互联网技术和信息技术的不断发展，媒体和人民的发声渠道也变得逐渐广泛，多元化的监督主体和渠道使得现阶段信息流动速度加快，监督范围更加全面。然而，新闻媒体和人民群众所依靠的仅仅是舆论的力量，并不具有强制性，虽然能够一定程度上推动能源转型，但终究还是需要法律的力量。

因此，监督管理机制还从根本上提供了法律保障。政府从法律制度上对监督政策进行落实，通过法律制度的设立为多元化的监督主体提供保障，让环境监督政策切实做到有法可依，从而提高监督的效率。同时还可以设立奖惩制度，从而调动公民及各类社会团体的监督积极性，人民群众自发地对地方政府和企业的行为进行监督，对能源绿色转型的进程做出及时反馈，提高能源工业绿色转型的民众关注度。

工业绿色转型是一个长期过程，不仅需要政府的政策支持和资金援助，还需要社会各界和人民群众的共同努力：中央政府统筹规划，宏观布局；地方政府全面监督，尽力扶持；能源企业技术革新，积极转型；人民群众意识崛起，责任担当。无论是从长期目标还是短期目标来看，能源工业的绿色转型都是一个环环相扣的过程，离不开各方的共同协作，相互制约。但毋庸置疑的是政府在整个能源转型过程中始终占据不可动摇的主导地位。

第二节　现行协同执法机制政策指导

在能源工业绿色转型的过程中，协同执法机制将是经济政策体系实践中的重要组成部分。厘清和明确其中的要素、脉络和机制，将会为构建促进能源工业绿色转型的经济政策体系提供巨大的帮助。目前国家也有环境层面的协同执法相关的政策指导和说明，因此，以现行政策作为支撑，更易对体系的构建与执行提供更翔实和准确的指引。

一、现行政策研究

能源是国民经济社会发展重要的要素投入，我国目前是全世界最大的能源生产国和消费国，受制于资源禀赋的约束，我国能源结构一直以煤炭为主[172]，能源生产与消费相关活动成为我国二氧化碳最主要的排放源。全力推动促进能源领域碳减排则是响应中央碳达峰、碳中和工作以及构建现代能源体系的重要之举。党的十八大以来，各地方政府、各部门陆续制定、推出一系列有关能源绿色低碳发展的政策措施，有效地推动包括太阳能、水能、风能等在内的清洁能源开发利用。但是，我国现行的环境行政管理体制存在部门间职能重叠交叉、执法权限冲突、相互推诿等现象[173]，能源消费模式向绿色低碳转型的意识不足，在绿色低碳转型中新的安全保供风险增加以及能源管理的协同机制有待改进等诸多问题，难以适应新形势下推进能源绿色低碳转型的需要。因此，国家发改委、国家能源局于2022年1月30日出台《关于完善能源绿色低碳转型体制机制和政策措施的意见》（以下简称《意见》）。《意见》从统筹协同推进能源战略规划、统筹能源转型与安全、统筹生产与消费协同转型、统筹各类市场主体协同转型4个方面为能源绿色低碳发展进行系统谋划。

煤炭作为主体能源，长期以来在我国的建设事业中扮演着极为重要的角色。目前，我国经济社会正处在快速发展阶段，工业、农业、国防和科技现代化均需要能源的保障，然而化石能源在我国能源结构中占比却超过90%，未来对化石能源的需求将会是巨量的[174]。因此，化石能源如何清洁开发利用是能源工业绿色转型过程中必须解决的问题。《意见》从煤炭清洁开发利用、煤电清洁高效转型、油气清洁高效利用3个方面阐述。首先，能源产业结构升级势在必行。政府对煤矿实施的"上大压小，增优汰劣"制度，有利于约束相应的煤炭企业增加相应的生产成本和合规成本，改变生产要素的流动方向，投入要素转为向清洁能源转型的技术知识投入，不能有效转型的企业将逐渐退出市场，从而优化能源产业结构。电力企业则需用清洁能源发电逐渐取代传统燃煤发电，将燃煤发电的定位从能源主体向保障性和系统性电源转变。油气开采则要转变原来"粗放型"的开采模式，油气田内的供能系统由多种清洁低碳能源共同支持。

纵观全球，绿色能源正在成为全球经济发展的重要引擎，同时为各国开展互惠合作创造前所未有的机遇。因此，促进能源工业绿色转型的经济体系建设必然紧紧围绕经济全球化的背景。促进"一带一路"绿色能源合作，各个国家的能源资源条件和能源需求并不相同，积极引导企业开展清洁低碳能源领域对外投资，鼓励外资进入我国低碳能源领域，有利于实现各国绿色能源行业的优势互补。加强绿色能源技术创新合作，推动一批具有引领作用的技术创新示范项目，依法依规管理和减少碳排放强度高的产品生产、流通和出口。积极推动全球能源治理中绿色低碳转型发展合作，推动制定更具现实意义的绿色能源发展目标和规划，统筹考虑各组织成员国的目标、需求，增进政府间能源发展规划交流与协作。聚焦能源发展，定期开展发展政策研讨会、人才培养项目，加强清洁低碳能源领域人才储备，促进各国相互学习借鉴，互通有无。在各大国际论坛、国际组织中发出更多的中国声音，贡献更强的中国力量。充分利用国际要素助力国内能源绿色低碳发展，降低绿色能源项目融资成本，充分发挥多边金融机构的引领作用，吸引外资投入清洁低碳能源产业领域，发挥绿色信贷、绿色债券、绿色信托等金融工具的作用。健全鼓励外资融入我国清洁低碳能源产业的激励机制，加强知识产权保护和对绿色能源投资政策性保险支持。营造更具吸引力的绿色能源投资环境，提高政策稳定性，缩减绿色能源投资项目审批流程，打造市场化、法治化、国际化的营商环境。

我国工业长期粗放型发展导致大部分能源企业缺乏技术创新能力，投入产出效率不高。而诸多发达国家在第三次能源转型过程中表现出色，在能源转型技术和管理方面有先进经验和曲折教训。根据知识溢出理论，当企业处于自由竞争的市场环境中，需要不断学习新技术，改进生产工艺，提高产品质量以获得竞争优势，而知识具有非竞争性，企业在创新运用知识的过程中，会逐渐扩散到同行企业，产生"知识溢出"效应[166]。因此，通过吸引外商投资，本土企业能了解跨国公司先进的技术和管理理念，从而提升自身的创新技术水平和企业管理能力。《意见》中绿色低碳转型国际合作机制中的内容，为我国企业绿色清洁能源领域对外投资、人才培养、吸引外资提出了宝贵意见，给能源工业绿色转型的经济体系建设拓宽了国际视野。

二、国内外管理治理机制研究

一些发达国家对于环境治理以及能源工业绿色转型的研究相对我国而言有更长的历史，因此具有相对成熟的法律政策治理机制，通过对其环境管理协同执法机制的成长过程的梳理，能够为我国目前的环境协同执法机制提供一定参考，为推动能源工业绿色转型提供保障。

（一）美国

美国作为经济强国，其高速的工业发展带来了相应速度的环境污染问题，而其中最具代表性且造成深远影响的污染事件，则是被列入世界八大环境公害事件的，发生在1943年洛杉矶的光化学烟雾事件和多诺拉事件。其中的光化学烟雾事件通过洛杉矶迅速蔓延到了南加州整个区域，而当地政府为更好地应对突发的空气污染事件，成立了"南海岸空气质量管理区（SCAQMD）"，从综合管理的层面把控南加州的空气问题。

20世纪50年代，美国政府进一步意识到空气污染严重影响着社会环境和经济的发展。美国民众也开始行动起来，倡导环境保护，有关的环保运动规模也进一步提升，使得美国政府进一步重视起环境保护。美国通过改进环境相关法律，加强执法力度等方式推动环境保护发展，在1970年颁布实施了一部具有综合性的联邦法律，囊括了全部相关空气污染方面的问题，即《清洁空气法》，并出台了相应的《清洁空气法》修正案。2006年，美国环境保护署（EPA），在最新修订版中进一步规范了可入肺颗粒物标准，包括但不限于可吸入肺颗粒物日常的循环浓度最高值、年平均浓度等相关环境空气标准。随着多次修正案的通过，《清洁空气法》建立了一套独立、完善、经济、高效的管理模式。

在法案的实际执行过程中，SCAQMD除了分析评估经济影响，制定相关政策条规外，也为公众的参与提供机会，其中包括但不限于公众教育，建立互惠共赢的合作伙伴关系，强化普及公众对于空气污染将会对生物健康和整个环境产生的有害影响的理解等。

在美国政府，以及各州县政府的联合空气质量管理区的协同努力下，第一阶段的烟雾警报一步步解除，而20世纪80年代后，第二阶段的污染警报也未曾拉响。

（二）欧盟

欧盟的环境污染主要始于著名的1817年"图拉整治"，在此后，莱茵河的航运开始飞速发展，相应的铁路等基础交通设施也沿河修建，使得莱茵河流域成为不可或缺的交通枢纽。然而随着广泛的利用和开发，严重的水环境污染也侵入了这里，且情况越来越严重。

1950年，由荷兰牵头，邀请相关国家成立论坛，以期共同合作，一起研讨，集中欧盟各国力量，寻求解决办法。与此同时，莱茵河流域国家也在瑞士巴塞尔共同构建了莱茵河防止污染委员会，主要目的就是共同有效治理莱茵河，解决污染。这个起初几个国家为了进行讨论合作的跨国论坛，在随后的历史发展中，已逐步演化成为相互协调、协同工作的国际协作组织。

在法律层面，1963年，该委员会的所有缔约国签署了《防止莱茵河污染过度委员会公约》，这使得莱茵河治理成为一种国际层面上的行为，同时也为以后国家间的共同协作，以及环境治理的实施提供了法律上的依据。此后的1987年的部长级会议上，对《莱茵河流域行动计划》进行了明确制定，指出在2000年要将"欢迎鲑鱼重新回家"作为治理成果来展示给公众，使公众直接感受到环境协同治理的效果，因此该计划又被称为2000行动计划。而在危害性较为直观的洪水问题方面，该委员会经由部长级会议在1995年提出《Arles宣言》，起草了关于防洪的计划；在1998年初则通过了《防洪行动计划》和《新莱茵河公约》，以规范各国降低洪灾发生概率的实际举措，包括但不限于合理规划城市、加强河道管理等。

在整个莱茵河防止污染委员会的协同管理，以及2000行动计划的积极实践下，莱茵河流域内的生态环境得到了明显有效的改善。截至2003年，莱茵河河水基本清澈，而溶解氧的饱和度也已超过90%。

（三）日本

20世纪世界有8大环境公害事件，其中4件发生在日本，而水俣病事件在轰动全球的同时，也督促日本尽快制定环境治理的相关措施。

1971年7月，日本成立了特别环境管理机构，主要负责环境及公害等方面问题。次年，即1972年，又进一步采取新的措施，设立了调整委员会，主要协调环境问题。1973年，日本成立了"水俣湾等堆积污泥处理技术检讨委员会"和"水俣港计划委员会"，由政府出面去处理水俣病的污染治理问题。通过加强国家政治手段的方式，带动地方性政府在环境行政方面的进展。

日本政府从水俣病的诉讼事件意识到日本环境法律的不健全，以及法律调整手段的缺乏，因此环境诉讼方面、环境污染和防治方面的立法都在此之后得到了完善和健全。日本政府于1972年12月制定了《关于与人身健康有关的公害犯罪处罚的法律》，给环境管理等方面的公害定罪，强调违法者除了承担民事以及行政责任外，也要承担相应的刑事责任。以此法作为法律依据，后来在熊本水俣病刑事诉讼中，对日本氮素公司相关人员进行了刑事责任的追究。

日本在环境治理协同机制方面，从相关的机构设置到设立健全的法律依据为整个环境治理做出了努力。

美欧日协同执法相关事件起因、设立结构以及相关政策支持如下表5-1。

表 5-1　美欧日协同执法相关事件起因、设立结构以及相关政策支持

协同执法相关管理治理机制	事件起因		机构设置		政策支撑	
	年份	事件	年份	机构名称	年份	政策名称
美国	1943年	洛杉矶光化学烟雾事件	1943年	南海岸空气质量管理区（SCAQMD）	1970年	《清洁空气法》
					1970年	《清洁空气法》修正案
欧盟	1817年	"图拉整治"后的莱茵河污染	1950年	莱茵河防止污染委员会	1963年	《防止莱茵河污染过度委员会公约》
					1987年	《莱茵河流域行动计划》
					1995年	《Arles宣言》
					1998年	《防洪行动计划》
					1998年	《新莱茵河公约》
日本	20世纪60年代	水俣病事件	1971年	特别环境管理机构	1972年	《关于与人身健康有关的公害犯罪处罚的法律》
			1972年	调整委员会		
			1973年	水俣湾等堆积污泥处理技术检讨委员会		
			1973年	水俣港计划委员会		

（四）中国

我国的环境治理相较欧美日来讲，起步较晚，但从立法角度来看，目前我国能源法律已经具有一定的体系。但就能源法律的实施状况来看，也暴露了许多问题。比如一些能源基本法律跟不上时代发展的背景，法律的原则性强、可操作性较弱，相关内容规定不够完善，配套法规标准体现不健全等问题。因此完善能源低碳发展领域立法，修订和完善能源领域法律制度，以适应碳达峰、碳中和工作需要的重要性不言而喻。同时，制定一批清洁低碳能源相关的标准体系，实现能源领域碳达峰产业链相关环节标准全覆盖。从执法角度来看，能源工业绿色低碳转型需要深化能源领域"放管服"改革。"放管服"改革即简政放权、放管结合、优化服务的简称。充分发挥市场这只"看不见的手"对能源市场资源配置的决定性作用，减少、简化不必要的政府管控。在全国范围内深化能源领域"证照分离"改革，推进政务服务便民化。优化用电营商环境，

继续下放或取消非必要行政许可事项，激发能源市场主体创新活力。重视市场主体合理诉求，企业依法依规招投标，维护公平竞争的市场秩序。从能源领域监管角度来看，区分竞争性和垄断性环节，推动能源领域自然垄断性业务和竞争性业务分离。加强与能源绿色低碳发展相关联的市场交易行为监管。全面实施"双随机、一公开"监管，健全完善信用监管，大力推行"互联网+监管"，积极探索提高协同监管能力。积极改革能源领域自然垄断企业，督促有关企业落实公平开放、运行调度、服务价格、社会责任等方面的责任。

执法的前提是立法。能源低碳发展领域法律法规的修订与完善迫在眉睫。在能源市场经济中，政府应充分尊重市场在资源配置中的决定性作用，分清自身和市场的关系，不能既当裁判员又当运动员。行政执法是行政机关履行政府职能、管理经济社会事务的主要方式，加强对行政执法的监督是全面推进法治政府建设的必然要求[175]。《意见》从能源领域管理治理机制，即立法、执法和监督3方面提出建议，有利于推进能源工业绿色转型和协同执法机制向法制化及规范化转变。

通过深入学习《意见》内容，深刻领会《意见》精神，我们可以从《意见》中获得不少对促进能源工业绿色转型经济政策和协同执法机制建设研究的启示和启发。在建立促进能源工业绿色转型的经济政策体系的过程中，为保证未来实践过程的有效性，《意见》将对协同执法机制相关研究和建立以及未来经济政策体系的建立与完善提供宝贵的指导价值和丰富的借鉴意义。

三、协同执法机制问题与成因研究

协同执法机制在促进能源工业绿色转型的经济政策体系构建中具有相当的实践意义以及区别于其他经济政策体系的合作性与整合性。因此，该机制在具体实施的过程中，往往会出现区别于其他执法机制的特殊合作性相关问题，对于此类相关问题，需要从其具体成因角度出发进行深入分析，方能为整个协同执法机制的合理运行乃至经济政策体系的全面构建提供适当的改善建议。

以政府为主体的协同执法机制行为重点在于环境政策方面的行政管理，而根据我国现行的环境行政管理体制，目前采取的是统管与其他部门、地方政府分管，以及各个部门条块分割，与此同时地方政府相互竞争督促的模式。在此模式下，各环境执法机关虽然分工明确，但缺乏协作，常出现部门间职能重叠交叉、执法权限冲突、相互推诿等现象[173]。中央政府与地方政府在能源工业绿色转型目标上的差异以及地方政府基于地方特色而实行区域政策的差异，都在一定程度上影响了工业绿色转型的总体水平。因此，在促进能源工业绿色转型的经济政策体系的建立过程中，基于实践的中央政府与地方政府以及跨区域、跨部门的环境协同治理以及协同执法仍有诸多问题需要注意。

（一）职责划分

从中央政府与地方政府协同管理的角度出发，如果地方政府执行环境政策的过程透明度较低，监督主体将无法了解执法人员的具体活动，也就无法对其进行有效的监督[176]。因此，在环境管理政策中的很多环节仅凭中央政府的力量，是无法妥善有效率地解决问题的，地方政府也应与中央政府一起执法联动，各地区之间相互适应，发挥具有地域特色的生态环境监管职能，从而为促进能源工业绿色转型发挥积极作用。为了促进能源工业绿色转型，中央政府与地方政府以及部门之间的综合行政执法需要进一步的改革和更新，需要理顺中央政府与地方政府以及综合执法机关与行业管理部门之间的关系，解决好二者之间横向联动、协同执法的衔接合作问题。因此，信息沟通效率以及协作执行效果是中央政府与地方政府协同管理期间需要注意的问题之一。

而从总领与分管部门角度出发，相关的沟通问题主要受制于其协同执法时的职责分配情况。按照《中华人民共和国环境保护法》的规定，各级生态环境主管部门和其他行业管理部门应共同承担环境保护监管职责。因此，在能源工业绿色转型的过程中，各部门之间的协同执法的运行方式是以生态环境部门作为主要管理主体，加之其他部门在其相应的职权范围内的协调配合。在部门之间的协同执法过程中，职权范围成为容易发生争议的重点，因此，部门的职责整合的范围和事项是否足够细化成为影响协同执法效率的要点，而不同部门的职权范围的交叉重叠则会造成部门间的冲突，影响协同执法时部门之间的信任度与积极性。在行政执法机关协调配合的研究中，有学者强调，分工越精细化，越需要部门之间的协作和配合[177]。因此，当综合执法部门与相关行业管理部门进行职能整合与分配时，涉及的执法事项相对较多，就会导致不同部门之间对整合范围的认识不统一的情况出现。从我国目前的能源工业绿色转型情况出发，除了相关的指导文件外，生态环境保护的一般法和各单行法，以及各地地方性立法的规定，是能源工业绿色转型的重要理论与法律依据。因此，对于中央政府与地方政府以及各环境能源部门来讲，无论涉足哪一部分的执法事务，都存在多个部门同时拥有能源环保监管职责。

在信息沟通的透明度方面，如果地方政府在推动能源工业绿色转型的过程中，在执行相关的环境政策时候，对中央政府以及相关协同执法的其他地方政府与部门的信息沟通透明度较低，则会导致中央政府等监督主体无法了解执法人员的具体活动，进而也就无法对其进行有效的监督[177]。而在信息透明方面，当前地方政府未有效执行中央政府制定的环境政策，政府没有公开环境政策的制定和执行过程，这使企业、公众和社会组织等对环境政策缺乏基本的认知，进一步拖慢了能源工业绿色转型的步伐。

综上，中央政府与地方政府之间信息沟通不足，部门之间职责职能边界划分模糊的问题将会在各级政府之间产生信息鸿沟，在部门之间的信任方面产生负面影响，最终导致在能源工业绿色转型的过程中产生阻碍。

（二）跨区协同

我国拥有广袤的国土和复杂的自然地理环境，而行政区划是人为地将生态环境进行了细化与分割，能源的开采与使用也一样。目前电力系统的发展，交通网络的健全，使得整个环境问题或是多个地方政府协同管辖，或是某地环境受到破坏后由另一地政府承担后果。因此，生态环境的属地管理和属地责任会割裂整个环境管理的系统性，形成各自为政的局面。在这种碎片化的环境管理体制下，地方政府们都无法对同一环境单元实现统筹管理。虽然有些地方已经开展了跨区域的推动能源工业绿色转型合作，但在执法实践的过程中，不同地区经济发展水平有明显差异，生态环境行政相关奖惩标准的自由裁量基准各不相同，跨区域协同执法难以推进。跨区域的推动能源工业绿色转型的协同执法，既要依靠当地的地方政府中的生态环境部门严格执法，依法落实属地责任，也需要建立跨区域协调机构，强化区域内协同执法。但现有的管理模式，导致各地方政府之间在横向上都是平等主体，纵向上的中央政府的强化统筹能力囿于信息与时间以及实践的难度而降低，最终导致跨区域能源工业绿色转型过程中，环境的整体性治理的目标无法实现。

从能源工业绿色转型执法管理体制的现实来看，由于能源工业绿色转型的跨区域性与其整体性治理需求相互交织，以及执法主体的碎片化和属地管理原则，形成了跨区域环境执法各自为政的局面。随着国家区域一体化发展的政策助力，地方政府尝试在多个领域开展深度合作，其中包括区域环境联合执法方面的合作。然而，能否正确地跨区域、跨流域推动能源工业绿色转型，调和区域分割形成的管理主体碎片化与生态系统的整体性治理之间的矛盾，仍需进一步地探索。

从目前的成因来看，在能源工业绿色转型的过程中，有关生态环境的协同执法管理主要是缺乏统一的协调机构，国务院出台的相关指引文件也仅是用作指导与方向。以我国目前生态环境部设立的流域生态环境监督管理局为基础，将其作为中央生态环境部门的派出机构，以我国的江河流域为划分，统筹各流域内能源工业绿色转型相关的生态环境监管工作。尽管国家从中央政府的层面设置了诸多跨区域或跨流域机构去协调域内能源工业绿色转型相关的生态环境整体性治理工作，但依然缺乏合适的统筹协调机构去指导跨区域推动能源工业绿色转型开展联合执法。目前的生态环境部相关的派出机构，实际上也与地方政府类似，以行政区划的流域管理范围开展本应以流域分化的相关工作，在推动能源工业绿色转型的过程中，分割治理的问题无法避免。此外，在重要性方面，许多中央政府下设的机构的职权范围仅涉及我国部分重要地区和流域，然而其他的非重要地区、流域内的执法协作的开展与整合等相关问题，仍待进一步解决。因此截至目前，在传统的行政区域划分的属地管理体制下，我国各区域环境执法主体的跨域沟通协作较少，地区执法联动性较差，各环境执法主体依然在本行政区划范围内实施管理，各自为战，最终在能源工业绿色转型的过程中，生态环境相关问题的整体性治理和推动效果并不理想。

（三）过程监督

在环境治理协同执法机制以及过程中，为了有效推动能源绿色工业转型，除了合适的各级协调机构的设置以外，为保证整体协同执法过程的效率与作用，相关的法律构建也是构成协同执法机制的重要保障。

然而，在基础环境治理的法律层面，我国主要以党中央从国家战略布局的角度出发发布中央决定，进而指导区域协调发展。例如2012年的《重点区域大气污染防治"十二五"规划》，2015年的《水污染防治行动计划》以及习近平总书记在2018年提出的"长三角一体化"区域的构建等[178]。这些虽然能够为跨区域环境协同立法提供一定程度上的制度供给，但实际上，这些在法律中被定性为软法规制方式，在协同执法的过程中，软法规制自身便存在了较为明显的缺陷。首先，由于制定主体方面的差异，软法在质量以及实施效果上显著弱于硬法，且最终会导致实际效力不足。其次，由于其受到的制约和规范较弱，则更容易产生一定形式的理性缺陷。例如最早的环境生态跨区协同治理软法，即《泛珠三角区域环境保护合作协议》，其规定了环境治理跨地方政府、跨区域协同执法的机制和内容，但整体内容多为倡议性以及方向性的指导性意见为主，具体实践性不够细致，操作性也较弱[179]，最终导致该文件只成为泛珠三角区域环境保护合作的象征与标志，具体协同执法的实施细则还有待详细规划，与实际应用的标准规范的区域协同执法协议的结构内容相去甚远。除此之外，软法规制更存在着对权利义务主体约束不明、实施程序与监督程序的规制性弱等效力性缺陷。

因此，辅助能源工业绿色转型的协同执法的相关软法规制模式，实际上缺乏权利义务约束、强制性保障措施以及强制处罚手段等，而这些在协同执法的过程中将会直接制约其效力的发挥，因此，从协同执法的立法层面，需要相应的硬法来进行规范约束，以便使协同执法所依靠的法律体系的内容相配合、相协调。

此外，在协同执法的过程中，除了重要的规章即法律条文的控制性需要进一步增强外，整个协同执法机制中的立法主体也需要进行明确，以保证整个过程监督的成效。

而区域异质性也在此处发挥了其独有的特性，具体所面临的问题主要包括以下两个方面：首先，不同地方之间由于差异水平大，对于参与区域协同执法的意愿有很大差异，在执行层面便极易导致地方法治竞争和地方保护主义。其次，地方立法机关与行政机关没有形成良性互动，很多区域在协同执法的立法方面的体系单一，最终导致为协同执法提供的法律支持向着非良性的方向发展。

造成这种现象的原因有以下两点。首先是政绩考核方向。在环境治理方面，主要考察的是地方官员在地方所开展的具体治理举措和内容。因此，依据该标准，为了达到政绩考核标准以及实现自身政绩发展考量，地方之间会产生政绩竞争，进而演变成政绩"锦标赛"的独特现象[180]。这种现象则会拖慢协同执法与立法的进程与有效性。其次是经济情况差异。我国的行政区划与地方政府相一致，然而环境治理的区域划分则与其大不相同，因此，各地之间在经济方面的激烈竞争导致了只关注自己区域经济情况的地方保护主义，在只考虑短期收益最大化时，本应协同执法的地方政府则会有意或无意地弱化环境保护，或多以牺牲当地的生态环境为代价来获取经济的高速发展[181]，最终与能源工业绿色转型乃至整个生态环境治理的目标相悖而行。更有甚者，部分地方政府为了实现当地经济的迅速发展，不惜以地方保护主义等举措来忽视乃至回避跨域合作，致使区域内各地方无法实现整体发展，产业结构雷同现象频现[182]。

作为地方立法的两大重点领域，地方人大立法与地方政府立法"双轨"并行是我国立法体制的一大显著特点。地方人大与地方政府在法治运行工作过程中任一缺失，都将导致区域协同立法工作的开展跛行前进。若未形成地方人大与地方政府相配合的模式，立法层级便会始终欠缺，进而无法有效实现区域协同执法。因此，为了协同执法的有效性和合规性，只有不断完善地方人大和地方政府的分工合作机制，加强人大、政府与社会的良性互动模式，才能开创区域协同立法和协同执法合作的新局面，共同促进区域协调发展，进而积极推动能源工业绿色转型成功。

（四）责任追究

实现能源工业绿色转型相关的生态环境跨区域多部门协同执法有序是一种理想状态。生态环境保护协同执法过程中，在部门利益与地方利益双重因素作用下，会导致部门协同不作为、慢作为等现象出现。博弈论认为，当每个协同主体寻求最有利于实现自身利益最大化的目标时，其最终结果往往不会形成整体协同目标最优，甚至可能会削弱整体的协同目标。于是，在有利可图的领域大家一拥而上，无利可图的领域则会形成执法空白。从部门间达成的生态环境联合执法协议的规范性内容来看，协同执法的合作协议中更多的是对双方或多方协作方式、内容、程序、结果处理等方面的规定，而很少会对不履行协同义务的责任主体、责任形式和追责程序作出规定。此外，部门执法合作协议中涉及的责任规定往往较为模糊，缺少可操作性。责任追究机制内容规定不完善，会在推动能源工业绿色转型实践中引发部门协同不作为等现象，也会诱发追责问责不到位及形式问责等责任失灵的情形出现，影响生态环境跨区域多部门协同执法的积极性。现有部门执法协作框架下，对部门协作责任的规定并不完善。部门协作责任是指有义务配合协助的部门在故意推脱、拒绝协作或者消极不作为等情形下应当承担的不利法律后果。不同区域在构建生态环境协调机制时，虽然对部门协作义务有所规定，但并没有与之相匹配的责任规定，也缺乏责任追究机制的细节内容设计。而责任规定不清晰，则会直接影响协同执法的有效性。

在责任追究不足的问题方面，其成因首先是缺少协同执法责任规定，其次是责任追究机制内容不健全。在责任认定方面，以国家的环境治理部门协同执法为例，一般情况下，在多部门生态环境相关的协同治理实践中，基于推动能源工业绿色转型方面以及环境治理问题的系统性和完整性的需要，跨部门以及跨区域的地方政府之间会达成联合执法的书面协议。然而一些协议的内容中却仅仅表明了协同执法这一项目的义务以及职责，对于其相应的履行管理以及责任认定等强制性、管理性的标准设定没有做明确规定。有学者指出，不完善的责任追究机制在一定程度上又放纵了协作不作为[183]。因此当只关注明确其他行政主体责任，却忽略了责任落实问题时，面临需要问责的情形，将会出现相关责任机制的规定失灵，最终陷入无法追责的尴尬境地。

在责任追究机制设定方面，在推动能源工业绿色转型过程中，多部门、跨区域以及地方政府与部门之间开展执法合作是一种必然趋势。因此责任追究机制的内容不够完善，是制约其协同效率的一个重要因素。在具体工作中，责任主体、责任形式和追责程序等内容的不明确一般是责任追究机制的不完善的主要表现形式。从法律定义出发，责任主体可进一步被区分为责任追究主体和责任承担主体。首先，在协同执法的过程中，各个部门和地方政府之间往往处于平等的地位，因此，在发生追责事由时，在这些平等的执法主体之间，责任追究主体的设置尤为重要。如果各地方政府都不具备成为问责主体的资格，则需要中央政府来进一步判定由谁来追究不履行协作义务的部门的相关责任。其次，由于能源工业绿色转型是多部门以及地方政府间联合行动，所有参与协同执法的主体需要明确自己的责任，即对能源工业绿色转型这一共同的结果负有不可推卸的责任，因此，当发生部门协同不作为或慢作为等现象时，责任的承担主体自然是不履行协作义务的部门和地方政府，然而在流域与行政区域划分偏差的情况下，其他部门的连带责任划分问题也是一大重点。因此，在设计责任追究机制的过程中，这些未来可能在协同执法阶段出现的问题应当进行进一步的考虑。与此同时，责任形式也是责任追究机制下的重要内容。依据分类标准的不同，责任形式被分为行政责任和法律责任，以及个人责任和集体责任，而地方政府与各部门之间的协同执法的责任承担则是各种责任形式的组合。一般而言，在适用方式上，行政责任和法律责任既可以择一适用，也可能同时适用，个人责任和集体责任也是如此。大多数情况下，我国主管部门与相关配合部门之间，并没有就协同关系的职责、运作程序等做出详细的规定[184]。因此，在责任追究机制内容不健全，责任形式、追责程序不明确的情况下，在某些情形下责任机制失灵也成了必然。

综上所述，在能源工业绿色转型的过程中，中央政府作为总体统筹，地方政府之行政区域划分清晰但环境管理区域划分模糊的特点，以及地方政府本身管辖地区的区域特性，最终导致了在协同执法期间的信息沟通不畅，跨区协同关系较差，以及责任认定规则不够严谨等问题。因此，在逐步推进能源工业绿色转型的过程中，由于环境区域与执法区域的设定不同以及各地方政府的具体管辖情况的不同，地方政府与中央政府以及各个部门之间的协同执法都需要进一步的完善与改进。

（五）公众参与

在整个环境治理的协同执法机制的创立以及运行过程中，公众拥有一定的角色参与权，是协同执法机制的重要组成部分之一。公众的参与贯穿了协同执法机制从协同法律制定到协同执法执行的整个过程。

首先从协同执法机制的相关法律制定的角度出发，为协同执法的环境保护立法在本质上仍属于地方立法活动，因此根据《中华人民共和国立法法》及有关法律法规的规定，法律、法规在起草过程中应当广泛听取有关机关及社会公众的意见，并通过多种形式征求意见，保障法律规范的科学性和民主性，并且赋予了公民监督法律实施的权利。依据《西方法律思想史》，法治秩序以及规则的形成应当依靠法律与社会之间不断地互动，以此来回应变化的社会和日益分殊的道德诉求[185]。

在立法的过程中，公众参与主要以事前参与和事后参与两种形式为主。事前参与多是指为了开展区域环境保护立法协同工作而进行的准备性工作，具体包含评判是否应该进行区域协同立法、区域立法协同的方式选择等内容。而事后参与则多是在区域环境保护立法协同工作进行中开展的具体的协同立法以及事后监督协同立法工作，如制定立法规划及年度立法计划、起草立法项目、有关立法信息公开等内容。在协同执法的立法层面，对于立法以及执法依据等问题，公众仍无从查阅和了解协同执法相关的规范依据以及在进行协同立法中的具体内容和过程。很多时候，公众只能从相关的新闻报道甚至是对地方人大工作人员的采访中简短地了解部分区域正在开展协同执法以及协同立法的工作。而这使得公众无法对相关工作的开展进行有效全面的参与以及监督，最终为整个协同执法部分中的法律实践以及理论的研究带来相对不利的影响。事前参与缺失以及事后参与程度轻简，使得社会公众对整个环境治理协同执法以及立法协同工作无法有效参与和进行有力监督，公众参与区域环境保护协同执法工作未能得到有效的支持。

而从协同执法机制的运行过程的角度出发，公众在其中的参与度缺失也导致其不足以发挥足够的积极作用。首先在沟通方面，相关的协商机制并不健全，虽然中央政府与地方政府有部分立法对公众参与制度进行了规定，但其中多为倡导性规定，难以指导公众充分发挥自身作用，积极参与到相关的协同执法以及环境污染治理中去。在多元主体沟通协商机制方面也有所缺失，导致企业、社会组织以及公众均无法及时参与到整个环境治理协同执法的决策过程中来，进而也难以通过有效渠道表达自己的利益诉求，最终造成非政府主体参与协同执法的沟通交流渠道不畅，以及非政府主体参与环境治理协同执法的积极性不高。

其次在公众参与制度方面，也同样存在不规范的问题。在国家层面，只有《中华人民共和国环境保护法》规定了公众参与制度，并详细阐述了公众享有参与水污染治理的各项权利。具体到实际操作的以环境区域划分的协同执法层面，例如以流域划分的长江流域，2021年3月1日起施行的《中华人民共和国长江保护法》第14条、第16条提出，支持单位和个人参与长江生态环境保护和修复，也要求新闻媒体加强对长江流域的宣传和舆论监督。与协同执法的软法制问题相似，这些法律规范也多为鼓励性和倡导性规定，社会公众实际享有的污染治理权利有所缺失，相关的参与机制的程序性规定也十分模糊。从法律层面出发，协同执法中的协同治理方面，公众参与权应具备知情权、参与权、检举权和监督权4项基本权能，在知情权方面，对与切身利益相关的相关能源决策，公众享有被告知并及时参与决策的权利，但实际上环境治理的信息公开制度仍存在公布不及时、披露内容不全面等问题。而在参与权方面，相关法律规定环境治理过程中的环境影响评价以及其他涉及公众利益的许可程序中应广泛吸纳公众参与，但实践中，公众意见很少被采纳。而控告权方面，社会公众主体在环境治理过程中污染行为方面，是有权向有关环境主管部门或其他负有监督管理职责的部门检举揭发的，但这一权利在实践中很少发挥作用，难以在协同执法过程中对相应行为进行有效制约。而在监督权方面，法律规定当各政府不依法履行相关环境治理职责时，社会公众有权向上级机关或检察机关举报。但目前这项权利的保障机制还不成熟，社会公众的监督意识还很薄弱，监督作用得不到应有的发挥。

因此，在支持环境治理协同执法的过程中，整个社会的力量并没有得到充分发挥。信息披露不及时或失真，新闻媒体的监督和引导力度不够强，进而难以有效吸引社会公众参与到协同执法以及协同立法当中来，最终未能对推动能源绿色工业转型的环境治理协同执法的整体效果产生足够的积极影响。

第三节　协同执法机制完善路径研究

在能源工业绿色转型的过程中，解决上述协同执法的种种问题需要相关的完善路径作为参考，进而才能对整个经济政策体系的构建与实施进行前瞻性的改进与完善。首先，通过厘清政府层面的地方政府与中央政府之间，以及部门层面的综合执法部门与行业管理部门之间的相应职责，确定政府间以及多部门协同执法的事项，促进跨部门、跨区域的横向沟通协作；其次，鉴于在能源工业绿色转型的过程中，其环境问题所具有的整体性、跨域性特征，跨区域生态环境协同执法模式亟待优化，因此，建立跨区域统筹协调机构，统一区域执法标准，以及利用多种执法形式等，是解决区域生态环境相关问题的重要方案；最后，相应的责任规定需要进一步完善，细化相关责任追究机制的内容，以及强化协同执法的责任追究机制，保证在违反协作义务时，有规可查，有定可依。

一、部门职责明晰化

生态环境保护事权下，生态环境主管部门与相关行业管理部门的行政职能互相衔接，仅仅依靠生态环境主管部门的执法资源无法妥善解决生态环境污染与破坏的问题，需要得到相关行业管理部门的协作配合。生态环境保护综合行政执法改革要遵循协调性的原则，鼓励部门协作和信息共享。促进跨部门横向沟通协作，首先要理顺综合执法机构与各行业管理部门的关系，厘清部门职责，在确保行政职能清晰的前提下开展合作。要在合作协议中预先确定部门协同执法的事项范围，保证各部门在确定的框架范围内积极合作。此外，还要优化部门联席会议制度，对其正当性和规范性予以关注，充分发挥其沟通协商的功能。

因此，在职责沟通与协作效率方面，厘清职责与明确协同方式是提升协同执法的效率的重要途径。

首先是厘清中央政府与地方政府以及相关环境管理部门的职责。明确自身职责边界是进行跨政府与跨部门合作的前提，只有各自职能清晰明确，才能确定部门与地方政府之间开展合作所需的具体事项，而事项的准确明晰也是责任划分的重要依据。否则，一旦部门和地方政府之间的职能与管辖范围出现交叉重叠，在合作内容出现差异的同时，也会影响相互沟通合作的质量和效率，进一步会造成责任模糊不清，从而淡化协作各方主体的责任意识。因此，相关行业管理部门中涉及生态环境保护职能的执法事项和执法权限应进行重新整合配置，明确相关的责任权利，保证各项事务有规有矩，合理奖惩和下达指令。与此同时，综合执法部门与相关职能部门以及中央政府与地方政府之间的关系也需要理顺，依法对二者的权责范围做出相对科学合理的划定，明确在能源工业绿色转型过程中的综合行政执法事权。

其次是明确协同方式，在明确协同执法方式方面，中央政府与地方政府之间的协同执法事项的确认是其中的重点。因此，为了推动能源工业绿色转型，政府的工作任务和工作目标，不仅体现在末端管理的事后处罚，更重要的是形成事前、事中、事后等一系列监管机制和监管手段的良性运转。仅靠执法队伍资源，不仅无法面面俱到，也容易陷入被动执法的局面，造成资源浪费和部门内耗。在遇到相对复杂的环境治理问题时，执法机构往往需要其他部门的密切配合，才能真正实现执法目标。在部门和政府间的联合协议设定时，需要确定多项事务，例如，由多个部门和地方政府共同履行职能的事项范围，需要部门和地方政府协同的事务等，包括但不限于案件移送、信息共享、联合执法的行动方案或工作规程。在案件移送方面，在协同执法的过程中，当相关部门和地方政府部门出现职责范围内的违法行为，应及时将案件线索和相关证据移交中央政府的综合执法机构，进一步由该执法机构进行立案处理，反之亦然。在信息共享方面，在大数据平台日益进步和发展的现在，依托大数据平台，建立部门和地方政府合作事项的执法信息互通互联机制，以实现执法信息数据在各部门共享，进而降低协同执法成本。在联合执法的行动方案方面，在部门和地方政府之间开展联合行动或者专项行动时，应当制定具体行动方案，以明确各自职责分工。值得注意的是，相对于日常的执法事务，联合协同执法往往是为了解决实践中某些具有重大影响的复杂案件，这类案件仅凭执法机构一己之力无法实现治理目标，需要寻求多部门行政协助。例如行政联席会议等，根据一些学者对相应的协同执法方式的研究可以证实，在对行政机关依法享有的自由裁量权由行政联席会议进行规制后，也可对行政的自由裁量权进行控制，为协同执法时的职责任务提供保障和规范[186-187]。

综上所述，在促进能源工业绿色转型的过程中，厘清地方政府与中央政府的相应职责，明确协同执法的方式与沟通要求，并对相应的自由裁量权进行控制，可以帮助地方政府与中央政府以及各部门之间的职责工作与沟通效率提供规范和保障，为推动能源工业绿色转型提升效率。

二、跨区协同标准化

能源工业绿色转型主要受制于传统的行政执法属地管理体制与环境的跨域性之间的矛盾。根据学者们的研究，这两方之间的矛盾会在跨区协同执法与合作时进一步凸显[188]，因此，使得跨区域推动能源工业绿色转型的协同执法更为必要。鉴于有些环境问题具有很强的跨域性和流动性，如大气污染、水污染等环境污染事件，当一片区域的某一处发生能源工业绿色转型过程中的相关环境污染事件时，在风向、流向等自然因素的影响下，污染势必会波及与之毗邻的多个市县地区。在这种情况下，即使该地的地方政府与生态环境主管部门能够及时开展有效的防治手段，但若没有整个污染区域的生态环境相关的地方政府与主管部门的协同执法与通力合作，也只能就属地范围内起作用，既无法使整个区域的污染现象得到好转，也可能让自身的治理功亏一篑。这也反映了传统行政执法属地管理体制与环境问题的跨域性、复杂性之间的矛盾，即生态环境保护的整体性治理需求往往被现实中的不同行政区域所割裂。优化跨行政区域的协同执法，完善跨域联合执法、协同执法的体制机制成为必然选择。因此，为推动和促进能源工业绿色转型，在地方政府之间相互合作以及中央政府统筹规划的协同执法的模式下，地方政府之间的协同执法的体制机制需要进一步的改善和推动。

首先，应设立相关的统筹协调机构，以跨行政区域的环境领域为基准，即在推动能源工业绿色转型的跨区域协同执法中，打破行政界线的限制，建立一个高规格、高效率的统筹协调机构，从中央政府层面，专门负责跨部门、跨地区、跨流域相关环境问题的执法协调。统筹协调机构强调"共同上级"的约束，明确领导责任和成员单位职责，其设置要突破地域限制，其规格视不同区域生态环境具体状况分别安排。在人员构成方面，能源工业绿色转型的重点区域，统筹协调机构的组成人员可以考虑由中央政府牵头，而其他非重点区域可以选择由相应的地方政府或中央政府牵头，区域内各省主要领导或者分管领导参加。机构职能方面，统筹协调机构应全面负责区域内大气污染、水污染、固体废弃物污染等各种污染防治和流域、海域、自然保护地等生态保护执法工作。在具体的执法形式上，将综合执法和联合执法这两种执法手段相结合，以形成更优的制度合力。

其次，为了促进协同执法的效率，应在执法量度上设定统一的标准，并为其他的地方政府协同执法提供借鉴与范本。通过制定统一的标准，在环境领域的区域内同步实施，可以提高区域内执法效率，执法人员只需依靠区域统一标准即可开展日常执法活动，就不会出现选择适用的困惑以及由此引发的争议。对于统一的标准，需要包括行政自由裁量权基准和环境标准，标准统一有利于在跨区域协同执法中形成统一的执法依据和认定准则。这些标准的制定，是区域内各地方政府在综合考量本地经济发展状况和执法能力的基础上，反复磋商形成的。因此，当地方政府之间与部门之间集中行使相似或相近的执法事项，便可以凭借统一执法标准和裁量尺度来保证执法公正。

综上所述，在地方政府与中央政府的跨区域协同的过程中，应由中央政府设立相应的统筹协调机构作为最终的裁量与决定方，保证协同执法的合规性，与此同时设立统一的执法裁量标准，以在促进能源工业绿色转型的过程中为各地方政府提供范本，保证协同执法的公正客观。

三、业务流程制度化

在协同执法的法律支持方面，可以借鉴域外国家的成功经验，例如美国的州际协定、日本的跨区域行政协调法律协议等，均对跨区域问题协同治理和协同执法提供了相对清晰的解决方式[189]。因此，行政协定是保证协同执法过程中法律支持度的一种很好的方式，在法律中，行政协定被界定为各地方政府之间签订的，具有约束力的行政规划、服务性协议等文件，其目的在于解决社会治理过程中存在的共性社会问题。

而根据我国法律法规的规定，地方政府作为我国的行政机关、人大立法的执行机关，其仅享有针对行政管理事项的部分立法权。在行政协定方面，地方政府间的行政协定并非政府行使立法权的体现，仅为地方政府之间为解决特定的事项而形成的合意，是政府行使行政管理职能的表现形式，因而行政协定与软法制类似，均有普遍约束力弱且没有法律强制力的特点。有学者对我国区域法制研究后指出，行政协定的法律化需要通过特定的形式方能成为法律的一部分，具体包括签订主体、签订程序、生效条件、备案审查等程序[190]。因此，只有将行政协定经过地方人大审核同意后才能转化成为地方性法规[191]。只有经过法律的形式明确的行政协定才能保证其效力等级，并在实践过程中，切实保障行政协定的制定、实施以及责任承担等全方位受到法律的保障和监督。

因此，在协同执法的中央政府层面，则应明确地方各级人民政府无权擅自调配或处置各项资源，应将环境治理资源具体到各个经济带，相关的各地方省市政府只能依法或根据国务院授权进行调配或处置[192]。在协同执法的多方地方政府协同方面，也应综合考虑各个经济带生态系统与其他区域生态系统在自然、地理上的差异性、区域异质性，以及与沿岸经济、社会、文化发展上的协同性等因素，保证相关的法律支撑在上述因素基础上确立，保证其具有现实指导性。在单一的地方政府层面，则要考虑到各地政府追求利益的不一致，各省市难以达成环境治理协同执法机制。可通过中央立法强制规定相关环境治理绩效或排放标准等，以消除地方政府保护主义困境，促使地方政府在协同执法的立法层面只能严格执行或制定更高的相关治理以及排放标准，从地方政府个体出发，促进整体协同执法下的环境治理协调发展。

为保障地方政府协同执法的合作协议能够有效实现，提升省际合作协议的软法法律效力，需要建立政府内在的诚信制度，建立健全能够全面推动能源工业绿色转型的省际协同执法协议条款规范制度，完善争端解决制度和监督约束机制。

首先，在基础层面，建立政府内在诚信制度。为增强协同执法地方政府间省际协议的软法效力，使软法具有可信度，可对缔约各方及其他公务人员进行诚信施政理念教育，利用出台行政程序法等历史机遇，推进诚信原则在行政法领域的适用[193]，加强对缔约方失信行为的惩罚与追究，将失信与法律责任承担相结合。

其次，在制度层面，健全协同执法地方政府间省际协议条款规范制度。经过合理设计的省际协议条款能够有效促进该协议的履行及实施，包括但不限于书面形式，以便产生争议时有判断依据。同时协议的内容及权利义务必须具体清晰，避免模糊性和歧义性。主要条款应当包含协同执法过程中的地方政府纠纷问题及解决方案、各缔约方的权利与义务及争端解决机制。

最后，在实践过程层面，完善协同执法地方政府间省际协议纠纷解决机制。省际协议本质上是合同，若缔约方拒不履行协议内容，或履行时违反协议约定的，构成违约，应当承担责任。就现有省际协议来看，即使有完备的责任条款，缔约方之间的争端仍不可避免。为更好解决此类冲突，各缔约方在发生纠纷时可先自行协商调解，若经过协商调解仍无法达成一致意见，可引入司法程序来解决。

综上所述，只有有序推动协同执法的业务流程制度化、合法化，才能进一步保证地方政府间跨区域、跨流域环境治理问题的妥善有效解决，为进一步积极推进能源绿色工业转型提供保障。

四、执法信息公开化

在公众参与协同执法以及协同发展等事项的问题方面，京津冀地区协同发展做出了相对实际的努力，在其发展过程中，有研究者曾向区域内公民进行实地调查[188]。该调查旨在研究民众对于京津冀地区在生态环境保护上的认识以及发现环境保护协同工作的问题，进而可以不断调整区域环境保护协同发展策略，以便更好地解决民众之所需所想[189]。根据调查数据显示，针对跨区域协同执法问题，有超过70%的被调查者认为区域内统一的执法标准建立能有效改善区域内各地方执法不一致、差异化执法问题；而有超过50%的被调查者支持区域内采取交叉执法措施或者开展跨区域执法，有助于区域内各地方互相监督[190]。由此，公众实际对于参与和了解环境保护问题相关的区域协同执法机制是有相当高的期待的。

因此，在协同执法过程中的相关立法层面，为了避免公众参与协同立法工作沦为形式，应有必要及时拓宽公众参与协同立法的途径方式，并且在参与的过程中，号召公众积极提出意见和建议[191]。与此同时，地方政府及有关协同执法的部门也应及时充分地收集和汇总这些建议与问题，以积极的态度落实到区域协同立法的内容中去，切实做到保障公民的基本权益[192]。

相关环境治理的协同执法与协同立法过程中的公众参与制度是有必要设立的，是让公众在立法、执法、司法范围之外，寻找追求美好生存环境的新路径。

在沟通协商机制方面，要实现区域协同执法下的环境治理，首先应建立包括政府、企业、社会组织、公众等主体在内的区域协同执法下的环境治理协商机制，无论是政府治理主体，还是企业、社会组织、公众等社会主体，在治理过程中的法律地位相互平等[194]。各主体对相关环境污染和治理事件进行磋商时，可自由发表意见和建议，加强政府与社会公众的沟通协商，增进彼此间互信，形成多元主体参与区域协同执法下的环境治理的强大合力。其次，赋予社会组织、企业以及公众相关的途径参与区域协同执法下的环境治理事务活动的监督与管理。通过信息公开及反馈机制、座谈或论证机制等构建多元化公众参与机制，搭建公众参与水污染事件的信息表达与沟通平台，积极回应沿岸主体的相关利益诉求，提高水污染协同治理政策的治理效果和执行效率[195]。最后，完善政府决策机制，鼓励、引导企业、社会组织和公众个人参与区域协同执法下的环境治理决策过程，推进区域协同执法下的环境治理决策民主化[196]。

在协同执法的执行层面，如果地方政府执行环境政策的过程透明度较低，监督主体将无法了解执法人员的具体活动，也就无法对其进行有效的监督[176]。因此需要保障监督主体的知情权，除了涉密内容，政府应及时公开相关信息，为社会公众监督环境政策的制定和执行提供良好的外部环境。

此外，政府应该从制度上落实监督政策，积极推进公众参与监督的进程，实现监督主体的多元化和监督过程的全面化。环境政策的监督形式多种多样，包括政府的内部监督、新闻媒体的监督和人民群众的监督等，然而新闻媒体和人民群众的监督主要依靠舆论监督执法单位的行为，不具有强制性。新媒体在环境治理监督过程中具有独特优势，尽快推动舆论监督立法[188]。要通过法律制度为实现各种监督方式提供良好的环境，通过不断完善环境监督政策做到有法可依，提高舆论监督和群众监督的效率，推动公众参与度的发展。

综上所述，环境治理关乎所有人的生活，因此，公众的参与度的提高将会对地方政府间的协同执法效率与目标准确度产生积极的效果，将会为能源绿色工业转型乃至环境治理提供更为切实的思路与目标。

协同执法是各个地方政府明确的行政区域与环境方面的自然区域之间的一道桥梁。区域划分的不同以及各个地方政府所在区域的经济、环境、能源拥有与使用情况的不同为协同执法带来了挑战，因此，地方政府与中央政府之间的协同执法需要准则规定化的职责沟通要求、标准化的协同执法规定、制度化法律化的协同执法支持、后续成果维护的责任追究流程以及积极有效的公众参与机制，以保证在合理的经济政策体系构建下的协同执法的过程中，切实有效地推动能源工业绿色发展。

第四节　协同执法机制未来展望

一、提高企业执行效率

企业是能源工业绿色转型的最终实施者。从整体来看，企业需要践行各级政府颁布的相关政策，严格执行协同执法体制的要求，积极响应国家的环保政策号召，关注自身企业的能源转型存在的问题。

目前，部分企业对于能源绿色转型的重视程度不足，对于能源转型的技术也不甚了解。个别企业一味追求经济效益，甚至出现了得到政府的政策支持和资金补助，但却并未实际从企业内部进行能源革新的现象。如果仅靠政府执法监督第一时间是很难发现的。因此，协同执法最终还是要落实到企业自身，除了政府监督和外部监督之外，企业内部可以建立专门的执法部门，对企业能源绿色转型的过程进行实时监督，对能源绿色转型投入的成本和经济产出做出合理的评估，继而对企业的经营状况做出合理预期。与此同时，企业还需要不断完善内部的执法机制，在面对政府检查时，可以做到积极配合并提供完整准确的检查依据。

企业能源绿色转型过程中势必存在着各部门之间的协同合作，因此企业内部需要建立完善的责任追究机制，以此来制约其协同效率。当多个部门应对能源革新和协同执法时，难免会出现责任主体不清的现象，如果各部门都不作为、慢作为甚至推诿责任，那么不仅会严重影响企业协同执法的效率，还会影响企业能源绿色转型的进程。因此，完善的责任追究体系可以很大程度上提升协同执法的有效性，并且提高能源绿色转型的总体水平。

未来企业需要时刻关注企业的创新能力，保持企业的核心竞争力，并且始终坚持贯彻节约优先的方针，尽可能地降低产品的单位能源消耗和单位碳排放量，在推进绿色转型的同时，提高社会的经济综合效益。加大科技创新资金投入，加快实施技术改造，在继承和发展传统协同执法机制的前提下，开辟发展新领域、新赛道，不断塑造创新型协同执法机制。同时，企业在未来也要增强风险预防观念，对科研投资和技术转型进行合理的评估，避免盲目投资带来的经济风险，进一步提升自身的风险处置能力，保障协同执法和工业绿色转型的持续稳定发展。

二、增强政府引导协助

协同执法机制是指执法规范体制协同、执法技术手段协同、执法人员协同、执法标准协同、执法效果评价协同等，其本质就是在能源工业绿色转型过程中，处理好中央政府与地方政府、地方政府与地方政府之间的关系，因此在协同执法机制中政府占据主导作用。

在未来的协同执法过程中，首先中央政府应该做好能源绿色转型的整体规划布局，充分发挥地方政府的积极性和主观能动性，在财政和法律等层面给予地方政府支持，充分保障地方政府的主导权。同时中央政府应该统筹各地区，实现地域间资源的优势整合，对各地区间资源进行合理配置，保障地区发展的独特性，根据各地的实际特点制定符合当地发展的制度和政策，为能源绿色转型提供基本的法律保障和政策支持。地方政府在未来应关注当地的实际执法情况，重点解决执法部门重复、执法过程冗余、执法权限冲突等问题，切实保障协同执法的高效性。协同执法机制对于促进地方政府执法协调有着重要的制度创新意义。

但从政府监督来看，协同执法机制还存在着许多不足之处。目前我们的研究大多数聚焦于区域协同执法过程中存在的地方各项规定之间的冲突，仅仅着眼于细微处，而忽视了对宏观层面的分析。虽然我们对多头执法的问题进行了有侧重点的讨论，但是目前的探讨仍旧存在着很多空缺之处。目前，在环境协同执法体系中存在着协同执法体系整体性不高、开放性不足、稳定性不强等问题[177]。因此，在未来需要打破各自为政的局面，推动系统整体发展，各政体之间积极有序地进行合作，增强各主体间协同执法的主动性，并且减少地区和部门之间的交叉管理现象，提升协同执法的整体性。此外，政府需要降低执法体制的封闭性，加强各主体间的信息共享，为区域协同执法奠定良好的基础。政府还需降低协同执法的成本，简化程序性要求，制定统一的执法规范体系，从多方位保障能源的绿色转型。

同时，政府需要规范协同执法行为。各级行政部门需要严格依照法定权限和程序来履行职责，避免自由行使权力，从而导致权力滥用或者越权现象的出现。对于行政执法过程实行全面公示、记录，避免执法冲突导致执法拖延甚至停滞，影响执法效率。加强地区之间的执法协调机制和沟通，在区域发展中提升协同执法水平。

此外，政府部门还需要加大政策支持和技术补贴力度，保障工业绿色转型企业的正常运转，同时加大市场监管力度，建立专门的协同执法部门对企业和地方进行定期检查，避免不合理的资金耗费。同时政府可以建立多元化的考核体系，将各地的协同执法效果纳入绩效考核指标，以此对各地的协同执法效果形成横向对比，有利于进行整体量化考核。

为了实现能源绿色转型的高效进行，各级政府需要进行协同执法，跨区域、跨部门协作，因此未来政府需要关注如何完善协同执法机制。国务院《优化营商环境条例》中要求政府及其有关部门充分运用互联网、大数据等技术手段加强监管。在实际中，各级政府部门都掌握了大量的社会信息、行政信息等资源，但是部门之间缺乏沟通，从而导致信息不对称现象的产生。政府部门应该增强信息共享意识，打破信息壁垒，利用互联网和大数据技术建立起相对完善的信息交流平台和信息库，保证信息的时效性，以此合理配置部门间资源，提升信息使用效率，从而降低成本。但中央政府和地方政府在执法目标上的差异，导致执法方式不同，在一定程度上加重了协同执法的不可行性，因此未来要尽可能地统一各政府执法目标，从而增加协同执法的可行性。

以目前推动能源工业绿色发展方面的进程来看，我国已初步形成了"以法律为保障、以政策为支撑、以标准为指引"的制度体系。从法律层面看，经过

40多年的实践探索，我国形成了以《中华人民共和国环境保护法》为基础，以《中华人民共和国清洁生产促进法》《中华人民共和国水污染防治法》《中华人民共和国大气污染防治法》《中华人民共和国土壤污染防治法》《中华人民共和国固体废物污染环境防治法》等污染防治立法和《中华人民共和国节约能源法》《中华人民共和国水法》等能源资源保护立法为主体，以《中华人民共和国环境保护税法》《中华人民共和国资源税法》等为配套的法律框架，调控领域涵盖从设计、采购、生产、运输、存储、销售、使用、报废处理到再利用的工业生产全过程，对于推动工业绿色发展起到了积极促进作用[196]。因此，在能源工业绿色转型的过程中，协同执法机制加入将对整个能源工业行业产生巨大的影响。

首先，在协同执法机制下，中央政府能够对地方政府进行有效的指导，提高不同辖区政府之间的政策互动性，减少能源工业绿色转型在涉及跨区域资源整合调配时的资源浪费。与此同时，中央政府在转型过程中所出台的相关法律法规以及对地方政府财政转移支付制度，也有利于形成不同地方政府辖区之间工业绿色转型的补偿机制，进而为地方政府执行能源工业绿色转型相关政策提供配套的财力支持，促进地方政府在工业绿色转型过程中形成良性竞争，推进构建区域间的合作机制，规范跨区域工业绿色转型协议的实施，辅助整个行业的绿色转型稳健发展。

其次，协同执法机制能够处理好中央政府与地方政府、地方政府与地方政府之间的关系。依靠地方政府对当地工业绿色转型进程更细致的了解，以及在工业绿色转型过程中的积极性，中央政府能够从上至下给予地方政府相应的事权和财权，在法律层面助力地方政府间的跨区域合作，结合地域资源优势，更为详细和清楚地为能源工业行业的绿色转型提供更有力的帮助。

协同执法机制为能源工业绿色转型提供了一条和谐、坚实的道路。在该机制下，整个行业将向着扎实推进能源工业绿色转型，保障行业健康稳定发展，维护和改善环境生态的最终目标前进。

三、加强社会参与监督

从社会角度来看，协同执法机制的有效运行离不开媒体和群众的外部监督。社会协同执法有利于发挥协同机制主体的多样性，增强群众的积极性，有利于协调和整合多元化的利益和社会矛盾。

首先，我们要明确以人民为主体的核心理念，激发人民参与协同执法的意识，提升人民在协同执法方面的知识水平，为协同执法奠定坚实的群众基础。各社会组织代表着不同层级的利益，覆盖整个社会生活的不同领域。社会组织在协同执法机制中发挥着至关重要的作用，可以满足公众的多样化需求，协调和保证各社会层级的利益。未来我们需要进一步加强监督责任观，承担起协同执法过程中我们所应担负的责任，积极监督政府行为和企业行为，积极落实政府决策共同推动工业绿色转型。

其次，为了加快落实工业绿色转型的进程，未来不仅需要有针对性地培养专业性的协同执法人员，提升协同执法的效率，还需要营造良好的社会环境，保护企业的技术创新性，尽可能地避免同类竞争者的市场恶意竞争。

最后，未来我们需要进一步完善协同执法机制，利用现有的便利条件，尽可能地实现信息共享，避免信息闭锁造成的未能履行执法信息协同责任或者重复检查造成执法成本增加，为协同执法的信息共享营造良好的社会环境。

综上所述，协同执法机制作为促进能源工业绿色转型的经济政策体系实践过程中的重要组成部分，将对该经济政策体系的建立与实施产生重要的影响。因此，完善协同执法机制有利于推动与改进整个经济政策体系，是促进能源工业绿色转型的重要保障之一。

参考文献

[1] 朱彤. 中国能源工业七十年回顾[J]. 企业观察家，2019（10）：38-41.

[2] 种高雅. 能源转型路径的国际比较及对我国的启示建议[J]. 西部金融，2022（6）：42-46.

[3] 李俊峰，李广. 中国能源、环境与气候变化问题回顾与展望[J]. 环境与可持续发展，2020，45（5）：8-17.

[4] Laszlo Varro，安丰全，齐晓彤. 中国"十四五"规划助力能源加速转型[J]. 中国投资（中英文），2020（Z0）：14-21.

[5] 许雪芳，覃宇冰. 我国绿色金融发展的实践经验与提升路径[J]. 人民论坛，2020（30）：72-73.

[6] 李鹏. 我国煤炭工业的现状及可持续发展观[J]. 决策探索（中），2018（8）：16-17.

[7] 窦娟. 从我国煤炭工业现状浅议能源金融[J]. 当代经济，2017（20）：52-53.

[8] 吴佳晨. 浅析我国石油化工行业发展趋势与应对措施[J]. 石油化工设计，2022，39（2）：63-66，6-7.

[9] 李鹭光. 中国天然气工业发展回顾与前景展望[J]. 天然气工业，2021，41（8）：1-11.

[10] 戴金星，秦胜飞，胡国艺，等. 新中国天然气勘探开发70年来的重大进展[J]. 石油勘探与开发，2019，46（6）：1037-1046.

[11] 黄佐菊. 浅谈我国能源结构现状及对策[J]. 石化技术，2018，25（3）：30，44.

[12] 黄晟，王静宇，郭沛，等. 碳中和目标下能源结构优化的近期策略与远期展望[J]. 化工进展，2022，41（11）：5695-5708.

[13] 蔡绍宽. 双碳目标的挑战与电力结构调整趋势展望[J]. 南方能源建设，2021，8（3）：8-17.

[14] 龙宇. 双碳目标的挑战与电力结构调整趋势展望[J]. 商讯, 2022（21）: 125-128.

[15] 于倩倩, 钱钢粮, 董占飞, 等. 基于"十三五"规划实施评估的水电发展思路分析[J]. 水力发电, 2022, 48（11）: 4-9, 21.

[16] 李美成, 高中亮, 王龙泽, 等. "双碳"目标下我国太阳能利用技术的发展现状与展望[J]. 太阳能, 2021（11）: 13-18.

[17] 齐博. 浅谈风电新能源发展现状及开发利用的策略[N]. 科学导报, 2022-08-12（B2）.

[18] 梁志松, 何楠, 周旺, 等. 双碳目标下生物质能发展现状及应用路径研究[J]. 科技视界, 2022（18）: 5-7.

[19] 李俊峰. 我国生物质能发展现状与展望[J]. 中国电力企业管理, 2021（1）: 70-73.

[20] 乔勇, 易跃春, 赵太平, 等. 2021年中国地热能发展现状与展望[J]. 水力发电, 2022, 48（8）: 1-3, 40.

[21] 张浩东. 浅谈中国潮汐能发电及其发展前景[J]. 能源与节能, 2019（5）: 53-54.

[22] 周玉辉, 文丽晨. 能源转型下可再生能源发展现状研究[J]. 营销界, 2019（37）: 241-242.

[23] 乌日力嘎. 可再生能源电力发展现状与展望[J]. 环境保护与循环经济, 2019, 39（12）: 4-6.

[24] 赵书强, 吴杨, 李志伟, 等. 考虑风光出力不确定性的电力系统调峰能力及经济性分析[J]. 电网技术, 2022, 46（5）: 1752-1761.

[25] 林冬. 浅谈我国可再生能源发展现状及对策研究[J]. 中国工程咨询, 2022（3）: 16-20.

[26] 王群伟, 杜倩, 戴星宇. 面向碳中和的可再生能源发展: 研究综述[J]. 南京航空航天大学学报（社会科学版）, 2022, 24（4）: 79-89.

[27] 周旭. 中俄能源市场交易的合作推进[J]. 上海节能, 2022（10）: 1251-1260.

[28] 吴磊, 赵跃晨. 碳中和目标下中国与中东国家的能源合作[J]. 西亚非洲, 2022（6）: 49-73, 157-158.

[29] 王轶辰. 国际能源合作要引进来走出去[J]. 中国石油和化工产业观察, 2022（10）：35.

[30] 姜安印, 毛幸. "一带一路"倡议背景下的能源合作问题综述[J]. 中阿科技论坛（中英文）, 2022（10）：1-5.

[31] 武芳. 中国参与"一带一路"新能源合作的现状与展望[J]. 中国远洋海运, 2022（10）：60-62, 10.

[32] 林蔚然, 赵天骄, 杨泓慧. 加强能源科技创新有序推进"双碳"战略[J]. 中国发展, 2022, 22（2）：18-21.

[33] 国际能源署. 数字化与能源[M]. 陈伟, 等, 译. 北京：科学出版社, 2019.

[34] 能源革命：科技创新开启新引擎[J]. 全国新书目, 2022（4）：24-25.

[35] 赵玉民, 朱方明, 贺立龙. 环境规制的界定、分类与演进研究[J]. 中国人口•资源与环境, 2009, 10（6）：85-90.

[36] 杨洪涛, 李瑞, 李桂君. 环境规制类型与设计特征的交互对企业生态创新的影响[J]. 管理学报, 2018, 15（10）：1019-1027.

[37] 郑玉雨, 李晓亮, 段显明, 等. 我国电力行业环境经济政策的现状与展望[J]. 生态经济, 2020, 36（10）：160-166.

[38] 陈阳. 论环境经济政策对环境保护的推动作用研究[J]. 环境科学与管理, 2020, 45（4）：7-11.

[39] 张瑞萍. 环境法视域下生态环境与经济协调发展的优化路径[J]. 兰州财经大学学报, 2017, 33（3）：109-117.

[40] 张奇. 中国新一轮能源革命的重要使命和推进战略[J]. 国家治理, 2022（18）：27-33.

[41] 牛哲文, 郭采珊, 唐文虎, 等. "互联网+智慧能源"的技术特征与发展路径[J]. 电力大数据, 2019, 22（5）：6-10.

[42] 张亮. 促进我国经济发展绿色转型的政策优化设计[J]. 发展研究, 2012（4）：44-46.

[43] 中国绿色金融发展报告课题组, 杨娉. 中国绿色金融发展展望[J]. 中国金融, 2020（14）：42-43.

[44] 周长波. 统筹推进绿色低碳高质量发展[J]. 中国环境管理，2022，14（6）：55-56.

[45] 李元爱. 数字经济对低碳产业发展的驱动作用分析[J]. 环境工程，2022，40（11）：303.

[46] 肖红军，阳镇，凌鸿程. 企业社会责任具有绿色创新效应吗[J]. 经济学动态，2022，738（8）：117-132.

[47] 王薇. 环境经济政策对企业绿色行为的影响研究[D]. 武汉：中南财经政法大学，2020.

[48] 车亮亮，武春友. 我国能源绿色转型对策研究[J]. 大连理工大学学报（社会科学版），2015，36（2）：41-46.

[49] 韩仁月，李润雨. 碳中和目标下日本促进能源转型的财税政策[J]. 现代日本经济，2022，41（2）：20-35.

[50] 王红梅. 中国环境规制政策工具的比较与选择——基于贝叶斯模型平均（BMA）方法的实证研究[J]. 中国人口·资源与环境，2016，26（9）：132-138.

[51] 林永生. 不完全竞争行业中的环境工具有效性研究：一个理论框架[J]. 中国环境管理，2016，8（6）：90-94.

[52] 陈莉莎. 环境规制的企业价值补偿效应研究——基于不同环境规制工具的比较[J]. 当代经济，2021（11）：114-119.

[53] 胡元林，孙旭丹. 环境规制对企业绩效影响的实证研究——基于SCP分析框架[J]. 科技进步与对策，2015，32（21）：108-113.

[54] 张立，尤瑜. 中国环境经济政策的演进过程与治理逻辑[J]. 华东经济管理，2019，33（7）：34-43.

[55] 李利森. 双循环新发展格局下绿色供应链发展路径研究[J]. 现代商业，2023，664（3）：39-42.

[56] SCHMALENSEE R, STAVINS R N. Policy evolution under the Clean Air Act [J]. Journal of Economic Perspectives, 2019, 33(4): 27-50.

[57] FOWLIE M, MULLER N. Market-based emissions regulation when damages vary across sources: what are the gains from differentiation? [J]. Journal of the Association of Environmental and Resource Economics, 2019, 6(3): 593-632.

[58] PAN X, AI B, LI C, et al. Dynamic relationship among environmental regulation, technological innovation and energy efficiency based on large scale provincial panel data in China [J]. Technological Forecasting and Social Change, 2019, 144: 428-435.

[59] 马中. 环境经济与政策：理论及应用[M]. 北京：中国环境科学出版社，2010.

[60] 董战峰，陈金晓，葛察忠，等. 国家"十四五"环境经济政策改革路线图[J]. 中国环境管理，2020，12（1）：5-13.

[61] 郝春旭，董战峰，程翠云，等. 国家环境经济政策进展评估报告2021[J]. 中国环境管理，2022，14（3）：5-13.

[62] 陈苑. 环境保护税改革研究现状及法律思考[J]. 现代交际，2021，543（1）：72-75.

[63] LABATT S, WHITE R. Environmental finance: a guide to environmental risk assessment and financial products[M]. Hoboken, N. J. : John Wiley & Sons Inc., 2002.

[64] JEUCKEN M. Sustainable finance and banking[M]. London: The Earthscan Publication, 2006.

[65] 王凤荣，王康仕. 绿色金融的内涵演进、发展模式与推进路径——基于绿色转型视角[J]. 理论学刊，2018（3）：59-66.

[66] 李淑文. 中国环境产业的现状分析与战略选择[J]. 中国人口·资源与环境，2017，27（S1）：25-28.

[67] 缑长艳，唐晓旺. 推进绿色低碳发展的契税优惠制度改革探析[J]. 税务研究，2022，455（12）：33-36.

[68] 何平，吴素纺，刘爱珍. 对绿色金融标准体系建设情况的思考[J]. 北方金融，2022（11）：66-68.

[69] 杨友麒. "双碳"形势下能源化工企业绿色低碳转型进展[J]. 现代化工，2023，43（1）：1-12.

[70] 瞿国华. 我国能源转型与过渡能源的合理选择[J]. 科学发展，2022，169（12）：88-96.

[71] 李秋峻. 浅议我国环境产业发展[J]. 产权导刊，2013（4）：66-67.

[72]　王红一.《商业银行法》修订背景下的绿色信贷政策法律化[J]. 财经法
学，2021（1）：75-85.

[73]　黄琦. 碳中和目标下绿色信贷法律制度完善的路径[J]. 上海商业，2023，
527（1）：187-190.

[74]　秦芳菊. 我国商业银行绿色信贷的法律进路[J]. 南京社会科学，2020
（5）：82-88.

[75]　张成刚. 环境使用权制度的来源及概念问题探究[J]. 西安社会科学，2010，
28（2）：63-65.

[76]　徐治雄. 我国环保产业发展与环境法律制度研究[D]. 昆明：昆明理工大学，
2008.

[77]　邱阳平. 论环境容量使用权交易制度[D]. 武汉：中南财经政法大学，2006.

[78]　雷议. 环境保护意识与经济效益研究[J]. 品牌研究，2018（2）：95-96.

[79]　王新平，苏畅，文虎，等. 双碳战略下中国能源工业转型路径研究[J]. 技术
与创新管理，2022，43（2）：141-150.

[80]　张瑞航，李殊铭. 浅析绿色经济的内涵及现实意义[J]. 西部皮革，2016,38
（12）：93.

[81]　邱月. "双碳"目标下绿色金融如何助推能源经济[J]. 中国外资，2022，501
（6）：18-20.

[82]　张朴甜. 外部性理论研究综述[J]. 现代商业，2017（9）：176-177.

[83]　任勇，李晓光. 委托代理理论：模型、对策及评析[J]. 经济问题，2007
（7）：13-15.

[84]　董志霖. 中国纵向府际关系发展研究——以多任务委托代理理论为视角[J].
湖湘论坛，2020，33（5）：86-93.

[85]　徐嫣，宋世明. 协同治理理论在中国的具体适用研究[J]. 天津社会科学，
2016（2）：74-78.

[86]　黄思棉，张燕华. 国内协同治理理论文献综述[J]. 武汉冶金管理干部学院学
报，2015，25（3）：3-6.

[87]　陈梁，胡文淑. 公共财政理论的反思与完善——兼论PPP模式及政府产业基
金的运行模式分析[J]. 中国政府采购，2016（9）：62-67.

[88]　王军. 可持续发展：一个一般理论及其对中国经济的应用分析[M]. 北京：

中国发展出版社，1997.

[89]　刘国光. 迎接持续发展的新时代，深化生态经济理论与实践[J]. 生态经济，1995（2）：40-43.

[90]　刘思华. 社会主义生态经济学的主要特点[J]. 学术月刊，1984（5）：8-12.

[91]　郑易生，钱薏红. 深度忧患：当代中国的可持续发展问题[M]. 北京：今日中国出版社，1998.

[92]　尹继佐. 可持续发展战略（普及读本）[M]. 上海：上海人民出版社，1998.

[93]　黄顺基，吕永龙. 中国经济可持续发展战略框架[M]. 北京：改革出版社，1999.

[94]　GROSSMAN S, HART O. The costs and benefits of ownership: a theory of vertical and lateral integration [J]. Journal of Political Economy,1986, 94(4): 691-719.

[95]　FREEMAN R E. Strategic management: a stakeholder approach[M]. Boston: Pitman, 1984.

[96]　杨瑞龙，周业安. 企业的利益相关者理论及其应用[M]. 北京：经济科学出版社，2000.

[97]　付俊文，赵红. 利益相关者理论综述[J]. 首都经济贸易大学学报，2006（2）：16-21.

[98]　FREEMAN Ⅲ A M. Environmental policy since Earth Day I: what have we gained?[J]. Journal of Economic Perspectives, 2002, 16(1): 125-146.

[99]　PERMAN R, MA Y, MCGILVRAY J, et al. Natural resource and environmental economics[M]. 3rd ed. Harlow: Pearson Education Limited, 2003.

[100]　吴福象. 论供给侧结构性改革与中国经济转型——基于我国经济发展质量和效益现状与问题的思考[J]. 人民论坛·学术前沿，2017（1）：46-55.

[101]　The Making of Economic Policy[M/OL].[2022-12-24]. https://xs2.studiodahu.com/books /about/The_Making_of_Economic_Policy.html?hl=zh-CN&id=zbpJGZkvcuUC.

[102]　黄新华. 政治过程、交易成本与治理机制——政策制定过程的交易成本分析理论[J]. 厦门大学学报（哲学社会科学版），2012（1）：16-24.

[103]　贾兴平，刘益，廖勇海. 利益相关者压力、企业社会责任与企业价值[J].

管理学报，2016，13（2）：267-274.

[104] 原毅军，谢荣辉. 环境规制的产业结构调整效应研究——基于中国省际面板数据的实证检验[J]. 中国工业经济，2014（8）：57-69.

[105] LA CROIX S J. Property rights and institutional change during Australia's gold rush[J]. Explorations in Economic History, 1992, 29(2): 204-227.

[106] AUBERT D, CHIROLEU-ASSOULINE M. Environmental tax reform and income distribution with imperfect heterogeneous labour markets[J]. European Economic Review, 2019, 116: 60-82.

[107] DALES J H. Pollution, property & prices: an essay in policy-making and economics [J]. Canadian Journal of Political Science, 1969, 2(3): 386-387.

[108] TAN X, WANG X, ZAIDI S H A. What drives public willingness to participate in the voluntary personal carbon-trading scheme? A case study of Guangzhou Pilot, China[J]. Ecological Economics, 2019, 165 (106389): 1-10.

[109] WENG Q, XU H. A review of China's carbon trading market[J]. Renewable and Sustainable Energy Reviews, 2018, 91: 613-619.

[110] CAO J, HO M S, JORGENSON D W, et al. China's emissions trading system and an ETS-carbon tax hybrid[J]. Energy Economics, 2019, 81: 741-753.

[111] 冯聪，曹进成. 我国矿产资源开发生态补偿机制的构建[J]. 矿产保护与利用，2018（5）：101-105.

[112] 厉桦楠. 我国能源资源开发补偿机制构建——以油气资源为例[J]. 齐鲁学刊，2019，269（2）：113-119.

[113] 王涵，万迎峰，吴雪莲，等. 武汉市生态补偿制度建设情况与完善建议[J]. 工业安全与环保，2022，48（9）：102-106.

[114] 顾贝贝. 绿色金融促进工业转型升级效率及影响因素分析[D]. 长沙：中南林业科技大学，2022.

[115] 季凯文，罗璐薏. 绿色金融促进工业企业绿色转型的作用机理[J]. 金融教育研究，2022，35（2）：35-43.

[116] 张伟，芦雨婷. 绿色金融助推工业绿色化转型探讨[J]. 环境保护，2018，46（22）：13-17.

[117] 茆晓颖. 绿色财政：内涵、理论基础及政策框架[J]. 财经问题研究，

2016（4）：83-87.

[118] 赵峰征. 关于推进绿色财政税收政策有效开展的思考[J]. 纳税，2017，162（18）：15.

[119] 吴丽丽. 构建绿色财政体系的几点思考[J]. 山西能源学院学报，2017，30（4）：147-148，151.

[120] 李晓丹. 树立绿色财政观强化经济可持续发展的分析[J]. 现代经济信息，2012（22）：1.

[121] 刘玉红. 浅谈我国绿色财政的发展[J]. 时代金融，2012，475（9）：143.

[122] 黄新焕，鲍艳珍. 我国环境保护政策演进历程及"十四五"发展趋势[J]. 经济研究参考，2020（12）：76-83.

[123] 李丽平，刘金淼，黄新皓，等. 国际环境政策研究综述[J]. 环境与可持续发展，2020，45（1）：119-122.

[124] 王金南，杨金田，陆新元，等. 市场机制下的环境经济政策体系初探[J]. 中国环境科学，1995（3）：183-186.

[125] 王金南，蒋洪强，葛察忠. 积极探索新时期环境经济政策体系[J]. 环境经济，2008（1）：25-29.

[126] 王金南，董战峰，蒋洪强，等. 中国环境保护战略政策70年历史变迁与改革方向[J]. 环境科学研究，2019，32（10）：1636-1644.

[127] 张振文，杨峰. 六举措完善陕西环境经济政策体系[J]. 环境经济，2014（4）：57-58.

[128] 郝春旭，董战峰，程翠云，等. 国家环境经济政策进展评估报告2021[J]. 中国环境管理，2022，14（3）：5-13.

[129] 王建明. 城市垃圾管制的一体化环境经济政策体系研究[J]. 中国人口·资源与环境，2009，19（2）：98-103.

[130] 张志麒，张保留，罗宏. 工业大气污染治理的环境经济政策体系研究[J]. 环境工程技术学报，2019，9（3）：311-319.

[131] 董战峰，陈金晓，葛察忠，等. 国家"十四五"环境经济政策改革路线图[J]. 中国环境管理，2020，12（1）：5-13.

[132] 林绿，吴亚男，董战峰，等. 德国和美国能源转型政策创新及对我国的启示[J]. 环境保护，2017，45（19）：64-70.

[133] 徐庭娅. 德国能源转型的进展、挑战及前景[J]. 宏观经济管理，2014（3）：85-87.

[134] 李昕蕾. 德国、美国、日本、印度的清洁能源外交比较研究：兼论对中国绿色"一带一路"建设的启示[J]. 中国软科学，2020（7）：1-15.

[135] 姚树洁，张帅. 可再生能源消费、碳排放与经济增长动态关系研究[J]. 人文杂志，2019（5）：42-53.

[136] 郝晓地，罗玉琪，林甲，等. 污水潜能开发取决于适时补贴政策[J]. 中国给水排水，2017，33（12）：12-18，23.

[137] 田丹宇，徐华清. 法国绿色增长与能源转型的法治保障[J]. 中国能源，2018，40（1）：32-35.

[138] 陈晓婷，陈迎. 从科学和政策视角看碳预算对全球气候治理的作用[J]. 气候变化研究进展，2018，14（6）：632-639.

[139] 安森东. 美德法生态税制建设比较与经验借鉴[J]. 行政管理改革，2015（2）：65-69.

[140] 刘普照. OECD国家生态税改革述评[J]. 重庆社会科学，2010（3）：62-69.

[141] 田冬莲，张辉，高海洋. 国外推广应用车用生物燃料的政策措施分析[J]. 客车技术与研究，2009，32（2）：58-61.

[142] 叶莉娜. 论我国环境税收入使用制度之构建[J]. 上海财经大学学报，2019，21（1）：139-152.

[143] 王陶，张志智，孙潇磊. 低碳背景下碳市场的发展及其对石油石化行业的启示[J]. 辽宁化工，2020，49（6）：647-650.

[144] 大野木升司. 环境会计在日本[J]. 世界林业研究，2006（4）：76-80.

[145] 李万超，张怡，张乃文，等. 日本工业化进程中的污染防治与环保产业发展：金融支持视角[J]. 黑龙江金融，2020（6）：51-55.

[146] 游双矫，张震，周颖，等. 氢能先发国家的产业政策及启示[J]. 石油科技论坛，2019，38（5）：57-66.

[147] 高丽然. 日本太阳能产业的发展经验及其对我国的启示[J]. 河北软件职业技术学院学报，2014，16（1）：13-16，26.

[148] 郝淑丽. 各主要发达国家碳减排政策工具实施情况分析[J]. 再生资源与

循环经济，2013，6（11）：10-12.

[149] 李化. 澳大利亚新能源发展：法律、政策及其启示[J]. 理论月刊，2011（12）：147-149.

[150] 苏博，瞿亢. 绿色金融发展的国际经验及启示[J]. 国际金融，2016（5）：75-80.

[151] Bauer M, Quintanilla J. Conflicting energy, environment, economy policies in Mexico [J]. Energy Policy, 2000, 28(5): 321-326.

[152] 连冬. 辽宁省环境效率时空差异分析及环境经济协调发展评价研究[D]. 大连：辽宁师范大学，2014.

[153] FÄRE R, GROSSKOPF S, LOVELL C A K , et al. Derivation of shadow prices for undesirable outputs：a distance function approach[J]. The Review of Economics and Statistics, 1993, 75(2): 374-380.

[154] Garbie I H. An analytical technique to model and assess sustainable development index in manufacturing enterprises[J]. International Joumal of Production Research, 2014, 52(16): 4876-4915.

[155] 国务院发展研究中心课题组. 生态文明建设科学评价与政府考核体系研究[M]. 北京：中国发展出版社，2014：73.

[156] OZERNOY V M. Choosing the "best" multiple criteria decision-making method [D]. Infor, 1992 , 30(2): 159 -171.

[157] STEWART T J. A critical survey on the status of multiple criteria decision making theory and practice [D]. Omega, 1992, 20(5-6): 569-586.

[158] 彭士涛，王晓丽，关文玲，等. 石油化工码头危险源辨识与预警[M]. 北京：人民交通出版社，2016：54.

[159] CHUNG Y H, FÄRE R, GROSSKOPF S. Productivity and undesirable outputs: a directional distance function approach[J]. Journal of Environmental Management, 1997,51(3): 229-240.

[160] 周茜. 环境因子约束经济增长的理论机理与启示[J]. 东南学术，2016（1）：152-158.

[161] 李松洋. 中国共产党百年能源治理的演变及展望[J]. 中共乐山市委党校学报，2022，24（3）：19-30.

[162] 庞金友. 弱政府抑或强政府：当代西方的国家观论争[J]. 中共福建省委党校学报，2012（2）：25-32.

[163] 陈秀山. 政府失灵及其矫正[J]. 经济学家，1998（1）：53-59.

[164] 赵玉民，朱方明，贺立龙. 环境规制的界定、分类与演进研究[J]. 中国人口·资源与环境，2009，19（6）：85-90.

[165] 施海燕. 中国高技术产业时空演变、集聚适宜度及要素优化配置[J]. 科学学与科学技术管理，2012，33（7）：96-102.

[166] 石大千，杨咏文. FDI与企业创新：溢出还是挤出？[J]. 世界经济研究，2018（9）：120-134，137.

[167] 王勇，刘厚莲. 中国工业绿色转型的减排效应及污染治理投入的影响[J]. 经济评论，2015（4）：17-30，44.

[168] 赵一心，缪小林. 协同治理、地方政府绿色转型与空气质量改善[J]. 当代财经，2022（3）：40-52.

[169] 朱万里. 地方政府行为与产业园区循环化改造——基于甘肃省相关数据的空间计量模型分析[J]. 生态经济，2018，34（5）：75-78.

[170] 甄志勇，毕克新. 制造业绿色创新与地方政府行为关联分析[J]. 哈尔滨工程大学学报，2011，32（8）：1091-1097.

[171] 王鹏，刘殊奇. 市场导向机制下绿色技术创新演化博弈研究[J]. 经济问题，2022（1）：67-77.

[172] 林伯强. 能源革命促进中国清洁低碳发展的"攻关期"和"窗口期"[J]. 中国工业经济，2018（6）：15-23.

[173] 方孝安. 环境执法机制理论研究[D]. 赣州：江西理工大学，2012.

[174] 滕吉文，王玉辰，司芗，等. 煤炭、煤层气多元转型是中国化石能源勘探开发与供需之本[J]. 科学技术与工程，2021，21（22）：9169-9193.

[175] 秦前红，陈家勋. 论行政执法外部监督中正式监督机关的确立[J]. 行政法学研究，2022（1）：50-62.

[176] 冉冉. 道德激励、纪律惩戒与地方环境政策的执行困境[J]. 经济社会体制比较，2015（2）：153-164.

[177] 金国坤. 行政执法机关间协调配合机制研究[J]. 行政法学研究，2016（5）：14-23，62.

[178] 杨治坤. 区域治理的基本法律规制：区域合作法[J]. 东方法学，2019
（5）：93-100.

[179] 广东环境保护公众网. 泛珠三角环境保护合作协议[EB/OL]. http://www.
gdepb.gov.cn/ztzl/fzhbhz/zxdt/t20050127_17287.htm.

[180] 周飞舟. 锦标赛体制[J]. 社会学研究，2009，24（3）：54-77，244.

[181] 刘晓斌. 协同治理长三角城市群大气环境改善研究[M]. 杭州：浙江大学
出版社，2018：283.

[182] 魏向前. 跨域协同治理：破解区域发展碎片化难题的有效路径[J]. 天津
行政学院学报，2016，18（2）：34-40.

[183] 屠建学. 综合行政执法跨部门协作问题研究[J]. 甘肃理论学刊，2018
（6）：28-33.

[184] 蒋敏娟. 法治视野下的政府跨部门协同机制探析[J]. 中国行政管理，
2015（8）：37-41.

[185] 高鸿钧. 新编西方法律思想史[M]. 北京：清华大学出版社，2015：177.

[186] 刘东辉. 行政联席会议法治论[M]. 北京：社会科学文献出版社，2019.

[187] 王学栋，岳晓君. 系统理论视角下的我国区域环境协同执法制度研究[J].
中国石油大学学报（社会科学版），2021，37（5）：76-82.

[188] 李砚忠，缪仁康. 公共政策执行梗阻的博弈分析及其对策组合——以环
境污染治理政策执行为例[J]. 中共福建省委党校学报，2015（8）：11-
16.

[189] 王宝治，张伟英. 京津冀协同立法的困境与出路[J]. 河北师范大学学报
（哲学社会科学版），2015（5）：133-138.

[190] 王春业. 我国经济区域法制一体化研究[M]. 北京：人民出版社，2010：
271.

[191] 余俊. 大气污染治理中区域协同立法的问题 // 冯玉军. 京津冀协同发展
立法研究[C]. 北京：法律出版社，2019：80-87.

[192] 全国人民代表大会常务委员会法制工作委员会. 中华人民共和国水法释
义[M]. 北京：法律出版社，2003：10.

[193] 肖建华，梅纯清. 长江经济带省际污染协同治理法律体系的缺陷及完善[J].
中南林业科技大学学报（社会科学版），2020（5）：48-53，121.

[194] 孟庆瑜，梁枫. 京津冀生态环境协同治理的现实反思与制度完善[J]. 河北法学，2018，36（2）：25-36.

[195] 刘小妹. 省级地方立法研究报告——地方立法双重功能的实现[M]. 北京：中国社会科学出版社，2016：72.

[196] 毛涛. 我国工业绿色发展法律政策实践及其完善[J]. 环境与可持续发展，2021，46（3）：99-105.